理论与史学

Theory and Historiography

第4辑

中国社会科学院历史研究所
马克思主义史学理论与史学史研究室 编

中国社会科学出版社

图书在版编目(CIP)数据

理论与史学. 第 4 辑／中国社会科学院历史研究所马克思主义史学理论与史学史研究室编. —北京：中国社会科学出版社，2018.12
ISBN 978 – 7 – 5203 – 3839 – 4

Ⅰ.①理… Ⅱ.①中… Ⅲ.①史学理论—文集②史学史—文集 Ⅳ.①K0 – 53

中国版本图书馆 CIP 数据核字(2018)第 296161 号

出 版 人	赵剑英
责任编辑	田　文
特约编辑	胡　仁
责任校对	张爱华
责任印制	王　超

出　　版	中国社会科学出版社
社　　址	北京鼓楼西大街甲 158 号
邮　　编	100720
网　　址	http://www.csspw.cn
发 行 部	010 – 84083685
门 市 部	010 – 84029450
经　　销	新华书店及其他书店

印　　刷	北京君升印刷有限公司
装　　订	廊坊市广阳区广增装订厂
版　　次	2018 年 12 月第 1 版
印　　次	2018 年 12 月第 1 次印刷

开　　本	710 × 1000　1/16
印　　张	18
插　　页	2
字　　数	305 千字
定　　价	76.00 元

凡购买中国社会科学出版社图书,如有质量问题请与本社营销中心联系调换
电话:010 – 84083683

《理论与史学》编委会

目　　录

习近平论史的启示

邹兆辰*

人事有代谢，往来成古今。历史研究是一切社会科学的基础，承担着"究天人之际，通古今之变"的使命。世界的今天是从世界的昨天发展而来的。今天世界遇到的很多事情可以在历史上找到影子，历史上发生的很多事情也可以作为今天的镜鉴。重视历史、研究历史、借鉴历史，可以给人类带来很多了解昨天、把握今天、开创明天的智慧。所以说，历史是人类最好的老师。①

这是习近平同志 2015 年 8 月 23 日给在中国济南举行的第二十二届国际历史科学大会发来贺信中的一段话。这封贺信，是他与世界各国历史学家的一次对话，体现了他对人类历史和历史科学的深刻思考。细读他的贺信，可以感受到他长期以来读史、讲史、论史、用典所形成的基本历史观，是他的新时期中国特色社会主义思想的理论来源之一，值得我们深入地思考、研究。

习近平同志从 1969 年到陕西延川县插队时起就酷爱读书，其中包括不少历史著作；1982 年以后，先后在河北省正定县、福建省厦门市、福建省宁德市、福建省福州市、浙江省杭州市及上海市工作，直到 2007 年后进入中央工作，读书都是他日常生活中的重要部分。他读理论书、文学书，也读历史书。在他读史的过程中，也不断利用从史书中获得的启发与智慧给

＊ 邹兆辰，北京师范大学历史学院。
① 习近平：《致第二十二届国际历史科学大会的贺信》，《人民日报》2015 年 8 月 24 日。

干部和群众讲述历史，在各种重要时间节点对历史事件和人物进行评论，在各种文章中引用史籍中的典故。他不断地思考历史，包括几千年来中华民族的发展史，特别是1840年以来的中国近代史和中国革命史、1921年以来的中国共产党的历史和1949年以来的中华人民共和国的历史、1978年以来的改革开放的历史。特别是他在党的十八大以后主持中央工作，在更高的认识层次上、不同的历史节点上，不断阐述历史、思考历史，并且上升到理论层次，从而形成了他的具有鲜明特点的有关历史问题的重要论述。

本文分两部分阐述习近平有关历史问题的重要论述，第一部分，是他对历史本身的理论阐述，其中体现了他的基本历史观；第二部分，是他对历史科学的论述，体现了他对历史学的性质和社会功能的认识以及对于历史科学发展的期待。

一 习近平论历史

（一）尊重自己民族的历史

一提起中华民族的悠久历史和灿烂的文化，习近平总是自豪地说："站立在960万平方公里的广袤土地上，吸吮着中华民族漫长奋斗积累的文化养分，拥有13亿中国人民聚合的磅礴之力，我们走自己的路，具有无比广阔的舞台，具有无比深厚的历史底蕴，具有无比强大的前进定力，中国人民应该有这个信心，每一个中国人都应该有这个信心。"①

习近平热爱自己民族的历史，热爱自己祖国960万平方公里领土的每一寸土地，他走到哪一个地方，都要了解那个地方的历史和风土民情，用当地的历史和文化传统教育当地的人民，热爱自己的家乡。

1982—1985年，习近平走上从政之路后，来到河北省正定县担任县委书记。他多次撰文谈正定县的历史文化，流露出对祖国这片土地的热爱之情。他说：

> 正定有着源远流长的历史，早在原始社会的新石器时代，便有人在这里劳动生息，距今7000多年前的西洋仰韶文化遗址，距今6000

---

① 习近平：《加快构建中国特色哲学社会科学》，《习近平谈治国理政》（第二卷），外文出版社2017年版，第339页。

多年前的小客龙山文化遗址，距今 2500 年前的新城铺故都遗址，都是有力的佐证。自北齐郡、县治所移至正定镇以来，历经 1430 余年，一直是府、郡、州、县治所在地，辽金时期，曾两次建为国都。悠久的历史，给正定留下了瑰伟灿烂的文化古迹和风格独特的名胜古刹，历有"三山不见""九桥不流""九楼四塔八大寺，二十四座金牌坊"之说。气势雄伟、规模宏大的隆兴寺，是中外闻名的古建筑群，寺内大悲阁中千手千眼菩萨，有 42 臂，举高 22 米，是我国现存最高大、最古老的立式铜铸佛像，与沧州狮子、定州塔、赵州大石桥并称"河北四宝"……

正定素称"藏龙卧虎之地"，人杰地灵，人才辈出。三国名将赵子龙，久经沙场，一身是胆；宋代英雄杨粹中、褚承亮宁死不屈，至死不降，世人为之高歌，为之赞叹。在正定这块土地上，不仅产生了一代又一代的英雄豪杰，而且哺育了一批又一批的文学大家、科学巨匠。诗人蔡松年，文学家蔡珪，书画家李著，戏剧家白朴、尚仲贤、李文蔚，散文家刘郁、苏天爵，医学家李东垣、罗天益，均为举国公认的名人、学者。他们如熠熠群星，在正定上空闪烁；似颗颗明珠，在常山（常山，即东汉后期常山郡，真定（正定）属常山郡——原书编者注）境内发光。①

1988—1990 年，习近平来到福建宁德任地委书记。宁德位于闽东地区，是一个经济贫困地区。用他的话说，"毫无疑问，在发展商品经济的海阔天空里，目前很贫困的闽东确是一只'弱鸟'。""闽东，交通闭塞，信息短缺，是小农经济的一统天下。商品经济的发展较其他贫困地区，显得更为步履艰难。人们说起闽东，便是五个字：'老、少、边、岛、贫'。"② 习近平说，有的人由于不熟悉、不了解、不知家乡可爱之历史，或者知其然，不知其所以然，从而只知道艳羡人家，从而失去自信心。从这个角度说，文化建设本身也是精神文明建设。习近平结合闽东的文化建设，阐述了弘扬地方传统文化，对于增强自信心的重要性。

---

① 习近平：《我爱自己的第二故乡》，《知之深，爱之切》，河北人民出版社 2015 年版，第 216—217 页。
② 习近平：《弱鸟如何先飞——闽东九县调查随感》，《摆脱贫困》，福建人民出版社 1992 年版，第 1—2 页。

他说：

> 一个地区的文化建设内容很多，有一个重要的着眼点就是要弘扬地方的传统文化。从整个国家来说，中华民族的传统文化在民族的延续和发展中起到了积极的作用。在几千年的文明发展史中，我们已经树立了强烈的民族自信心，无论是在民族危亡，还是在民族昌盛时期，这种自信心都是我们民族精神中最稳定的成分。正是这种自信心，使中华民族渡过了近代史上许多内忧外患的危机，使中华民族在世界上有了令人敬佩的今天。闽东的文化建设也具有同样的意义。我们有一个明确的目标：通过文化建设，弘扬民族文化传统，不仅增强我们的自信心，而且提高外界对闽东的信心。①

习近平同志主持中央工作以后，非常重视弘扬中华民族的传统文化，把它看作增强文化自信的重要途径。他指出："优秀传统文化是一个国家、一个民族传承和发展的根本，如果丢掉了，就割断了精神命脉。我们要善于把弘扬优秀传统文化和发展现实文化有机统一起来，紧密结合起来，在继承中发展，在发展中继承。"②

2016 年 5 月 17 日，在哲学社会科学座谈会上，他对中华民族的优秀传统文化作了如下的概括："中华文明历史悠久，从先秦子学、两汉经学、魏晋玄学，到隋唐佛学、儒释道合流、宋明理学，经历了数个学术思想繁荣时期。在漫漫历史长河中，中华民族产生了儒、释、道、墨、名、法、阴阳、农、杂、兵等各家学说，涌现了老子、孔子、庄子、孟子、荀子、韩非子、董仲舒、王充、何晏、王弼、韩愈、周敦颐、程颢、程颐、朱熹、陆九渊、王守仁、李贽、黄宗羲、顾炎武、王夫之、康有为、梁启超、孙中山、鲁迅等一大批思想大家，留下了浩如烟海的文化遗产。中国古代大量鸿篇巨制中包含着丰富的哲学社会科学内容、治国理政智慧，为古人认识世界、改造世界提供了重要依据，也为中华文明提供了重要内容，为人类文明作出了重大贡献。"③

---

① 习近平：《闽东之光》，《摆脱贫困》，福建人民出版社 1992 年版，第 17 页。
② 习近平：《努力实现传统文化创造性转化、创新性发展》，《习近平谈治国理政》（第二卷），外文出版社 2017 年版，第 313 页。
③ 习近平：《在哲学社会科学座谈会上的讲话》，《人民日报》2016 年 5 月 18 日。

习近平强调，马克思主义者不是历史虚无主义者，不是文化虚无主义者，从孔夫子到孙中山都要注意从中汲取积极的成分。他说：

> 中国共产党人是马克思主义者，坚持马克思主义的科学学说，坚持和发展中国特色社会主义，但中国共产党人不是历史虚无主义者，也不是文化虚无主义者。我们从来认为，马克思主义基本原理必须同中国具体实际紧密结合起来，应该科学对待民族传统文化，科学对待世界各国文化，用人类创造的一切优秀思想文化成果武装自己。在带领中国人民进行革命、建设、改革的长期历史实践中，中国共产党人始终是中国优秀传统文化的忠实继承者和弘扬者，从孔夫子到孙中山，我们都注意汲取其中积极的养分。中国人民正在为实现"两个一百年"奋斗目标而努力，其中全面建成小康社会中的"小康"这个概念，就出自《礼记·礼运》，是中华民族自古以来追求的理想社会状态。使用"小康"这个概念来确立中国的发展目标，既符合中国发展实际，也容易得到最广大人民理解和支持。①

文以载道，文以化人。当代中国是历史中国的延续和发展，当代中国思想文化也是中国传统思想文化的传承和升华，要认识今天的中国、今天的中国人，就要尊重中华民族历史的发展，深入了解中国的文化血脉，准确把握滋养中国人的文化土壤。这就是习近平对中国传统思想文化价值的认识。

（二）历史是人民创造的

人民群众是推动历史前进的基本动力，是马克思主义唯物史观的一个基本原理。恩格斯指出："如果要去探究那些隐藏在——自觉地或不自觉地，而且往往是不自觉地——历史人物的动机背后并且构成历史的真正的最后动力的动力，那么问题涉及的，与其说是个别人物，即使是非常杰出的人物的动机，不如说是使广大群众、使整个整个的民族，并且在每一民族中间又是使整个整个阶级行动起来的动机；而且也不是短暂的爆发和转

---

① 习近平：《在纪念孔子诞辰 2565 周年国际学术研讨会暨国际儒学联合会第五届会员大会开幕会上的讲话》，《人民日报》2014 年 9 月 25 日。

瞬即逝的火光，而是持久的、引起重大历史变迁的行动。"①

　　近百年来，中国共产党领导中国人民进行了伟大的革命斗争，进行了民主革命和社会主义革命和建设的伟大事业，近 40 年来又进行了改革开放的伟大事业，这一系列伟大斗争的胜利，都是中国共产党领导广大人民群众进行的伟大斗争所取得的。因此，中国共产党的领导人对于人民群众对历史的创造作用这一点是有深刻体会的。习近平同志自 1973 年下半年在陕西延川县赵家河村当社教干部，半年后回梁家河大队担任党支部书记以来，一直就同广大农民群众战斗在一起，带领群众进行生产劳动，并且为改变当地的落后面貌作斗争。以后，从陕北到河北，从福建到浙江，他每到一个地方都和那里的群众在一起，他了解人民群众的疾苦，知道人民群众的心愿。因此，他深深懂得人民群众在进行改天换地的伟大斗争中的重要作用。几十年来，他无论在哪里写文章，都要强调人民群众的伟大作用。

　　他说："人民既是历史的创造者、也是历史的见证者，既是历史的'剧中人'、也是历史的'剧作者'。"②

　　习近平指出，中国共产党领导的每一个伟大事业都是与人民群众的努力奋斗分不开的。回忆起红军长征的胜利，他指出：历史是人民创造的，英雄的人民创造英雄的历史。今天中国的进步和发展，就是从长征中走出来的。历史是不断向前的，要达到理想的彼岸，就要沿着我们确定的道路不断前进。每一代人有每一代人的长征路，每一代人都要走好自己的长征路。今天，我们这一代人的长征，就是要实现"两个一百年"奋斗目标、实现中华民族伟大复兴的中国梦。

　　习近平同志经常告诫干部"水能载舟，亦能覆舟"的道理。他说，"这个道理我们必须牢记，任何时候都不能忘却。老百姓是天，老百姓是地。忘记了人民，脱离了人民，我们就会成为无源之水、无本之木，就会一事无成。我们要坚持党的群众路线，始终保持党同人民群众的血肉联系，始终接受人民群众批评和监督，心中常思百姓疾苦，脑中常谋富民之策，使我们党永远赢得人民群众信任和拥护，使我们的事业始终拥有不竭的力量源泉"③。

---

①　《马克思恩格斯文集》第 4 卷，人民出版社 2009 年版，第 304 页。

②　习近平：《坚持以人民为中心的创作导向》，《习近平谈治国理政》（第二卷），外文出版社 2017 年版，第 314 页。

③　习近平：《弘扬伟大长征精神，走好今天的长征路》，《十八大以来重要文献选编》（下），中央文献出版社 2018 年版，第 400 页。

人民是历史的创造者，是决定党和国家前途命运的根本力量。我们党来自人民、植根人民、服务人民，一旦脱离群众，就会失去生命力。习近平高度赞扬周恩来同志把自己看成是人民的"总服务员"的精神。他说：

> 周恩来同志是热爱人民、勤政为民的杰出楷模。周恩来同志说过一句很形象的话："下山不忘山，进城不忘乡"，"如果忘了，就是忘本。"周恩来同志说的这个本就是人民群众。他说："我们是从人民中来的，我们过去的胜利都是在人民的支援下取得的，不能忘本。""脱离我们的基本阶级群众，就会丧失党的基础。"周恩来同志把自己看成是人民的"总服务员"，坚持人民利益高于一切，心系人民，对人民群众保持高度热爱，急群众之所急，忧群众之所忧。只要是关系群众安危冷暖之事，他总是关怀备至、体贴入微，做到了同人民群众同甘苦、共命运、共忧乐、共奋进。周恩来同志高度重视调查研究，经常深入群众、深入一线调查研究，他说："调查研究要实事求是，不能乱搞。""要了解真实情况，就要与老百姓平等相待。"周恩来同志用自己的实际行动，为全党树立了全心全意为人民服务的光辉榜样。"人民总理爱人民，人民总理人民爱"，人民群众用朴素的语言表达了对周恩来同志最真挚的感情。①

2018年3月20日，第十三届全国人民代表大会选举习近平担任新一届中华人民共和国主席，他在会上发表了激情洋溢的讲话，高度赞扬人民群众的历史作用。他说：

> 人民是历史的创造者，人民是真正的英雄。波澜壮阔的中华民族发展史是中国人民书写的！博大精深的中华文明是中国人民创造的！历久弥新的中华民族精神是中国人民培育的！中华民族迎来了从站起来、富起来到强起来的伟大飞跃是中国人民奋斗出来的。
>
> 中国人民的特质、禀赋不仅铸就了绵延几千年发展至今的中华文明，而且深刻影响着当代中国发展进步，深刻影响着当代中国人的精神世界。中国人民在长期奋斗中培育、继承、发展起来的伟大的民族

① 习近平：《在纪念周恩来同志诞辰120周年座谈会上的讲话》，《人民日报》2018年3月2日。

精神，为中国发展和人类文明进步提供了强大的精神动力。①

习近平接着赞扬中国人民是具有伟大创造精神的人民，中国人民是具有伟大奋斗精神的人民，中国人民是具有伟大团结精神的人民，中国人民是具有伟大梦想精神的人民。他说："有这样伟大的人民，有这样伟大的民族，有这样的伟大的民族精神，是我们的骄傲，是我们坚定中国特色社会主义道路自信、理论自信、制度自信、文化自信的底气，也是我们风雨无阻，高歌行进的根本力量！"② 习近平的整篇讲话充满了对人民群众创造历史的历史观的高度自信，是一篇人民史观的宏伟颂歌。

（三）历史不容抹杀和改变

历史是过去已经发生的事实，不管人们喜不喜欢它，它总是客观上已经发生的事实，它不是人们任意编造出来的，也不是任何人可以轻易改变的。近代以来，无数革命先烈、仁人志士，进行了近 180 年的反帝反封建的革命斗争；中国共产党成立近百年来，更是领导中国人民进行了艰苦卓绝的斗争，无数革命先烈的鲜血换来了共和国的成立和新中国的伟大成就。但是，国内外总有一些势力、一些人，妄图否认历史、歪曲历史，给近代中国人民的革命斗争史抹黑。面对这一情况，习近平同志在各个重要历史节点上，总是给予坚决的、明确的回击。

2013 年 12 月 26 日，在纪念毛泽东同志诞辰 120 周年座谈会上，习近平明确指出："历史就是历史，历史不能任意选择，一个民族的历史是一个民族安身立命的基础。不论发生过什么波折和曲折，不论出现过什么苦难和困难，中华民族五千多年的文明史，中国人民近代以来一百七十多年的斗争史，中国共产党九十多年的奋斗史，中华人民共和国六十多年的发展史，都是人民书写的历史。历史总是向前发展的，我们总结和吸取历史教训，目的是以史为鉴、更好前进。"③

如何看待日本侵略者侵略中国的史实，如何看待中国人民抗日战争的

---

① 习近平：《在第十三届全国人民代表大会第一次会议上的讲话》，《人民日报》2018 年 3 月 21 日。

② 同上。

③ 习近平：《在纪念毛泽东同志诞辰 120 周年座谈会上的讲话》，《十八大以来重要文献选编》（上），中央文献出版社 2014 年版，第 694 页。

胜利，是一个非常关键的问题，日本的右翼势力常常在这个问题上大做文章，企图为历史翻案。习近平同志在纪念 1937 年抗日战争爆发和 1945 年抗日战争胜利的关键时刻，多次严正表明中国人民的正义立场。

2014 年 7 月 7 日，习近平同志出席全民族抗战爆发 77 周年纪念活动时的讲话中指出：

> 历史是最好的教科书，也是最好的清醒剂。中国人民对战争带来的苦难有着刻骨铭心的记忆，对和平有着孜孜不倦的追求。纵观世界历史，依靠武力对外侵略扩张最终都是要失败的。这是历史规律。中国将坚定不移走和平发展道路，并且希望世界各国共同走和平发展道路，让和平的阳光永远普照人类生活的星球。
>
> 令人遗憾的是，在中国人民抗日战争和世界反法西斯战争胜利近 70 年的今天，仍然有少数人无视铁的历史事实，无视在战争中牺牲的数以千万计的无辜生命，逆历史潮流而动，一再否认甚至美化侵略历史，破坏国际互信，制造地区紧张，引起了包括中国人民在内的全世界爱好和平人民的强烈谴责。
>
> 历史就是历史，事实就是事实，任何人都不可能改变历史和事实。付出了巨大牺牲的中国人民，将坚定不移捍卫用鲜血和生命写下的历史。任何人想要否定、歪曲甚至美化侵略历史，中国人民和各国人民绝不答应！①

2015 年 9 月 3 日，中国政府在北京天安门广场举行了盛大的阅兵仪式，当天晚上，又在人民大会堂举行了纪念抗日战争和世界反法西斯战争胜利 70 周年招待会，习近平同志发表了重要讲话。他指出：

> 人类历史必然会有曲折，也必然会不断前进。中国人民抗日战争和世界反法西斯战争的胜利再一次雄辩证明，正义战胜邪恶的历史潮流不可阻挡，逆历史潮流而动必然失败。
>
> 只有正确认识历史，才能更好开创未来。历史是写在人民心中的，历史不容抹杀，也是抹杀不了的。那些惨无人道的侵略行径，那

---

① 《习近平出席抗战爆发 77 周年纪念活动并讲话》，《人民日报》2014 年 7 月 8 日。

些血雨腥风的战争场面，那些令人发指的屠杀罪行，那些在战争中不幸死亡的几千万无辜生灵，都铭记在人类的史册上，都铭记在人类的心中。

血的教训不能忘却。昨天的历史不是今天的人们书写的，但今天的人们不能脱离昨天的历史来把握今天、开创明天。

我们纪念中国人民抗日战争和世界反法西斯战争的胜利，我们谴责侵略者的残暴，是要唤起善良的人们对和平的向往和坚守，而不是要延续仇恨。历史会逐渐久远，但历史的启迪和教训，不管承认不承认，永远就在那儿。无论是当年勇敢抗击侵略战争的国家的人民还是当年发动侵略战争的国家的人民，无论是经历了那个年代的人们还是在那个年代以后出生的人们，都要坚持正确历史观，牢记历史的启迪和教训。

历史的启迪和教训是人类的共同精神财富。忘记历史就意味着背叛。中国人民抗日战争和世界反法西斯战争的胜利成果不容置疑，几千万人为独立、自由、和平付出的牺牲不容否定。一切否认侵略战争性质的言行，一切歪曲甚至美化侵略战争的言行，一切逃避侵略战争历史责任的言行，不论以什么形式出现，不论讲得如何冠冕堂皇，都是自欺欺人的。"得道者多助，失道者寡助。"否认侵略历史，是对历史的嘲弄，是对人类良知的侮辱，必然失信于世界人民。①

（四）历史永远要前进

李大钊说过："宇宙的运命，人间的历史，都可以看作无始无终的大实在的瀑流，不断的奔驶，不断的流转，过去的一往不还，未来的万劫不已。""无限的古代，都以现今为归宿，无限的将来，都以现今为胚胎。"②

习近平的历史观就是这样一种充满乐天奋进精神的历史观。他主张尊重中华民族的历史，是为了增强文化自信，不是颂古非今。他认为，历史、现实、未来是一个不能割断的发展过程。他主张了解历史，是为了认识今天，认识今天是为了推动未来的发展。他引导广大干部群众不忘"两

---

① 习近平：《在纪念抗日战争和世界反法西斯战争胜利 70 周年招待会上的讲话》，《人民日报》2015 年 9 月 4 日。

② 李大钊：《古与今》，《李大钊全集》第四卷，人民出版社 2006 年版，第 257 页。

个一百年的历史",是为了实现中华民族伟大复兴的中国梦。不论历史上发生过多少曲折,不论在我们前进的道路上还有多少艰难险阻,但历史总是要前进的。

习近平认为:"历史、现实、未来是相通的。历史是过去的现实,现实是未来的历史。要把党的十八大确立的改革开放重大部署落实好,就要认真回顾和深入总结改革开放的历程,更加深刻地认识改革开放的历史必然性,更加自觉地把握改革开放的规律性,更加坚定地肩负起深化改革开放的重大责任。"①

2014年8月20日,习近平在纪念邓小平同志诞辰110周年座谈会上的讲话中指出:中华民族创造了具有5000多年悠久历史的辉煌文明,中国人民在中国共产党领导下创造了建设社会主义的辉煌成就,我们应该在这个基础上继续创造。我们自己不足、不好的东西,要努力改革。外国有益、好的东西,我们要虚心学习。但是,不能全盘照搬外国,更不能接受外国不好的东西;不能妄自菲薄,不能数典忘祖。

2016年7月1日,在庆祝中国共产党成立95周年的大会上,习近平宣布:历史总是要前进的,历史从不等待一切犹豫者、观望者、懈怠者、软弱者。只有与历史同步伐、与时代共命运的人,才能赢得光明的未来。

2016年8月,在纪念红军长征胜利80周年的讲话中,习近平回顾了红军长征胜利的伟大意义,再次明确强调:历史是不断向前的,要达到理想的彼岸,就要沿着我们确定的道路不断前进。每一代人有每一代人的长征路,每一代人都要走好自己的长征路。今天,我们这一代人的长征,就是要实现"两个一百年"奋斗目标、实现中华民族伟大复兴的中国梦。

是的,历史是要不断前进的。中国人民在中国共产党的领导下,进行了长期的伟大斗争,经过了无数艰难险阻,取得了一系列的伟大胜利,但是今天不能停止前进的脚步,为了实现"两个一百年"奋斗目标、为了实现中华民族伟大复兴的中国梦,仍然要继续前进。

习近平一再强调,必须树立宏大的历史视野,把握世界发展大势,奋力书写中华民族新的历史篇章。他说:

---

① 习近平:《改革开放只有进行时没有完成时》,《习近平谈治国理政》,外文出版社2014年版,第67页。

　　历史的车轮滚滚向前，跟不上的人必将成为落伍者，必将被历史
所淘汰。历史只会眷顾坚定者、奋进者、搏击者，而不会等待犹豫
者、懈怠者、畏难者。今天，我们要开创中华民族伟大复兴新局面，
就必须树立宏大历史视野，把握世界发展大势，聆听时代声音，勇于
坚持真理、修正错误，不断推进理论创新、实践创新、制度创新、文
化创新以及其他各方面创新，在时代前进的洪流中书写中华民族发展
新篇章。①

2017 年 10 月 18 日，习近平在党的十九大上向广大青年指出：中国梦
是历史的、现实的，也是未来的；是我们这一代的，更是青年一代的。中
华民族伟大复兴的中国梦将在一代代青年的接力奋斗中变为现实。习近平
的话，再一次表明他的这样一种历史观：历史是一个连续发展的过程，是
不能割断的，我们党所开创的事业，要由青年一代来接续、来完成。

二　习近平论历史学

（一）以史为镜，可以知兴替

　　"以史为鉴"是历代治国者都必须明白的道理。它的意思是治国者必
须把历史当作一面镜子，从历史中吸取经验教训。宋代史学家司马光把自
己的著作称为《资治通鉴》就是这个道理。"以史为鉴"里所说的"史"，
自然是指过去发生过的历史；但是后代人如何能知道过去的历史呢？这就
必须通过历史著作，所以后代人实际上是从史书中得到经验教训的。正如
唐代史学家刘知幾所说："苟史官不绝，竹帛长存，则其人已亡，杳成空
寂，而其事如在，皎同星汉。用使后之学者，坐披囊箧，而神交万古，不
出户庭，而穷览千载，见贤而思齐，见不贤而内自省。若乃《春秋》成而
逆子惧，南史至而贼臣书，其记事载言也则如彼，其劝善惩恶也如此。由
斯而言，则史之为用，其利甚博，乃生人之急务，为国家之要道。有国有
家者，其可缺之哉！"② 这就说明，要让后代人能够了解历史，从而能够

---

① 习近平：《在纪念孙中山先生诞辰 150 周年大会上的讲话》，《人民日报》2015 年 11 月 12 日。
② 刘知幾：《史通·史馆建置》。

"见贤而思齐，见不贤而内自省"，就必须有史官、史家来写成历史著作，就是"史官不绝，竹帛长存"。因此，"以史为鉴"必须有史著来作为中介。

习近平自从政以来，非常重视读史，重视从历史中吸取智慧和借鉴。

1985年，他在河北省正定县任县委书记，县档案馆编辑了一本《正定县大事记（1949—1983）》，请习近平同志作序，他坦然允诺，在序中阐述了"以史为镜，可以知兴替"的思想。他说：

> "以史为镜，可以知兴替。"辑录和写记正定建国以来的历史，可使我们从中吸取正反两方面的经验，探索建设有中国特色的社会主义的客观规律，自觉地为国家繁荣昌盛、人民富裕幸福而奋斗。我们应该严肃认真地完成这一项历史责任。①

在日常工作过程中，他也经常向干部群众讲述历史典故，用来吸取正反两方面的经验。

1983年4月，他在正定县"放宽政策，振兴经济"三级干部会议上，讲人才对发展经济的作用不可估量的问题时，讲述了唐太宗李世民重用人才的事。他说：唐太宗当皇帝后，要大臣封德彝负责推荐贤才，可是他一个人也推荐不出来。还说"于今未有奇才耳"。唐太宗驳斥他说："君子用人如器，各取所长。古之致治者，岂借才于异代乎！正患己不能知，安可诬一世之人。"唐太宗排除阻力，广开才路，不拘一格，提拔新人。发现和重用了马周。马周出身低微，家境贫寒，寄居在中郎将常何家中做门客。有一次，唐太宗要求大臣"极言得失"，马周替常何写了一个有20多条意见的条陈。唐太宗看后大为欣赏，当他从常何嘴里知道是马周所写时，立即派人去请。唐太宗亲自同当时仅有29岁的马周谈话，认为他很有才能，就安排他在门下省当官，以后不断提拔。马周帮助唐太宗处理了许多复杂事件，成为一时的名臣。由于唐太宗不拘一格，广开才路，重用贤才，使得他统治的时期，成为中国封建社会少有的升平时期，出现了有名的"贞观之治"。

---

① 习近平：《以史为镜，可以知兴替》，《知之深，爱之切》，河北人民出版社2015年版，第184页。

2004 年 12 月，习近平在浙江任省委书记时，在瑞安市基层干部座谈会上给干部们讲了《史记》中西门豹治邺的故事。他说：《史记》中的西门豹治邺是大家熟悉的故事。这个故事里面讲到，"子产治郑，民不能欺；子贱治单父，民不忍欺；西门豹治邺，民不敢欺。"子产是春秋时人，他治理郑国，明察秋毫，百姓不可能欺负他。子贱是孔子的学生，他做官重在教化，身不下堂，鸣琴而治，百姓受到感化，不忍心欺负他。西门豹是战国时魏人，他以大智若愚、大巧若拙的面貌出现，不站在百姓的对立面，顺利革除"为河伯娶妇"的陋习，带领百姓兴修水利，用重典治乱世，百姓不敢欺骗他。这些道理对于我们加深理解干群关系，不断改进工作方法不无裨益，应该好好体味。

2012 年，习近平同志担任中共中央总书记之后，在对干部的教育中同样重视历史的教训。2013 年 1 月 22 日，习近平在第十八届中央纪律检查委员会第二次全体会议上的讲话中，说了几桩历史教训。他说：秦始皇是第一个统一了中国的封建帝王，开始是代表了历史发展要求的，但他好大喜功，横征暴敛，弄得民怨沸腾，秦王朝不过传之二世就灭亡了。杜牧在《阿房宫赋》中说："秦人不暇自哀，而后人哀之；后人哀之而不鉴之，亦使后人而复哀后人也。"唐王朝建立后，唐太宗励精图治、纳谏任贤，成就了贞观之治。但是，唐王朝后来的统治者渐渐忘乎所以，沉醉于声色犬马，唐玄宗"春宵苦短日高起，从此君王不早朝"，各级官吏贪污贿赂成风，结果"渔阳鼙鼓动地来，惊破霓裳羽衣曲"，发生了"安史之乱"，唐王朝也就从兴盛走向衰落，最后王仙芝、黄巢起义军攻下长安，不久唐王朝也就寿终正寝了。

另一个历史上的反面教材是南北朝时期南朝陈国的陈叔宝。习近平说：南北朝时期南朝陈国皇帝陈叔宝，在位时生活奢侈，不理朝政，后来隋军南下，其军队不堪一击，陈叔宝被俘病死，他所作的诗《玉树后庭花》被后人称为"亡国之音"。唐代诗人刘禹锡在《金陵五题·台城》中写道："台城六代竞豪华，结绮临春事最奢。万户千门成野草，只缘一曲后庭花。"抗战胜利后，国民党接管了很多地方，大搞"五子登科"，结果弄得民怨沸腾，彻底丧失了人心，最后很快就被我们党领导的革命赶跑了。

在中国共产党成立 95 周年的纪念大会上，习近平同志总结道："明镜所以照形，古事所以知今。"今天，我们回顾历史，不是为了从成功中寻求慰藉，更不是为了躺在功劳簿上、为回避今天面临的困难和问题寻找借口，而是为了总结历史经验、把握历史规律，增强开拓前进的勇气和力量。这是对"以史为鉴"精神的最好的总结。

（二）历史是最好的老师

"以史为镜，可以知兴替"，对于历代执政者都是必须懂得的道理。只不过有的执政者能够接受历史的经验教训，有的执政者却置历史的教训于不顾，恣意妄为，最后导致政息人亡。今天的各级领导干部，是为人民执掌政权，政权的性质虽然不同，但以史为鉴的道理却是相通的。习近平不断用这个道理来教育广大干部，对于国家政权的稳定和干部个人都是非常重要的。

习近平同志进一步认为，重视历史、研究历史、借鉴历史，不仅对执政者十分重要，对当今世界所有的人都是非常重要的，这就是他的"历史是人类最好的老师"的思想。2015 年 8 月 23 日，他在《致第二十二届国际历史科学大会的贺信》中指出："世界的今天是从世界的昨天发展而来的。今天世界遇到的很多事情可以在历史上找到影子，历史上发生的很多事情也可以作为今天的镜鉴。重视历史、研究历史、借鉴历史，可以给人类带来很多了解昨天、把握今天、开创明天的智慧。所以说，历史是人类最好的老师。"[①]

关于"历史是最好的老师""历史是人类最好的老师""历史是最好的教科书"的思想，是习近平一贯的思想。2013 年 6 月 25 日，他在主持中共中央政治局就中国特色社会主义理论和实践进行第七次集体学习的时候就说：历史是最好的教科书。学习党史、国史，是坚持和发展中国特色社会主义、把党和国家各项事业继续推向前进的必修课。要继续加强对党史、国史的学习，在对历史的深入思考中做好现实工作、更好走向未来，不断交出坚持和发展中国特色社会主义的合格答卷。2014 年 3 月 28 日，习近平在德国科尔伯基金会的演讲中又说：历史是最好的老师，它忠实记录下每一个国家走过的足迹，也给每一个国家未来的发展提供启示。中国人历来讲求"己所不欲，勿施于人"。中国需要和平，就像人需要空气一样，就像万物生长需要阳光一样。

---

① 习近平：《致第二十二届国际历史科学大会的贺信》，《人民日报》2015 年 8 月 24 日。

2014 年 9 月 24 日，习近平在纪念孔子诞辰 2565 周年国际学术研讨会暨国际儒学联合会第五届会员大会开幕会上的讲话中，对于如何从传统文化中吸取有益的营养，为当代社会服务的问题作了十分深入的阐述。他说：

> 当今世界，人类文明无论在物质还是精神方面都取得了巨大进步，特别是物质的极大丰富是古代世界完全不能想象的。同时，当代人类也面临着许多突出的难题，比如，贫富差距持续扩大，物欲追求奢华无度，个人主义恶性膨胀，社会诚信不断消减，伦理道德每况愈下，人与自然关系日趋紧张，等等。要解决这些难题，不仅需要运用人类今天发现和发展的智慧和力量，而且需要运用人类历史上积累和储存的智慧和力量。

习近平在讲话中分析了包括儒家思想在内的儒家思想，在当今世界的价值。他说：

> 世界上一些有识之士认为，包括儒家思想在内的中国优秀传统文化中蕴藏着解决当代人类面临的难题的重要启示，比如，关于道法自然、天人合一的思想，关于天下为公、大同世界的思想，关于自强不息、厚德载物的思想，关于以民为本、安民富民乐民的思想，关于为政以德、政者正也的思想，关于苟日新日日新又日新、革故鼎新、与时俱进的思想，关于脚踏实地、实事求是的思想，关于经世致用、知行合一、躬行实践的思想，关于集思广益、博施众利、群策群力的思想，关于仁者爱人、以德立人的思想，关于以诚待人、讲信修睦的思想，关于清廉从政、勤勉奉公的思想，关于俭约自守、力戒奢华的思想，关于中和、泰和、求同存异、和而不同、和谐相处的思想，关于安不忘危、存不忘亡、治不忘乱、居安思危的思想，等等。中国优秀传统文化的丰富哲学思想、人文精神、教化思想、道德理念等，可以为人们认识和改造世界提供有益启迪，可以为治国理政提供有益启示，也可以为道德建设提供有益启发。对传统文化中适合于调理社会关系和鼓励人们向上向善的内容，我们要结合时代条件加以继承和发扬，赋予其新的涵义。希望中国和各国学者相互交流、相互切磋，把

这个课题研究好，让中国优秀传统文化同世界各国优秀文化一道造福人类。

习近平指出：文以载道，文以化人。当代中国是历史中国的延续和发展，当代中国思想文化也是中国传统思想文化的传承和升华，要认识今天的中国、今天的中国人，就要深入了解中国的文化血脉，准确把握滋养中国人的文化土壤。

习近平在这个讲话中还说：研究孔子、研究儒学，是认识中国人的民族特性、认识当今中国人精神世界历史来由的一个重要途径。中国共产党人是马克思主义者，坚持马克思主义的科学学说，坚持和发展中国特色社会主义，但中国共产党人不是历史虚无主义者，也不是文化虚无主义者。我们从来认为，马克思主义基本原理必须同中国具体实际紧密结合起来，应该科学对待民族传统文化，科学对待世界各国文化，用人类创造的一切优秀思想文化成果武装自己。在带领中国人民进行革命、建设、改革的长期历史实践中，中国共产党人始终是中国优秀传统文化的忠实继承者和弘扬者，从孔夫子到孙中山，我们都注意汲取其中积极的养分。中国人民正在为实现"两个一百年"奋斗目标而努力，其中全面建成小康社会中的"小康"这个概念，就出自《礼记·礼运》，是中华民族自古以来追求的理想社会状态。使用"小康"这个概念来确立中国的发展目标，既符合中国发展实际，也容易得到最广大人民理解和支持。

（三）正确进行历史评价

习近平同志在从政以后，在他发表的很多文章和在各种会议上的讲话中，都会涉及对各种历史事件、各种历史人物的评价问题。他主张，对待历史问题要以科学的态度进行实事求是的评价，要用辩证的观点、历史的观点看待问题，这是马克思主义历史观的一个基本原则。

2016 年 8 月，在纪念红军长征胜利 80 周年的大会上，习近平高度评价了这一伟大事件，认为这是 20 世纪最能影响世界前途的重要事件之一。他说：

80 年来，世界范围内关于红军长征的报道和研究层出不穷，慕名前来寻访长征路的人络绎不绝。国际社会越来越多的人认为，红军长征是 20 世纪最能影响世界前途的重要事件之一，是充满理想和献身精神、用意志和勇气谱写的人类史诗。长征迸发出的激荡人心的强大力量，跨越时空，跨越民族，是人类为追求真理和光明而不懈努力的伟大史诗。

长征这一人类历史上的伟大壮举，留给我们最可宝贵的精神财富，就是中国共产党人和红军将士用生命和热血铸就的伟大长征精神。

习近平主张要用联系的观点、发展的观点看待历史问题，不能用孤立的、绝对的观点看待历史问题。比如，如何看待改革开放前 30 年和改革开放后 30 多年这两个历史时期，他在 2013 年 1 月 5 日对新进中央委员会的委员、候补委员学习贯彻党的十八大精神研讨班开班式上说："我们党领导人民进行社会主义建设，有改革开放前和改革开放后两个历史时期，这是两个相互联系又有重大区别的时期，但本质上都是我们党领导人民进行社会主义建设的实践探索。两者决不是彼此割裂的，更不是根本对立的。不能用改革开放后的历史时期否定改革开放前的历史时期，也不能用改革开放前的历史时期否定改革开放后的历史时期。"① 他的讲话，体现了用马克思主义的辩证观点看待历史的基本要求。

如何分析历史人物，习近平同志也提出了理论和方法论上的要求。他说：

> 对历史人物的评价，应该放在其所处时代和社会的历史条件下去分析，不能离开对历史条件、历史过程的全面认识和对历史规律的科学把握，不能忽略历史必然性和历史偶然性的关系。不能把历史顺境中的成功简单归功于个人，也不能把历史逆境中的挫折简单归咎于个人。不能用今天的时代条件、发展水平、认识水平去衡量和要求前人，不能苛求前人干出只有后人才能干出的业绩来。②

习近平在论述历史人物时指出：伟大的事业之所以伟大，不仅因为这种事业是正义的、宏大的，而且因为这种事业不是一帆风顺的。伟大的人物之所以伟大，不仅因为这样的人物为人民、为民族、为人类建立了丰功伟绩，而且因为这样的人物在艰苦磨砺中铸就了坚强意志和高尚人格。他深刻指出了毛泽东同志的伟大历史功绩，指出：

---

① 习近平：《在纪念孙中山先生诞辰 150 周年大会上的讲话》，《人民日报》2015 年 11 月 12 日。
② 同上。

　　毛泽东同志是伟大的马克思主义者，伟大的无产阶级革命家、战略家、理论家，是马克思主义中国化的伟大开拓者，是近代以来中国伟大的爱国者和民族英雄，是党的第一代中央领导集体的核心，是领导中国人民彻底改变自己命运和国家面貌的一代伟人。①

　　同时，习近平也指出：革命领袖是人不是神。尽管他们拥有很高的理论水平、丰富的斗争经验、卓越的领导才能，但这并不意味着他们的认识和行动可以不受时代条件限制。不能因为他们伟大就把他们像神那样顶礼膜拜，不容许提出并纠正他们的失误和错误；也不能因为他们有失误和错误就全盘否定，抹杀他们的历史功绩，陷入虚无主义的泥潭。

　　前事不忘，后事之师。一个马克思主义政党对自己的错误所抱的态度，是衡量这个党是否真正履行对人民群众所负责任的一个最重要、最可靠的尺度。我们党对自己包括领袖人物的失误和错误历来采取郑重的态度，一是敢于承认，二是正确分析，三是坚决纠正，从而使失误和错误连同党的成功经验一起成为宝贵的历史教材。

（四）中国需要博采各国文明之长

习近平在给第二十二届国际历史科学大会的贺信中说：

　　中国人自古重视历史研究，历来强调以史为鉴，我们的前人留下了浩繁的历史典籍。每个国家、每个民族都有自己的发展历程，应该尊重彼此的选择，加深彼此的了解，以利于共同创造人类更加美好的未来。历史学家在这方面可以并且应该发挥积极作用。这次大会是一个很好的交流学问、加深理解的机会。希望这次大会能够推动各国的历史研究，帮助人们从历史的启迪中更好探寻前进方向。②

这句话明确表明，习近平同志认为，每个国家、每个民族都有自己的

---

　　①　习近平：《在纪念毛泽东同志诞辰 120 周年座谈会上的讲话》，《十八大以来重要文献选编》（上），中央文献出版社 2014 年版，第 687 页。

　　②　习近平：《致第二十二届国际历史科学大会的贺信》，《人民日报》2015 年 8 月 24 日。

发展历程，应该尊重彼此的选择，加深彼此的了解，以利于共同创造人类更加美好的未来。而且他特别强调"历史学家在这方面可以并且应该发挥积极作用"。这就意味着，历史学者不仅要了解、研究中国的历史，也要了解和研究世界各个国家、各个民族的历史，在中外的交流中，推动中国历史学科的发展，建设一个完整的历史科学体系。这次国际历史科学大会在中国召开，一定会对中外的史学交流提供一个很好的机会。中国的历史学家们应该清醒地意识到自己的责任。

在 2016 年 5 月 17 日举行的哲学社会科学座谈会上，习近平强调，哲学社会科学工作者，既要立足本国实际，又要开门搞研究。这其中自然也包括历史科学。

他强调民族性并不是要排斥其他国家的学术研究成果，而是要在比较、对照、批判、吸收、升华的基础上，使民族性更加符合当代中国和当今世界的发展要求，越是民族的越是世界的。解决好民族性问题，就有更强能力去解决世界性问题；把中国实践总结好，就有更强能力为解决世界性问题提供思路和办法。这是由特殊性到普遍性的发展规律。

他说："我们既要立足本国实际，又要开门搞研究。对人类创造的有益的理论观点和学术成果，我们应该吸收借鉴，但不能把一种理论观点和学术成果当成'唯一准则'，不能企图用一种模式来改造整个世界，否则就容易滑入机械论的泥坑。一些理论观点和学术成果可以用来说明一些国家和民族的发展历程，在一定地域和历史文化中具有合理性，但如果硬要把它们套在各国各民族头上、用它们来对人类生活进行格式化，并以此为裁判，那就是荒谬的了。对国外的理论、概念、话语、方法，要有分析、有鉴别，适用的就拿来用，不适用的就不要生搬硬套。哲学社会科学要有批判精神，这是马克思主义最可贵的精神品质。"①

习近平强调，哲学社会科学要有理论上的创新，而理论创新只能从问题开始。在发现问题、筛选问题、研究问题、解决问题的过程中，学者们必须思考和研究不同时代的学者们是怎样提出问题和研究问题的。他自己就翻阅过许多著作，如柏拉图的《理想国》、亚里士多德的《政治学》、托马斯·莫尔的《乌托邦》、康帕内拉的《太阳城》、洛克的《政府论》、

---

① 习近平：《加快构建中国特色哲学社会科学》，《习近平谈治国理政》（第二卷），外文出版社 2017 年版，第 340—341 页。

孟德斯鸠的《论法的精神》、卢梭的《社会契约论》、汉密尔顿等人著的《联邦党人文集》、黑格尔的《法哲学原理》、克劳塞维茨的《战争论》、亚当·斯密的《国民财富的性质和原因的研究》、马尔萨斯的《人口原理》、凯恩斯的《就业、利息和货币通论》、约瑟夫·熊彼特的《经济发展理论》、萨缪尔森的《经济学》、弗里德曼的《资本主义与自由》、西蒙·库兹涅茨的《各国的经济增长》等。他的一个重要感受就是这些著作都是时代的产物，都是思考和研究当时当地社会突出矛盾和问题的结果。他的这些谈话，对于历史学家来说，无疑也是很有启发的。

（五）历史学有着"究天人之际，通古今之变"的使命

习近平同志在他的论著中，曾不止一次引用司马迁在论述《史记》的撰写宗旨时说过的"究天人之际，通古今之变"的话。早在1985年初，他在为正定县档案馆编辑的《正定县大事记（1949—1983）》撰写序言时就曾说过：司马迁在治学著史时曾说，"究天人之际，通古今之变"。从政治和自然两方面究通历史，自然是很不容易的事。但是，我们有马列主义哲学的武器，完全可以从研究历史中获得可能获得的真理。[①]

2015年8月，在《致第二十二届国际历史科学大会的贺信》中又说：人事有代谢，往来成古今。历史研究是一切社会科学的基础，承担着"究天人之际，通古今之变"的使命。

"究天人之际，通古今之变，成一家之言"这句名言是司马迁提出来的，这是他认识历史、撰写《史记》的宗旨。这个观点也成为两千年来，众多的有成就的历史学家的治史宗旨，今天也被看成是历史研究的重要使命。虽然司马迁这里所说的"天"，没有完全摆脱"天意"的影响，但是他在这里表达的天人关系主要是指历史形势、社会环境与人的活动及其命运的关系。他所表达的古今关系，是表明社会历史是在不断进步，同时也表明"古"对于"今"来说，具有借鉴的价值和意义。

习近平同志1985年引用了司马迁这句话，表明他认为历史应该从政治和自然两方面来研究，尽管做到这点很不容易，但是只要掌握马克思主义哲学的思想武器，就可以从历史中获得有益的真理。2015年的引用，可

---

① 习近平：《以史为镜，可以知兴替》，《知之深，爱之切》，河北人民出版社2015年版，第184页。

以说寓意更深刻。一方面表明他对这位伟大历史学家撰述宗旨的尊重和继承，同时他也赋予这一宗旨以现代的含义与生命力，并且把它看成是历史科学的神圣使命。今天，我们对"天"和"人"的理解已经与司马迁的时代不同了，"古"与"今"的内容也大不相同。但是，探讨人类历史的发展及其与自然环境、社会环境的关系，探讨人类社会发展变化的原因与规律，仍然是历史科学的神圣使命。

在借鉴司马迁的"究天人之际，通古今之变，成一家之言"的治史思想的时候，习近平同时也鼓励学者能够成就"一家之言"，能够出大师、出学派。早在 2004 年 12 月 23 日在浙江省社科联第五次代表大会上的讲话中就说过："浙江历史上出大师、出传世之作，将来也完全有可能出大师、出传世之作，出现以大师为统帅的学科学派，提高浙江哲学社会科学在全国乃至世界的影响力，提高浙江的文化软实力。""以大师为统帅的学科学派"是推动哲学社会科学发展的重要力量。在历史上如此，今天依然如此。习近平同志很看重学派的作用，他讲到宋代浙江就有"永康学派"，代表人物是陈亮；还有"永嘉学派"，代表人物是叶适。他把他们看作浙江的"文化基因"。①

历史科学除了它自身的特殊使命之外，还与哲学社会科学其他学科有着共同的使命。习近平同志在哲学社会科学座谈会上说："我国哲学社会科学应该以我们正在做的事情为中心，从我国改革发展的实践中挖掘新材料、发现新问题、提出新观点、构建新理论，加强对改革开放和社会主义现代化建设实践经验的系统总结，加强对发展社会主义市场经济、民主政治、先进文化、和谐社会、生态文明以及党的执政能力建设等领域的分析研究，加强对党中央治国理政新理念新思想新战略的研究阐释，提炼出有学理性的新理论，概括出有规律性的新实践。这是构建中国特色哲学社会科学的着力点、着重点。历史科学工作者对此也应该作出自己的贡献。"

在十九大报告中，习近平同志提出了推动社会主义文化繁荣兴盛的方针，提出："要坚持为人民服务、为社会主义服务，坚持百花齐放、百家争鸣，坚持创造性转化、创新性发展，不断铸就中华文化新辉煌。"② 这一

---

① 习近平：《干在实处，走在前列》，中共中央党校出版社 2006 年版，第 315 页。
② 习近平：《决胜全面建成小康社会 夺取新时代中国特色社会主义伟大胜利》，人民出版社 2017 年版，第 41 页。

方针，同样也适用于历史科学。

（六）干部应该学习历史

1941 年 5 月，毛泽东主席在领导中国民主革命夺取全国胜利的重要时刻，在延安的干部会议上提出了"改造我们的学习"的要求，他批评一些党员、干部"不论是近百年的和古代的中国史，在许多党员的心目中还是漆黑一团"。"对于自己的历史一点不懂，或懂得甚少，不以为耻，反以为荣。特别重要的是中国共产党的历史和鸦片战争以来的中国近百年史，真正懂得的很少。"他要求党员、干部"不要割断历史。不单是懂得希腊就行了，还要懂得中国；不但要懂得外国革命史，还要懂得中国革命史；不但要懂得中国的今天，还要懂得中国的昨天和前天"①。

七十年来，中国的政治形势和干部队伍的情况有了很大的变化，但毛泽东同志所讲的问题仍然有对干部强调的必要。2011 年 9 月，习近平在中央党校 2011 年秋季学期开学典礼上的讲话中指出：我们党在领导革命、建设、改革的进程中，一贯重视历史经验的借鉴和运用，一贯倡导领导干部要读点历史，要善于运用历史知识。重视对历史的学习和对历史经验的总结与运用，善于从不断认识和把握历史规律中找到前进的正确方向和正确道路，这是我们党 90 多年来之所以能够领导中国革命、建设、改革不断取得胜利的一个重要原因。

习近平指出：领导干部学习历史，要学习中国历史，了解和懂得自古以来中国人民创造的灿烂历史文化，从中汲取有益于加强修养、做好工作的智慧和营养。

领导干部学习历史，要注重学习鸦片战争以来我国近现代历史和中共党史，加深对近现代中国国情和中国社会发展规律的认识。中国共产党的历史是中国近现代以来历史最为可歌可泣的篇章，学习中国近现代史要特别注意学习中国共产党的历史。

习近平指出：领导干部读点历史，有助于提高文化素养和思想政治修养，有助于提高工作能力和领导水平。领导干部学习历史，要落实在提高历史文化素养上，落实在提高领导工作水平上。而具有历史文化素养，最

---

① 毛泽东：《改造我们的学习》，《毛泽东选集》第三卷，人民出版社 1991 年版，第 797、798、801 页。

重要的是要具有历史意识和文化自觉,即想问题、作决策要有历史眼光,能够从以往的历史中汲取经验和智慧,自觉按照历史规律和历史发展的辩证法办事。

以上,我们对习近平同志关于历史和史学方面的论述进行了一个梳理,其实他关于这方面的论述内容是非常丰富的,需要作为一个课题进行专门的研究。习近平有关历史和史学方面的论述,是习近平新时期中国特色社会主义思想的思想来源,也是其内容的一个重要方面。研究这方面的内容,对于我们深入理解习近平新时期中国特色社会主义思想的产生背景、思想体系、基本内容、思想特点等都是非常有启发作用的。

对于党的各级干部来说,能够像习近平那样学习历史、理解历史、讲述历史,运用历史的经验教训,对于指导自己的工作是有很大的帮助的。当然,习近平在这方面的成就与水平是长期积累的结果,不是短期内所能达到的。但是,他给广大干部作了一个很好的榜样,只要能够像他那样重视历史给我们的启示,不断地从历史中寻求智慧,像他那样能够从历史到现实、现实到未来的发展地看问题,能够像他那样以辩证唯物主义和历史唯物主义的观点来分析、认识、评价历史问题,就可以大大地提高广大干部的素质和水平,有利于把今天的历史伟业完成得更好。

对于史学工作者来说,习近平的有关论述也有很大的启发。史学工作者应该学习习近平对马克思主义的坚定信念,运用马克思主义的历史观和方法论去认识历史、研究历史、解释历史;学习习近平对于"以史为镜,可知兴替"的深刻理解,用自己的专业特长为当代人提供高质量的学术成果,为他们学习古今、了解中外提供帮助,让"历史是人类最好的老师"的崇高作用能够得到落实;"究天人之际,通古今之变"是史学工作者的重要使命,史学家有责任探讨人类历史发展的共同规律和各民族历史发展的特殊规律,对于各种尚未得到合理解释的各种"历史之谜"作出新的解释;史学工作者不能把自己的眼界局限在自己所熟悉的专业范围之内,要和其他社会科学学者一起,用历史科学的理论和方法参与对建设中国特色社会主义的一切现实问题的研讨,并作出自己的特殊贡献。

师生厚谊甲骨情：郭沫若与金祖同

金祖同（1914—1955），字寿孙，浙江嘉兴人，回族。白寿彝先生主编的《中国回回民族史》中有他的传记。他曾用殷尘、殷君、疾雨、且同、晓冈等笔名发表文章、出版著作。金祖同是一位功底深厚、著作丰富、才华横溢的学者。由于英年早逝，名声尚未煊赫，以致今人对他知之甚少。马勇编《章太炎书信集》中收有太炎先生给他的四封关于甲骨文的书信。他拜郭沫若为师研究甲骨文，是郭氏一生鲜有的入室弟子。关于郭沫若与金祖同的关系，郭若愚、郭成美曾发表过文章，刊出一些珍贵的资料。本文拟在他们成果的基础上，进一步论析他们的关系及其所反映的学术史内容。

一 甲骨学史上的佳话

在中国甲骨文研究的历史上，金祖同是一位不应忽视的人物。他与章太炎争辩甲骨文的学术价值，与郭沫若因甲骨文而形成师生关系，协助郭沫若编辑《殷契粹编》，都是甲骨学史上的佳话。

金祖同生在一个书香之家。祖父金尔珍（1840—1917）是著名画家，与一代国画大师吴其昌、任伯年等结拜金兰，与罗振玉有莫逆之交，与王国维同受业于日本学者藤田丰八。父亲金颂清（1878—1941）在传统学术方面造诣深厚，21 岁时补博士弟子员，后致力于经世之学，著有《管蠡小

识》，博论西学新政；善书法，工绘画，精于鉴别图书文物真伪；以经营书画经籍金石为生，1926 年在上海开设了中国书店。这样的家庭出身使得金祖同很早就结识诸多名流学者，从名师游，金石、小学、书法、绘画、诗词，样样均通。他的治学领域包括甲骨学、金石学、敦煌简帛、回族史、台湾高山族史等。他的著作已出版的有《殷契遗珠》《龟卜》《流沙遗珍》《殷契卜辞讲话》《读伊斯兰书志》《金山卫访古记》《台湾的高山族》《郼斋金石图录》《郭沫若归国秘记》《甲骨文辨证》等，未刊稿本有《随缘室日钞题记》《殷塵序跋文》《谨书先君严谕后》《穆彰阿本事序》等。此外还发表大量的论文以及时政类文章，如《今后回教的教育问题》《写给郭夫人安娜女士》《革命青年领导者郭沫若》等。

　　1935 年 6 月的某日，年仅 21 岁的金祖同与几位师友一起拜访了国学大师章太炎。关于这次拜见的情景，金祖同写道："余杭章太炎先生与予论甲骨文真伪书四通，时在战前暑间，予方肄业中国文化学院，从嘉应李续川先生往见之，执见太夫子礼甚谨，先生貌偓寋，而健谈惊四座，同行者五人，各叩所学，而各就其渊源宣发之，抉其利弊，导之先河，莫不叹服。及予，予时方从丹徒叶玉森先生言殷人礼制，乃告以甲骨文，先生蹙然不欢者久之，曰：'乌乎可！研究文字之学，说文其总龟也，由此深入，可以见苍圣制作之源，今舍此外求，而信真伪莫辨之物，是不揣其本而齐其末，得无诬乎？为学宜趋正规，若标新立异，以自文饰，将终于无成也！'予尚拟有所申述，先生已顾而之他，自是终席不交一语，临别颔首而已。"① 金祖同此前跟随叶玉森学习甲骨文，并运用之探讨殷代礼制。他与章太炎的话题，正好是章氏忌讳的甲骨文。章氏谈到的治学观点，不啻是向金祖同浇了一盆冷水。然金氏接触、研治甲骨文有年，并非大师的几句话就能说服的。当时金氏就想与章氏论辩。章氏非常健谈，讲完甲骨文的问题又转移到其他话题上，以致金祖同没有机会插话，陈述自己的观点，"终席不交一语"。金氏对章氏的观点感到困惑："当时予甚怪之，觉以先生之博大，无所不容，何独于甲骨文拒之如恐不及。"回到寓所看章氏的《国故论衡·理惑篇》，为《簠斋藏器目》所写的题辞，亦觉得语焉不详。于是就向章氏写信求教问难。但章氏并不因金氏系一青年人就置之不理，而是对金氏的每次询函，都予以回复，于是就有了章太炎晚年关于

---

　　① 金祖同：《章太炎先生论甲骨文书跋》，《说文月刊》第 2 卷，1940 年第 8 期。

甲骨文的四封书信①。这四封信，第一封写于 1935 年 6 月 28 日，第二封写于 6 月 30 日，第三封、第四封，写于 1935 年 8 月，未署日期②。就字数而言，第二封最长，第一封次之，第三封又次之，第四封最短。前三封均为讨论甲骨文问题，第四封则是对《说文》中的一个字的解释，与甲骨文看似没有关系。前两封信，由于书写时间仅隔一天，所论内容比较集中，即对文字学、甲骨文问题做了比较详细的讨论。章氏的基本论点是对甲骨文持怀疑的态度。第三封信谈殷事，涉及甲骨文，对甲骨文的真伪有所让步，说："甲龟且勿论真伪，即是真物，所著占繇不过晴雨弋获诸碎事，何足以补商史？且如周代彝器存者数百，其可以补周史者甚少也。"将此三信综合起来，可以看出，1935 年的章太炎对甲骨文的看法，还是比较消极的，但与其早年坚决否定相较，也有一些变化。如第一信中说道"甲骨文真伪且勿论"，"甲骨之为物，真伪尚不可知"；第二封中有"器果真"，"文果可知"；第三信中有"甲骨且勿论真伪，即是真物……"之类的话。这些话都是从消极的角度来谈论甲骨文，但上述这些让步、假设的语气却反映了他的观点的些微变化，即由怀疑其伪到开始承认其真。③

对于章太炎的这几封信，金祖同是很珍视的。1941 年 11 月，金祖同将这些信辑在一起，以《甲骨文辨证》为书名由上海中国书店出版，线装一册，封面书名由罗振玉的弟弟罗振常题写："甲骨文辨证上集　罗振常署耑"。甲骨收藏家刘体智用篆体题写了扉页书名"甲骨文辨证"，下盖有印章"刘体智印"。接着是郭沫若 1936 年 5 月 22 日写的序，该序是根据手迹影印，无标题④。郭序笔调幽默，准确、传神地写出了章太炎晚年关于甲骨文的观点和心态。其中说道："比者金君祖同得其手书四通，其前二通均以甲骨文真伪为主题，所见已较往年大有改进。如谓'铜鼎可信为

---

① 金祖同以后留学日本，据郭成美《回族学者金祖同》（载《回族研究》2008 年第 2 期）云："章氏书信 1937 年在日本《书苑》发表，1939 年又在《制言》刊登，并附有金祖同跋文。"按：在刊登这四封信的《制言》第 50 期上，并没有金祖同的跋文。

② 汤志钧在介绍第三封信时注云："此书未署月日，信封为 8 月 13 日"。（见氏著《章太炎年谱长编》（增订本），上册，中华书局 2013 年版，第 552 页）金祖同《章太炎先生论甲骨文书跋》（见《说文月刊》第 2 卷，1940 年第 8 期）云："余杭章太炎先生与予论甲骨文真伪书四通，时在抗战前暑间"。由此可推定，第四封信也应写于 8 月。

③ 参见周文玖、李玉莉《章太炎的甲骨文态度及其学术史意蕴》，《史学史研究》2012 年第 3 期。

④ 1940 年，此序曾刊登在《说文月刊》第 2 卷第 6、第 7 期合刊（1940 年 10 月出版）上，冠以标题"甲骨文辨证序——为章太炎致金祖同论甲骨文书"。

古器者什之六七，甲骨之为物，真伪尚不可知'，于铜鼎已由怀疑而为肯定，于甲骨则由否定变而为怀疑，此先生为学之进境也。再隔若干年，余深信'甲骨可信为古物者什有六七'之语，必将出于章先生之笔下矣。"郭沫若对章太炎非常尊敬，多次直称"先生"，且说："章先生乃小学专家，声音训诂之业，盖集乾嘉学派之大成，若能移其力于古器物之探讨，其所获必能轶罗、王而迈吴、孙，特惜其疑之过深，遂不免屏之过绝。"他对章太炎怀疑甲骨文的根据也作了辩驳，而对甲骨彝器的史学价值予以肯定："甲骨彝器之研究，近来日臻完备，其所裨补于商周史实者已甚多，有诸家书录在，今不具论。"郭序后附有一幅章太炎致金祖同信的信封照片。发信人地址栏写有"上海同孚路同福里十号章缄"。章氏 1934 年秋移居苏州，但这封信的地址说明，此时章太炎住在上海。金祖同很可能是在上海章宅拜见的章太炎。之后是章氏的四封信。章氏信函后，是马叙伦的《书章太炎先生与金祖同君论甲骨文书后》和金祖同的《跋》。

《说文月刊》第 2 卷第 8 期曾登载过金祖同的《章太炎先生论甲骨文书跋》，其文末言："而太炎先生终不能已于言者，予始觉此不过先生以经古文家之立场，为护许运动而已。若叩其初意，此亦不免为违心之论，因又成书后二万余言，惟以征引卜辞拓本甚多，不易制版，他日拟与太炎手迹，另行单印，以与国人商榷之，发覆射疑，则俟之他日。"《甲骨文辨证》中的金祖同《跋》在此基础上有少许改动。金祖同在《说文月刊》发表的《章太炎先生论甲骨文书跋》大概是在日本期间写的，郭沫若在作序之前曾经看过。因为郭序有对金祖同批评章氏的评论，其云"金君谓'先生以经古文家之立场，为护许运动，若叩其初意，亦不免为违心之论。'此评或不免稍失之苛；然而平心观之，深知先生实有所蔽也。"马叙伦在文字、音韵、训诂方面造诣深厚，他在跋中开首就提到自己与太炎的关系："章太炎先生为余外氏再从叔祖母陆君姊妹之子，于余为丈人行也。"他与章氏的关系堪称密切①，但对章太炎的甲骨文观点却不赞同，说"先生谓'欲明真书之根，必求之于篆文，再溯之于古籀，《说文》其总龟也'亦不能无千虑之失"。青年学者金祖同与国学大师章太炎关于甲骨

---

① 章太炎被袁世凯软禁期间，曾经绝食抗议，众弟子劝说无果，最后由马叙伦劝说方停止绝食。马叙伦说："余于太炎谊在师友之间。"见《追忆章太炎》（修订本），生活·读书·新知三联书店 2009 年版，第 21 页。

文的通信，引起了甲骨学界的关注，成为甲骨学史上颇有趣味的一个插曲。这个插曲把章太炎、郭沫若、金祖同联系在了一起。

从现有的资料看，郭沫若与金祖同的交往，最起码是始自 1934 年 2 月。《郭沫若研究》第 10 辑刊登的郭沫若致金祖同二函，系黄侯兴随中国社会科学院郭沫若研究学术考察团 1990 年访问日本时一位京都的日本学者提供给他的。

函一：

祖同先生大鉴：

手书奉悉。承示楚王鼎拓本三件。敬谢盛意。足下于该器致疑，深佩立意高超，非同凡响。然仆自憾于原器无缘接近，于尊疑亦无可贡献也。今尚有欲叩问者，该器全体作何形？其分量尺寸曾加衡度否？上海有照片出售否？其他同出之器亦在否？彼此间之花纹、形式、铭词字形相若否？足下谅能知其详。能蒙见告，至所企祷。如有照片出售时，能代为购寄一张，尤所切望。

葠渔先生逝世最近始得闻之，深为震悼。闻所著有《殷墟书契前后编考释》，不识有出版之希望否？拓片暂留数日，即当璧赵，乞释廑念。附卜骨照片一条（有毓姒辛一名颇稀见）曾收入拙著《卜辞通纂》中。今由原稿中摘出，以答雅意，幸哂存。专复即颂文安。

郭沫若顿首　二月十二日

函二：

祖同仁弟：

如面。来书奉悉。勤勤恳恳，至感至感。承赠古黄照片一事，多谢之至。该照片与余书所录者，确系一物。坎拿大人怀履光教士近有《洛易故都古墓考》一书（上海别发洋行出版）亦著录之，与余书所录者同。据云，出土时已离析为数事。尚有单独之舞姬形二片，形与图中之双舞姬形同，盖挈于左右二侧者。今得弟所赠此片，知怀氏说不诬。因出土时断析，贾人曾加以一次之复原。入美洲后，又经修正也。余以修正形为是，盖弟片中之ⵝ形，其左右两枝之类，尚有挈物之残环存在也。余诸件亦足珍异。其方彝一器即矢令彝也。今以余所有之照片奉寄，幸留存之。

太炎先生函已拜读。诚如弟言，不免有所偏蔽。特甲骨之多赝品亦是事实。我辈从事此学，须先辨伪。因有赝品，遂一概屏弃之固不可；如赝伪不辨，而妄加考释亦落人笑话也。

刘氏收藏之富，鉴别之精，久所知悉。吾弟担任释述，诚是幸事。幸好为之。蒙摹示一片，因未见拓墨，不能有所贡献。吾弟能商之刘氏，将拓墨见示否？考释之业，仅有拓墨，亦可济事。刘氏所藏甲骨如能将全份拓墨见示，期必有以助。弟秘密亦自当严守也。

潎渔先生书尚未见。得弟函，所言倍深感慨。拙著书在此间印行者……①

第一函经考证，系 1934 年 2 月 12 日所写②。在此之前是否有通信往来，因没有资料，难以确定。从该函称呼"祖同先生大鉴"看，应该是属于建立联系初期。"手书奉悉"说明此前金祖同已经给郭沫若写了信。"潎渔先生逝世最近始得闻之，深为震悼"，表明郭沫若知道金祖同是叶玉森的弟子。叶玉森是著名的文献学家、甲骨专家，1933 年 5 月去世。金祖同1931 年开始从他学习甲骨文。叶氏去世后，金氏感到指导乏师，于是"尽弃其所学"，转而致力于伊斯兰教研究，1935 年帮助刘体智整理甲骨，校录金石文字。第二函系一残件，《郭沫若书信集》编者及蔡震先生均认为写于 1936 年 5 月前后。然笔者认为，写该信的时间可能更早。因为郭沫若在《殷契粹编序》中称："刘氏体智所藏甲骨之多且精，殆为海内之冠。氏已尽拓出其文字，集为《书契丛编》，册凡二十。去岁夏间，蒙托金祖同君远道赍示，更允其选辑若干，先行景布。如此高谊，世所罕遘。余既深受感发，爰不揣谫陋，择取其 1595 片而成兹编，视诸原著虽仅略当十之一，然其菁华大率已萃于是矣。"③《殷契粹编序》是 1937 年写的。"去岁夏间"就是 1936 年夏天，具体日期，不甚清楚。从残信的内容看，残信写于金祖同去日本之前。信中说："刘氏收藏之富，鉴别之精，久所知悉。吾弟担任释述，诚是幸事。幸好为之。蒙摹示一片，因未见拓墨，不

---

① 转引自《郭沫若研究》第 10 辑，并参考郭成美《国学大师致回族学者金祖同之书函、为其著作序文》（《甘肃民族研究》2009 年第 3 期）中所作的标点。

② 参见蔡震《郭沫若流亡日本期间若干史料、史事的考辨》，《郭沫若学刊》2004 年第 4 期。

③ 《郭沫若全集·考古编》第 3 卷，科学出版社 2002 年版，第 5 页。

能有所贡献。吾弟能商之刘氏，将拓墨见示否？考释之业，仅有拓墨，亦可济事。刘氏所藏甲骨如能将全份拓墨见示，期必有以助。弟秘密亦自当严守也。"也就是说，这时郭沫若还没有看到刘体智收藏甲骨的拓片，他希望金祖同与刘体智商量，能允许他看刘氏的拓片。刘体智非常慷慨，同意郭氏看他的全部拓片，并派遣金祖同带二十册拓本到日本见郭沫若。于是就有了金祖同的赴日之举。关于金祖同去日本的时间，郭沫若的记述，有误差和矛盾之处。他 1939 年 4 月 11 日为金祖同《殷契遗珠》写的序中说："金君祖同素嗜甲骨文字之学，搜讨唯勤，时有弋获。前年三四月间曾赍善斋所藏甲骨拓本二十册，亲至日本就余，朝夕过从，反复研商，甚足乐也。"① 这里说到的"赍善斋所藏甲骨拓本二十册，亲至日本就余"与《殷契粹编序》说的"蒙托金祖同君远道赍示"是一回事。此"前年三四月"乃指 1937 年三四月，显然这是将 1936 年误作 1937 年了。因此，金祖同应是 1936 年三四月间去日本的，第二封残信的写作时间必在 1936年三四月金祖同去日本之前。

　　由从日本发现的这两封信，可以推断，自 1934 年年初以来，郭、金二人可能经常就甲骨文问题进行通信。残函称呼"祖同仁弟"，表明他们的关系已非同一般。因为学者间通信，出于对对方的尊敬，不管双方年龄如何，写信者往往称对方"先生"或"兄"。郭氏称金祖同"仁弟"，说明他们的关系或是很熟，不需要客套了，或是他们在通信中确立了一种师弟子关系。金祖同此次到日本，就是奔着郭沫若去的，诚如郭沫若说的：带着善斋所藏的甲骨拓本 20 册，"亲至日本就余，朝夕过从，反复研商，甚足乐也"。郭氏两次提及并感谢金祖同的贡献。在《殷契粹编序》中，称赞刘体智的收藏及允许自己从中选辑之"高谊"："刘氏体智所藏甲骨之多且精，殆为海内之冠。氏已尽拓出其文字，集为《书契丛编》。……更允其选辑若干，先行景布。如此高谊，世所罕遘。"郭沫若在《序殷契遗珠》中又说："余曩所著《殷契粹编》，即系择辑善斋所藏之菁萃者而成，其得以成书固多赖祖同之协助。祖同复长于拓墨，于助余编释之暇，常往东京诸搜藏家处，就其藏品一一拓而存之，孜孜矻矻，虽病不休，其志之专，其艺之精，实所罕见。"② 从这两处文字中可知，没有金祖同的协助，

---

① 《郭沫若全集·考古编》第 10 卷，科学出版社 2002 年版，第 125 页。
② 同上。

就不可能有郭沫若《殷契粹编》的编著和出版。

此外，金祖同家族的人脉关系以及带去的刘氏甲骨拓本，为郭沫若看到更多的日本学者所藏石鼓文拓片提供了条件。郭沫若的《石鼓文研究》是在获得日本人河井荃庐所藏的安氏石鼓文三种拓本才完成的。1932 年秋，郭沫若在文求堂看到过石鼓文拓本照片，并于次年春写成《石鼓文研究》一文，但因没有看到全部的拓本，所以他没有写成书，仅将《石鼓文研究》之文收入《古代铭刻汇考》一书（1933 年 12 月文求堂影印出版）。而看到河井所藏的安氏拓本，自然兴奋异常。他说："蒙以所藏三善本之照片见假，始得洞察一切，快不可言。"① 郭沫若将三种安氏拓本照片借来，全部翻拍，经过"研讨，将余旧作石鼓文研究尽量改正"，完成《石鼓文研究》②。河井荃庐对自己搜藏的安氏拓本秘不示人，据说另一位日本著名考古学者中村不折曾向河井求阅安氏拓本，但被拒绝。③ 河井荃庐与郭沫若建立联系，这中间金祖同起了作用。金祖同的父亲与河井荃庐是朋友，通过金祖同的联系，郭沫若与金祖同一起拜访了河井氏。此前，郭氏与河井氏似乎没有单独会面过。在这次拜访中，郭沫若提出借阅安氏拓本照片，这个要求不但得到应允，河井氏还主动提出可以拿回去慢慢看。在金祖同的笔下，河井氏对郭氏的到访"喜出望外"，"像五体投地似的伏在席上欢迎，表示他的久仰和景慕"。④ 从秘不示人到主动提出可以带走慢慢看，这种转变毕竟太大，金祖同的介绍和河井氏对郭氏成就的景慕似乎还难以解释这其中的原因。郭沫若在 1954 年《石鼓文研究》"重印弁言"中说出更加重要的原因，那就是金祖同带去的刘氏甲骨拓片，才使他同意进行交换借阅："1936 年夏，收藏家刘体智把他所藏的甲骨文拓本二十册，托人送到东京，希望加以利用，进行研究。我选了 1595 片，编成《殷契粹编》……河井仙郎听说我处有刘氏甲骨拓片，他便向我建议：愿意把他所珍藏的安国三种石鼓文的照片和我交换借阅。"⑤ 由此可见，郭沫若的石鼓文研究，与金祖同的关系也非常密切。没有金祖同带去的这些拓本，河井氏未必愿意把他收藏的安氏石鼓文拓片照片借给郭沫若。果如此，也就

---

① 《明锡山安氏十鼓斋先锋本石鼓文书后》，《郭沫若全集·考古编》第 9 卷，第 245 页。
② 该书作为上海孔德研究所丛刊之一，由商务印书馆 1939 年 7 月在长沙出版。
③ 蔡震：《文化越境的行旅——郭沫若在日本二十年》，文化艺术出版社 2005 年版，第 317 页。
④ 殷尘：《郭沫若归国秘记》，言行出版社 1945 年版，第 47—48 页。
⑤ 郭沫若：《石鼓文研究·重印弁言》，人民出版社 1955 年版。

不可能有郭氏的名著《石鼓文研究》。

金祖同到日本后，确实把郭沫若作为前辈或老师了。金氏 1934 年拜卫聚贤为师，在上海真茹四才阁，合力专治殷墟甲骨文字。抗战时期，卫聚贤与郭沫若有很多交往①。金祖同在写到他们时，将他们并称为二师："去年四月间卫聚贤郭沫若二师在陪都北倍地方发现汉墓丛，经发掘后所获明器甚多，于西南古代文化的研究上，获得了实物的证明。"② 卫聚贤出身清华国学研究院，他与郭沫若的相识，出于金祖同的介绍。他与郭沫若在抗战期间重庆的多次学术互动，都有金祖同的影子。《说文月刊》系由卫聚贤主办，金祖同在上海进行编辑。郭沫若在《说文月刊》发表多篇学术论文。据统计，郭沫若在《说文月刊》发表文章 7 篇，它们是《释丙子》《甲骨文辨证序》《关于发现汉墓的经过》《钓鱼台访古》《陕西新出土器铭考释》《韩非子初见秦篇发微》《序〈威廉迈斯达〉》。这些文章在某种意义上也是郭沫若与金祖同、卫聚贤学术交谊的体现。

二　郭沫若的秘密回国与金祖同的鼎力协助

郭沫若在日本警察和宪兵的双重监视下，竟能成功地秘密回国，也是一个具有传奇色彩的事件。在这一事件中，金祖同是具体参与者，是他协助郭沫若成功逃脱日本人的监视，并与郭沫若一起回国的。他曾把郭沫若的归国经历写成《鼎堂归国实录》少量发行，后改写成《郭沫若归国秘记》，由上海言行出版社 1945 年 9 月出版，署名"殷塵"。该书翔实地记录了郭沫若回国的细节，绘声绘色地描述了郭沫若的痛苦抉择和坚定信念。作为郭氏的学生，金氏在协助郭氏归国一事所表现出的忠诚、细致、机智也跃然纸上，给人留下深刻的印象。

郭沫若秘密回国获得成功，有这样几个因素：1. 郭沫若自身的精心计划和坚定决心；2. 南京国民政府介入其中，并作了安排；3. 金祖同等人的鼎力协助。

郭沫若自 1928 年 2 月化名吴诚来到日本，不久就被发现真实身份。郭沫若一度被拘捕，后经斡旋，并利用各种社会关系，得以释放，但日本政

---

① 见杨永康《抗战时期卫聚贤与郭沫若的学术交往》，《史志学刊》2016 年第 2 期。

② 金祖同：《编后语》，《说文月刊》第 3 卷第 4 期《巴蜀文化专号》，1941 年 10 月。

府对他进行了双重监视：一是当地警察的监视，一是宪兵的监视。① 在这种情况下，郭沫若不得不埋首学术研究。1930 年出版《中国古代社会研究》之后，他将精力集中于甲骨文、金文、石鼓文等研究，连续出版多部甲骨文、金文著作，在日本学术界赢得了声誉和尊敬，以致日本政界如西园寺公望都对其成就表示称赞。② 关于郭沫若与日本政治家西园寺公望和犬养毅的关系，日本学者这样写道："他蛰居千叶市川十年，埋头于学问且成就斐然。就连日本当时政界元老西园寺公望和 1932 年'五一五事件'中被刺的犬养毅首相生前都无不醉心于他的《两周金文大系》和《甲骨文字研究》。西园寺公望特别欣赏《金文丛考》四卷本，爱不释手，读完三分之一便感慨不已：'两书难获也！在下清晨开卷，夕暮时分已读破三成。所得启蒙甚多，不胜感激矣。'犬养毅在任首相时除了爱读《两周金文大系》之外，临遇刺之前还特意从上海大东邮购了《甲骨文字研究》。"此处史实得到日本《朝日新闻》发表的《于爱妻之国晴耕雨读——抛弃革命斗志之梦想，藉著述得园公知遇》一文之确认。③ 关于日本政界元老西园寺公望对郭沫若古代社会及古文字学研究的赞赏，过去除了郭本人在传记中有所言及之外，并无任何可靠的旁证资料能够证明它的可信性。1934 年上海的《社会新闻》上刊登的《郭沫若受知西园寺》，给人一种郭沫若与

---

① 据日本学者研究指出："1928 年 3 月，平田勋在同意郭沫若及家人在市川居住的同时，编织了一张保护网对他进行保护性监视。郭沫若在自传中不时提起受到刑事和宪兵的'双重监视'，前者即千叶县市川警察署的便衣刑警，后者指的是受警视厅外事科（专门取缔外国人犯罪的机关部门）委托的宪兵。8 月 1 日以前执行公开监视任务的只有前者，后者在郭沫若获释以后开始监视活动。尽管如此，负责日常监视和跟踪的却都是市川警察署的刑警而不是宪兵。前者由于平田的关系，所谓监视也只是对来访者进行盘查或郭沫若外出时进行跟踪而已，总的说来'比较注重礼貌'（《我是中国人》）。"见 ［日］武继平《"日支人民战线"谍报网的破获与日本警方对郭沫若监视的史实》，《文化与抗战：郭沫若与中国知识分子在民族解放战争中的文化选择》，巴蜀书社 2006 年版，第 300 页。

② 蔡震说："我倾向于认为，西园寺公望赞赏郭沫若并非作为媒体传播的消息报道为人所知，实际上源于田中庆太郎的传言（当然不是无中生有），而且只是在学界圈子里流传而已。'文求堂'像个小小的学者沙龙，田中庆太郎在那个场合下说说这样的消息，是顺理成章的事……郭沫若归国以后在一篇文章里说起过这个传闻，他写道：'我可以坦白地再说几句话：西园寺公望看过我的书是事实，看后向人称赞过也是事实，但他和我并没有一丝一毫的直接关系。我不愿意借他来抬高我的身份，我也不愿意拿我去抬高他的身份。他固然是日本元老，而且是值得尊敬的一位国际政治家，然而说到古器物学的研究，他究竟只是我的一名爱读者而已'（《在轰炸中来去》，《郭沫若全集·文学编》第 13 卷，第 477 页）"。见蔡震《文化越境的行旅——郭沫若在日本二十年》，文化艺术出版社 2005 年版，第 332 页。

③ ［日］武继平：《"日支人民战线"谍报网的破获与日本警方对郭沫若监视的史实》，《文化与抗战：郭沫若与中国知识分子在民族解放战争中的文化选择》，第 297 页。

西园寺关系密切的印象。还有人说，蒋介石允许郭沫若回国与其对日本的政治影响力有关。当然，这里面猜测的成分很大。但不管怎样，郭沫若在日本的学术成就已为日本、中国所瞩目则是事实。在中日关系日趋紧张的形势下，回国抗战是郭沫若的坚定选择。为此郭沫若在日本谨言慎行，尽量掩饰其回国的动机。如"1936年11月，郁达夫到日本以后与日本旧友以及日本文学界人士频频会晤。郭沫若每每作陪但说话格外谨慎小心，酒宴上唯恐郁达夫喝酒过量露出蛛丝马迹。24日晚，应日本中国文学研究会之邀出席为郁达夫所设欢迎宴会时甚至公开对在座的日本作家们表示自己要在日本永远居住下去，还握着日本作家武田泰淳的手大喊'大日本帝国万岁'，为自己准备逃离大放烟幕。……当时在日本人眼里，郁达夫侃侃而谈，满腔爱国热血，而郭沫若则显得唯唯诺诺，失尽了昔日创造社领袖和北伐将军的风采。谁也不会想到，看上去只埋头古文字堆潜心做学问而对政治变得毫无兴趣的郭沫若心里正在酝酿着一个惊人的计划。"① 可见，郭沫若尽管努力于学术研究，但内心深处一刻也没有忘记要返回祖国。平时他也向其日本夫人暗示过这一点，夫人对他的决定表示理解和支持。

其次，南京国民政府同意郭沫若回国，并作了安排。1937年5月18日，郁达夫给郭沫若发了两封信，传达了南京政府同意他回国的意思。

其一："沫若：今晨因接南京来电，嘱我致书，谓委员长有所借重，乞速归。我以奔走见效，喜不自胜，随即发出航空信一、平信一。一面并电南京，请先取消通缉，然后多汇旅费去日，俾得早日动身也。……"②

其二："沫若兄：南京蒋氏有意招兄回国，我已先去说过，第一，要他们办好取消通缉手续，第二，汇大批旅费去。此事当能在十日内办妥，望兄接到南京函后，即整装返国，去南京一行，或者事前以电报通知，我可以在上海相候。"③

郭沫若在《再谈郁达夫》中说："卢沟桥事变发生后，直接帮助了我行动的是钱瘦铁和金祖同。瘦铁在王芃生的系统下做情报工作，他曾把我的意思通知在国内的王芃生，得到政府的同意，他便为我负责进行购买船票等事项。祖同便奔走于东京与市川之间传递消息。当然大使馆方面也是

---

① ［日］武继平：《"日支人民战线"谍报网的破获与日本警方对郭沫若监视的史实》，《文化与抗战：郭沫若与中国知识分子在民族解放战争中的文化选择》，第304—305页。

② 殷麈：《郭沫若归国秘记》，言行出版社1945年版，第74页。

③ 同上书，第75页。

知道情形的。"① 对王芃生的身份，郭沫若是清楚的。王芃生曾任国民党军统局外事训练班和中美合作所教官。这说明，郭沫若回国得到了国民党军统局、国民政府驻日大使馆的协助和安排。而且，郭沫若到达上海时，国民政府行政院政务处长何廉亲自到码头迎接了郭沫若。

第三，金祖同、钱瘦铁的协助也非常重要。金祖同的催促，使郭沫若下定了尽快回国的决心。卢沟桥事变后，东京的形势骤然紧张，车站上都是些出征的军人，大街上也出现了不少缝"千人针"的妇女。在日本的中国留学生无不在商谈如何应对新的局势。金祖同打算回国，7 月 15 日，他到郭沫若家，征求郭沫若对卢沟桥事变的看法，想打听一下郭沫若有没有想回国的表示。郭沫若对卢沟桥事变后的时局很担忧，认为事态有扩大的可能，战争不可避免。金祖同建议郭沫若立即回国，认为这是离日的好机会。由于郭沫若处于被监视的境地，他与国民党情报系统的联系人钱瘦铁和大使馆许大使的接触都是由金祖同具体实施的。金祖同并非国民政府情报系统之人，但在金石、绘画等方面的精深造诣使他与金石篆刻家钱瘦铁非常稔熟。钱瘦铁以篆刻业为掩护从事情报工作。当郭沫若要金祖同在东京找几个朋友商量一下他如何回国的问题时，金祖同首先想到的是钱瘦铁。因为几天前钱瘦铁与金祖同谈起过郭沫若回国的事情，钱氏 1937 年 5 月回中国时见到王芃生，王芃生在最高当局面前提到过郭沫若之事，后因钱氏急于返日本，没有得到王芃生的确实消息，但他确信王芃生会有电报来的。因此，金祖同对郭沫若说，与钱瘦铁商量是有把握的。此后，金祖同就找钱瘦铁研究郭沫若的出逃计划。金祖同从钱瘦铁那里带给郭沫若南京政府发来的电报内容，这才使郭沫若果断做出了回国的决定。郭沫若让金祖同打听船期，相约以明信片通讯，暗语是青年会的空房号数。出逃计划是钱瘦铁和金祖同共同制订的，金祖同负责郭沫若与大使馆及钱瘦铁的具体联络。郭沫若凌晨瞒着家人从家里出来，穿着居家的和服，赤足穿了双木屐。他们相会后到钱瘦铁家里。钱瘦铁让郭沫若换上钱氏的西装，还为他准备了"杨伯勉"的假名片。三人经横滨到神户。为了避免别人的注意，他们在车内分开坐。整个过程非常缜密，瞒过了日本警察和宪兵，顺利登上了归国的邮船。

回国固然是郭沫若的不二选择，但对于他来说，做出这个决定是非常

① 郭沫若：《再谈郁达夫》，《书报精华月刊》1948 年第 41 期。

艰难而痛苦的。对此，金祖同在《郭沫若归国秘记》有细致的记述。一是
7月15日金祖同见郭沫若时，郭沫若对回国表示踌躇。因为他对自己能否
平安地离开日本，一时没有把握。但最后他还是决定回国，并写了一张
"遗言"交给金祖同，说万一发生意外，金祖同可以将"遗言"在国内发
表。"遗言"的大意是："临到国家需要子民效力的时候，不幸我已被帝国
主义者所拘留起来了。不过我决不怕死辱及国家。帝国主义的侵略，我们
惟有以铁血来对付他。我们的物质上的牺牲当然是很大，不过我们有的是
人，我们可以从新建筑起来的。精神的胜利可说是绝对有把握的。努力
吧！祖国的同胞们！"① 郭沫若有此踌躇，完全是正常的，因为他与其他留
日学生不同，他在日本有家庭②，又一直处于被监视的状态。7月20日，
金祖同与钱瘦铁一起到郭沫若家时，郭沫若仍向钱瘦铁表示他的忧虑：
"国内虽有国共合作的呼声，然而真相如何，一时还不得而知。中央政府
既无国共合作的明令，我的通缉也没有取消，一旦归去，日本或许要藉此
向国际宣传，诬中国赤化，那么当局或竟会以我之自投罗网，乘机来消灭
我，去解释国际间的注视呵。"③ 郭沫若还有意通过欧美回到中国。钱瘦铁
向他担保不会有他忧虑的事情发生，并说迟了"恐怕不容易脱身了。至于
一切费用，你可不用多愁，我和殷尘二人会办理的"④。于是，郭沫若决定
按照计划动身。7月22日，金祖同到市川晤郭沫若，郭沫若依然表示了自
己的顾虑：第一，路上安危没有把握，需要大使馆设法。第二，此去，万
一南京方面等闲视之，家中生活立刻会成问题。第三，他去后，日本警察
和宪兵要威胁他的家属。次日金祖同将郭沫若的顾虑告诉了钱瘦铁和大使
馆大使许世英。许世英表示尽量解决郭沫若的关切。当金祖同将许世英的
意见反馈给郭沫若，并送上二百元时，郭沫若反而显得踌躇不安，但最后
还是坚定地说："好罢！此地的一切，我总要想法把它解决，你们去买票

---

　　① 殷尘：《郭沫若归国秘记》，言行出版社1945年版，第23页。
　　② 家庭的安危也是郭沫若"踌躇"的重要因素。他在《由日本回来了》说："妻儿们为了我
的走，恐怕是要受麻烦的吧。这，是使我数日来最悬念的事。……儿们醒来，知道了我已出走，
不知道是怎样的惊愕。顶小的可爱的鸿儿，这是我心上的一把剑。儿，望你宽恕你的父亲。我是
怀抱着万一的希望的，在不久的将来，总可以再见。"见四川省社会科学院文学研究所抗战文艺研
究室编《郭沫若秘密归国资料选》，1984年版，第2页。
　　③ 殷尘：《郭沫若归国秘记》，言行出版社1945年版，第53页。
　　④ 同上书，第56页。

好了，最好明天买好票。"① 此时，郭沫若最担心的还是他的家人。当他和金祖同顺利地登上加拿大公司的"日本皇后号"后，郭沫若还后悔没有带长子和夫人一起来。他在船上写了两封信，一封给许大使，谢谢他的帮助；一封给市川警察和宪兵司令部，感谢他们多年来的"保护"，并请照顾他的家里人。邮船从 7 月 25 日晚上 9 时开出码头，28 日下午到达上海，历时整整三日三夜。郭沫若在船上用鲁迅韵写了一首诗《黄海舟中》，表达在祖国危难之时报效祖国的赤诚之心："又当投笔请缨时，别妇抛雏断藕丝。去国十年余泪血，登舟三宿见旌旗。欣将残骨埋诸夏，哭吐精诚赋此诗。四万万人齐蹈厉，同心同德一戎衣。"② 过了一日，他又写了一首七绝："此来拼得全家哭，今往还当遍地哀。四十六年余一死，鸿毛泰岱早安排。"③ 表达自己在家国不能两全的情况下，对家人的歉疚和离别的痛苦之情。

金祖同不仅协助郭沫若成功回到了祖国，而且把他回国的艰险经历和复杂的心理状态生动地展示出来，描绘出一个情感复杂、血肉丰满的郭沫若形象。其中所揭示的郭沫若为民族大义而舍弃小家的献身精神，不禁令人生起由衷的敬意。

日本学者通过日本警方的原始资料，经过考证认为"金祖同在《郭沫若归国秘记》中涉及的人名、事件发生的时间、地点等等除了偶有记忆错误之外，并无半点虚构。"④ 郭沫若之子郭和夫也说："金祖同写的《郭沫若归国秘记》比较合乎事实。"⑤ 金祖同一再表示，他协助郭沫若成功出逃，并一起回到祖国，是他一生所做的最有意义的事情。

金祖同协助郭沫若一起归国，反映了他对郭沫若的忠诚和爱护，同时是他与郭沫若患难与共的典型体现。

三 师生情谊

郭沫若与金祖同在日本的生活经历，使他们建立了一种特殊的关系，

---

① 殷塵：《郭沫若归国秘记》，言行出版社 1945 年版，第 103 页。

② 同上书，第 152 页。

③ 同上书，第 162 页。

④ ［日］武继平：《"日支人民战线"谍报网的破获与日本警方对郭沫若监视的史实》，《文化与抗战》，第 295 页。

⑤ 唐明中：《访安娜夫人》，见四川省社会科学院文学研究所抗战文艺研究室编《郭沫若秘密归国资料选》，1984 年版，第 16 页。

这种关系既有别于创造社同人之间的关系，也不同于革命阵营内同志式的关系，而是一种旨趣相投，带有师弟子私交特点的关系。

金祖同在日本期间，大概经常到郭沫若家，甚至在郭家吃饭。他与郭沫若的孩子都很熟悉。郭沫若也说，他们有一段时间，"朝夕过从，反复研商，甚足乐也"。1939 年，金祖同曾写一文《写给郭夫人安娜女士》，称赞安娜女士支持丈夫"奔回祖国"，"执行神圣的抗战任务"。其中也有一些生活细节的记述，一方面展示了安娜的正义感，另一方面也反映了他与郭家关系的密切。他写道："别人或许不知道怎样详细，但我是全记着的。七七事变后，你每天焦急着读新闻纸，探听祖国的消息。你那时也许还在希望两国的和平吧？不过同时你也知道你们的军阀总有覆灭的一天。你曾当面把这些话说给到你家来监视你丈夫的市川警察和千叶宪兵队听过。你诅咒他们的无耻。而尤其不会使我忘记的，就是那年夏天我在'交番'（警察亭，中国无之）被浪人袭击的那晚，你赶到菅野警察署向警长理论，责他们不知道保护一位外国学生，反唆使浪人干那不名誉的袭击使人受惊。那种义愤填膺声色俱厉的样子，真使我感动得要流泪。你向署长要求担保着放我回来。他们为了掩饰狰狞的面目，只得勉强答应了。你又伴着我穿过那鬼也似的松林，回到我那时的寓所。在异国，我像遇见了自己的慈母一样的感着安慰。""又记得还有一天，你们要我陪着凤子到你家来吃午饭，你亲手杀了一只鸡——那是你从小养大的。你丈夫说：为了我是回教徒的缘故，你杀鸡时口中还念念有词呢。说着引得你和凤子都笑了。"[1] 金祖同恪守回族风俗，在饮食方面十分检点和自重。这个故事也反映了郭沫若一家对金祖同的友好和尊重。

郭沫若有时也到金祖同寓所聊天。1936 年 9 月 2 日，郭沫若在金祖同寓所戏作一副对联："鲁迅将徐懋庸格杀勿论，弄得怨声载道；茅盾向周起应请求自由，未免呼吁失门。"虽是戏联，金觉得有趣，于是写了一个《后识》，把它寄给上海《今代文艺》，然后又写信告诉了郭沫若。郭沫若很快给金祖同写信，说："信收到，戏联不便发表，请遏止，免惹意外的纠纷。至嘱，至嘱。石沱　1936、9、19。"[2] 果不其然，茅盾后来在《大

---

① 殷君：《写给郭夫人安娜女士》，《鲁迅风》1939 年第 13 期。
② 郭成美：《国学大师致回族学者金祖同之书函、为其著作序文》，《甘肃民族研究》2009 年第 3 期；郭成美：《回族学者金祖同》，《回族研究》2008 年第 2 期。

公报》对之作了回应。这件事反映了郭沫若、金祖同之间能够随意谈天，无所顾忌地聊一些在公开的媒体不宜说的话题。

金祖同写过《革命青年领导者郭沫若》，盛赞郭沫若回国抗日的牺牲精神。其中写道："沫若先生贡献了他无比的在中国文化史作为一个划时代的业绩，他的心血真是呕尽了，这十年流亡生活，我们真无法去形容，去讴歌，只有一句话，他的艰巨刻苦的精神使'懦夫有立志'。""沫若先生，他将永远是我们中国革命青年的领导者，尤其在今后，在达到他自己理想的革命的社会时。"① 在这篇文章中，还附有一张"郭沫若与卫聚贤在重庆汉墓丛"查看发掘出的文物之照片，反映了他对两位老师的尊崇。

郭沫若一生很少为人写序，曾说："平时很少替人做序"，"觉得那种事情"对诚实的作者和读者是"一种侮辱"。② 然他却很破例地为金祖同写了三篇序：一是为他编辑的《甲骨文辨证》作序，二是为他的《殷契遗珠》写序，三是为他的《龟卜》写序。特别是《序殷契遗珠》，更是饱含感情地叙述了两人在日本的交谊，对金祖同的才华和在甲骨文方面的造诣与成就称赞有加。其云：

金君祖同素嗜甲骨文字之学，搜讨唯勤，时有弋获。前年三四月间曾赍善斋所藏甲骨拓本凡二十册，亲至日本就余，朝夕过从，反复研商，甚足乐也。余曩所著《殷契粹编》，即系择辑善斋之菁萃者而成，其得以成书固多赖祖同之协助。祖同复长于拓墨，于助余编释之暇，常往东京诸搜藏家处，就其藏品一一拓而存之，孜孜矻矻，虽病不休，其志之专，其艺之精，实所罕见。未几归国，余亦返棹，在沪相聚复三阅月，祖同于所业，未尝或辍也。别来行且一年又半矣，山川间阻，驰想为劳，正不知祖同进业何许。比者得尹默先生手书，言祖同近来整理河井、中村、堂野前、中岛、田中、三井六家所藏甲骨拓片，已就绪付印矣。此书题名《殷契遗珠》，欲求余为撰一序。余之欣悦，盖有难以言喻者。祖同所拓及其原物，余均曾一一目睹，就中颇多精品而以三井所藏为最丰富。罗氏《殷墟书契前后编》即多取材于此。然罗氏所据乃河井氏所藏拓片，为日人某叟所拓者也，其剪

---

① 疾雨：《革命青年领导者郭沫若》，《透视》1949 年第 2 期。

② 郭沫若：《序〈威廉迈斯达〉》，《说文月刊》第 2 卷，第 6、7 期。

辑之残蜕余亦曾见之，罗书特秘而未宣耳。余深喜祖同之精进，大有
嘉惠于学林，复自惭旧业荒芜，于其论列不能有所增益，仅述其成书
之颠末以告同好，明其成就之不易云耳。

　　序中提到的"在沪相聚复三阅月"，系指郭沫若从日本回来后，在上
海立即投入了抗战宣传工作，创办了《救亡日报》。郭沫若任社长，夏衍、
阿英、于玲任编辑。在淞沪战役期间，金祖同曾将自家的书店内的房屋提
供给《救亡日报》作编辑部。金祖同这样做，也是冒着很大的风险的，所
以叶灵凤称赞说："年轻的金祖同，在当时日本人横行的租借环境下，敢
于借出他的书店余地供《救亡日报》使用，实在是很勇敢的行动。"① 这
种勇敢的行动，一方面是因为金祖同政治倾向的进步性，另一方面也是他
与郭沫若的密切关系所使然。这期间，金祖同还带两个妹妹金德娟、金淑
娟以及侄女金颐拜见郭沫若，请其在她们的画上题诗。郭沫若的题诗有
《题金德娟山水画小帧》《题金淑娟画红绿梅》。金祖同还带其回族表兄郭
墨林携一古鼎访问郭氏。要之，金祖同与郭沫若在上海期间，交往频繁，
私谊深厚。

　　郭沫若与金祖同的真情交往，反映了郭沫若钟情学术、亲和随性的
一面。

---

　　① 叶灵凤：《读书随笔》第三集，生活·读书·新知三联书店 1988 年版，第 68 页。

中国古代史学发展、神话传说和古史料价值的阐发[*]
——吕振羽前期的中国传统史学研究三题

徐国利[**]

中国现代新史学的创建和发展是建立在对中国传统史学的批判与继承基础上的，为此中国现代史家都对中国传统史学及现代新史学关系做过不同程度和层面的审视和探讨。在 20 世纪上半叶，吕振羽是中国马克思主义史家中做出开创性贡献最多的史家[①]，在中国原始社会史与奴隶社会史、中国通史、中国政治思想史和中国民族史研究等领域均有开创之功，为马克思主义史学的发展做出了重要贡献，与郭沫若、翦伯赞、范文澜和侯外庐并称为马克思主义史学"五大家"。吕振羽虽然没有系统和专门论述中国传统史学，然而，他结合自己的马克思主义史学研究，特别是中国原始社会史、殷周史研究和中国通史的编纂，运用唯物史观对中国古代帝王史观作了批判，对中国古代史学史作了简要的考察和论述。他对中国传统史学及现代史学关系最有特色和价值的研究是，结合其原始社会史和殷周史研究，对中国古代神话传说的古史研究价值作了系统和深入的论述，对中国古史史料文献及史料价值提出了诸多精辟见解，为科学的中国古史研究

　＊　［基金项目资助］本文为国家社科基金一般项目"多维视角下传统史学与中国现代新史学关系研究"（项目编号：12BZS002）结项成果内容。

　＊＊　徐国利，上海财经大学人文学院历史系。

　①　蒋大椿认为吕振羽"作出始创性贡献的马克思主义史学领域"至少有九个方面（蒋大椿：《吕振羽史学的始创性贡献》，《湘潭大学学报》1997 年第 2 期）；张博泉则称吕振羽"为中国史学树立了十个新碑"（转引自刘茂林、叶桂生《吕振羽评传》，社会科学文献出版社 1990 年版，第 218 页）。

作出了重要贡献。他的这些思想和成就不仅在马克思主义史家中，而且在中国现代史家中也不多见，有些则是相当独到和特出的。一些学术著作和论文虽然对吕振羽前期的史学思想作了研究，但是并没有专门从中国传统史学的视角来发掘和阐释吕振羽的中国传统史学研究及其思想的，故拙文拟从三个方面对吕振羽前期的中国传统史学研究作一初步探讨，敬祈同人指正。

一　中国古代史学发展的得失与史学方法的非科学性

吕振羽对中国古代史学的总体阐述主要包括两个方面：一是对中国古代史学发展及其成就和弊病作了简要评述，反映了对中国古代史学发展的认识；二是批判中国古代史学方法只重视帝王将相和伟大人物历史的记载，不能正确揭示历史发展的规律。他的这些评判是站在历史唯物主义及其科学史观立场上的，强调史学要为革命服务，具有强烈的批判色彩。

（一）关于中国古代史学史的扼要批评

吕振羽的《简明中国通史》对中国古代史学发展的得失作了简要述评。下面按中国古代史学发展阶段，将其观点概括如下：

第一，两汉时期的史学。吕振羽高度肯定司马迁的史学，称《史记》"在中世的史学上是有巨大成就的，全部著作都是从真实可靠的丰富史料出发的。他虽然还没有设想去发现历史的规律；但却写了《陈涉世家》《游侠列传》和《日者列传》等。'游侠'就是代表农民的墨学行动派的残留，'日者'则是由各阶层失业下来而沦为流氓的一个集团。特别是他写了《平准书》和《货殖列传》，他从社会各阶层人民的生活情况及其对比上，从统治阶级的政策和对人民的剥削情况上，从商品经济的发展上，去说明其时的社会经济关系和政治上的得失。这在两千多年以前，是很不容易的"①。可见，他对《史记》的肯定除了史料运用真实和丰富外，主要在于记载了普遍民众的历史和社会经济生活，能从经济因素说明社会变迁和政治。他认为，司马迁之所以能取得这种成就，"主要由于当时中间诸阶层的情况在他思想上的反映（他与他的父亲司马谈都是中间阶层的知

---

① 吕振羽：《简明中国通史》，《吕振羽全集》第 5 卷，人民出版社 2014 年版，第 226 页。

识分子），以及其自身所受到的排挤和悲惨遭遇，同时也由于他社会生活经验丰富、'周览四海名山大川'而掌握了许多现实情况"①。班固及《汉书》继承了《史记》重视民众和社会生活记载的成绩，"主观上是在追踪《史记》，这在他的《食货志》，可说也是成功的，并由于时代不同，有比《平准书》更具体的地方。但其他各部分，却没能像《平准书》那样丰富和深刻。然在他以后的许多所谓正史的作者，却大都比他逊了一筹"②。不过，司马迁和班固的史学虽然取得了重要成就，但仍未揭示社会历史发展的规律，"自然，这时期的史学，还不能说是科学"③。

第二，魏晋隋唐时期的史学。吕振羽对这一时期史学颇多论述，主要包括四个方面。一是称赞范晔《后汉书》撰《独行》《党锢》和《逸民》三传有激励人心的作用。他说，《后汉书》系照《前汉书》体裁编制，"他为提倡气节激励人心，特写《独行》《党锢》《逸民》三传，在当时是有其作用的"④。二是斥责北齐魏收《魏书》的奴才主义史观。他说："（《魏书》）则系一种奴才主义的历史。他一方面歌颂实行部族的集团压迫的北魏统治，帮他来欺骗汉族及其他各族人民，如他极力论鲜卑拓跋氏是'黄帝'子孙，'受封北土'；另一方面，反污蔑东晋为'僭晋'，刘裕、萧道成、萧衍为所谓'岛夷'，冯跋为所谓'海夷'等等。"⑤ 三是肯定南北朝史书体例、史论的创新和多种体裁史书编纂的兴盛。他说，"这时期历史编修甚为丰富，并创造不少新的体例"，并详细胪列各位史家的著述，称，"梁武令群臣编成《通史》二百二十卷，不只系新创体例，且以'五胡'与'拓跋'均列于《夷狄传》，这在当时是有其意义的"⑥。又说："史论也是创例，最著名的有晋朝刘宝的《汉书驳议》、何琦的《三国志评论》、王涛的《序评》。稗史方面，有晋朝司马彪的《九州春秋》、常璩的《华阳国志》以及《汉魏吴蜀旧事》等。纪年史、起居注、地方纪等著作，也都从这时期兴盛起来的。"⑦ 关于南北朝史学发达的原因，他说："这时期史学虽也还不能算作科学；但其特别发达，主要是由于在反

① 吕振羽：《简明中国通史》，《吕振羽全集》第 5 卷，人民出版社 2014 年版，第 226 页。

② 同上。

③ 同上。

④ 同上书，第 295 页。

⑤ 同上。

⑥ 同上。

⑦ 同上。

对鲜卑统治集团所实行的部族的集团的压迫的斗争情况下，受了人民爱国思想推动的结果。"① 南北朝是中国多民族冲突与融汇的重要时期，民族主义对史书编纂和史学发展无疑发挥了重要作用，吕振羽强调它是南北朝史学发达的主要原因是合理的，但无视其他原因亦有片面性。四是肯定唐代正史编纂、通史著述和汇书的成就。他说："历史研究在唐朝也颇发达，著作很多，从《晋书》到《隋书》，……稗史、杂记著作亦多，……杜佑的《通典》，可说是其时社会通史的一种编纂。刘知几的《史通》，大胆地批评一切历史著作，对道统观史家确认不疑的史实，提出质疑，即所谓'疑古''惑经'。"② 他特别指出唐代汇书的成就及其广泛深远的影响，说："唐朝还产生了汇书，即百科全书的编辑，如欧阳询的《艺文类聚》、虞世南的《北堂书钞》。其后如元陶九成的《说郛》、清张英等编修的《渊鉴》等等，都是直接承袭这种汇书的编辑。宋的《太平御览》《册府元龟》；明的《永乐大典》；清的《古今图书集成》《四库全书》以及涵芬楼的《四部丛刊》；中华书局的《四部备要》等，也都是由汇书的编制发展而来的。"③ 对汇书及其影响的肯定是现代其他史家较少注意的，吕振羽对此加以表彰颇有意义。

　　第三，宋元时期的史学。范文澜对宋代史学阐述颇多，主要有四个方面：一是对官修史书及正统观的批评。他说，宋元正史的编著，"都是继承《汉书》的体例，但更强调了儒家的道统观。司马光的《资治通鉴》，是一种编年体的通史著作，但在形式上是皇家年谱；方法上，也是为道统观和地主阶级的正统观所贯穿，对历代农民暴动都称作'盗匪'，对人民的事业一概抹杀。他说：'实录正史未必皆可据，杂史小说未必不可据'，虽有相当道理；但他的主观上，是从道统观与正统观的基础上，去判断史料真伪与选择史料的。刘恕的《通鉴外纪》，李焘的《续资治通鉴长编》，都是同一体例、观点和立场"④。二是典志体史书的编纂。他说："对历代经济、政治、文化分类编纂的，有马端临的《文献通考》和郑樵的《通志》，对历朝的改良政策，都加以赞扬，他们可说是中间阶层的史家；……王应麟的《玉海》，体例同于《通考》，但系奉敕编撰的。王溥、

---

① 吕振羽：《简明中国通史》，《吕振羽全集》第 5 卷，人民出版社 2014 年版，第 295 页。
② 同上书，第 359 页。
③ 同上书，第 359—360 页。
④ 同上书，第 457—458 页。

徐天麟等的唐、五代、西汉、东汉《会要》，仅在叙述各代制度的纲要。"① 三是其他类史书的成就。他分别介绍了传记类史书，如王当的《春秋列国诸臣传》、魏仲举的《韩柳年谱》和朱熹的《伊洛渊源录》等；汇书类史书，如王钦若的《册府元龟》、李昉的《太平御览》、乐史的《太平寰宇记》、赵升的《朝野类要》和周密的《齐东野语》等，"均能反映其时社会的一些情况。《南烬纪闻》《窃愤录》（署名为辛弃疾著，宋人曾谓为伪书）等，是代表主战派的稗史著作"②。四是金石学成就与不足。他说，在宋朝，"由于史学的发达，由于对史料的考证，便开始从事金石的搜索和研究，较著名者，有欧阳修的《集古录跋尾》、赵明诚的《金石录》、吕大防的《考古图》、南宋无名氏的《续考古图》、王黼的《博古图》等等。但史学仍没有融为科学"③。可见，吕振羽对宋代史学发展作了较全面和扼要的评述。他运用马克思主义的理论批评宋代正史的正统观和典志体史书维护封建改良，肯定汇书类史书能反映社会情况和宋代抗金斗争，指出金石学的成就和不足，颇多独到和合理之处。不过，因过于强调阶级分析，他对宋代官修史书与典志体史书的突出成就缺乏应有评价。关于元代史学，吕振羽的评述主要有两个方面：一是对正史的批判。他说，脱脱奉诏著《宋史》《辽史》和《金史》，"形式上，仿照从来的体例；内容上，《辽史》不只潦草成编，且从其对汉族等各族人民实行残暴、落后的统治立场出发，多所歪曲；《宋史》歪曲更多，不只抑汉扬蒙，且在麻痹汉族人民（如特意表章'道学'之类），诚所谓舛谬不能殚数"④。历代史家对元代所修正史批评甚多，他的批评不限于编纂舛谬方面，而是重在揭露元代以修史来实现其残暴的民族压迫，颇有新见。二是表彰三位史家的民族气节。他说，马端临到元朝隐居不仕，完成《文献通考》巨著。胡三省闭户从事《通鉴》注释，又作《辨误》纠正宋朝史炤《资治通鉴释文》的错谬。金履祥屏居山中著《通鉴前编》，反对司马光《资治通鉴》和刘恕《外纪》的精神和取材，其批评多有失当，"但马、胡、金都算是有气节的史家"⑤。可见，他特别重视对有民族气节史家的表彰，这是其中

---

① 吕振羽：《简明中国通史》，《吕振羽全集》第 5 卷，人民出版社 2014 年版，第 458 页。

② 同上。

③ 同上。

④ 同上书，第 509 页。

⑤ 同上。

国传统史学研究的突出特点，反映了其史学重民族主义和经世致用的精神。

第四，明清时期的史学。吕振羽对明清史学的评述比较简略，主要有三个方面：一是明末清初史学的科学性问题。他说："船山的《读通鉴论》等书，首先应用其进化论的历史方法；在中国，试图使历史研究成为科学的一个部门，这还是第一次——虽然，他所应用的方法，和欧美资产阶级的史学方法一样，还不是真正科学的方法。从顾亭林开始，应用一种类似求实主义的'朴学'方法，去进行考证工作，又试图把史料的考证提到科学领域——虽然也还不是真正的科学方法，特别到后来，却演变为烦琐的考据学。"① 二是章学诚的史学思想。他对章学诚《文史通义》的评价有褒有贬，说："但他之所谓'史学'，是关于历史事实和材料考据的知识；'史识'是说史家的认识力和判断力；'史法'是关于编著的范围和内容构制的方法；只有'史意'带有历史方法论的意义，并说他的《文史通义》是讲'史意'的，首先他认为历史的过程，是有着一种'当然'和'所以然'的规律（道）的。……因此，他的'史意'即系一种近似于环境决定论的历史方法论。这在当时，是有进步意义的。但是他没有把王船山的历史进化论接受过去，其内容仍不免贫乏。"② 三是批评其他史著都没有用进化论的方法。他说："成书在王、章以前的宋濂等的《元史》，自然没有能应用其史学方法。张廷玉、张玉书、陈廷敬等的《明史》，虽成书在船山以后，但没有一点进化论的影子；它是清廷御用的大地主阶层的史家的历史著作。而毕沅的《续资治通鉴》、马骕的《绎史》等，也没有应用历史进化论的方法。"③ 可见，吕振羽对明清史学重在考察进化论方法的运用，既肯定王夫之、顾炎武、章学诚为传统史学科学化所做的工作，又指出其方法还不够科学。他完全以古代史家能否从社会历史中寻求规律来判定其史学是否科学，揭示出明清史学科学化发展在中国传统史学中所达到的高峰，为明清史学批评提供了新视角。不过，仅以这种视角来评价明清史学又失之简单化，如，把《元史》和《明史》编纂视为大地主阶级的御用著作而全盘否定其史学价值是不客观的。

---

① 吕振羽：《简明中国通史》，《吕振羽全集》第 5 卷，人民出版社 2014 年版，第 707 页。

② 同上。

③ 同上。

（二）传统史学的非科学性

吕振羽从建立中国现代科学史学的角度，批判传统史学只记载帝王将相和伟大人物，未能揭示历史发展的规律，因此是不科学的。他说，"过去大多数史家，不了解历史发展的法则性、规律性，把历史看作'一部流水账'，甚至缩小为'皇家年谱'，或伟大人物的'起居注'，那自然是错误的"。所以，"这种种历史研究法，都不能完成历史研究的任务，到今天都成了陈腐的、过时的东西了。新的史学研究法便与此不同；它不但能正确地把握历史发展的合法则性，而且要把世界各民族各国家历史发展的具体面貌，活生生地复现出来，发挥教育和组织群众的作用，这样才能达成历史研究的任务，历史才能成为人类生活实践的指南针"①。他又说，历史研究的任务，"不只在认识过去，从人类的现实要求上，科学地批判地继承过去文化的优良成果——民族文化的优良传统与世界文化的卓越成果；而尤在鉴往知来，正确地把握历史的规律性，认识现社会的客观动向，指导群团、民族、人类努力的方向，提高人类的创造作用"。"所以历史不应是帝王的年谱和伟大人物的起居注，也不应是历史事实的'层层的堆积'，而是群团的民族的平等人类的生活奋斗的武器"②。

不过，中国古代史学并非总是为帝王写家谱和起居注。吕振羽说："史学开山司马迁，已知道把'日者'、'游侠'、'货殖'等排入'列传'，虽则他不如维柯（Vico），还没有设想去探究历史的规律性。到司马光作《资治通鉴》，便一反其前人'家法'，庸俗地作成王家的年谱。"③他肯定司马迁为群众写历史是正确的，不过将《资治通鉴》视为庸俗地为帝王写家谱则有片面性，因为司马光编纂此书旨在为统治者提供治国理政的历史经验和教训，故内容以帝王将相治国安天下的历史为主，但并不限于此，也有大量"系生民休戚"的内容。司马光叙述此书编纂宗旨时便明确说，"臣常不自揆，欲删削冗长，举撮机要，专取关国家盛衰，系生民休戚，善可为法、恶可为戒者，为编年一书"，旨在"鉴前世之兴衰，考当今之得失，嘉善矜恶，取是舍非，足以懋稽古之盛德，跻无前之至治，

---

① 吕振羽：《怎样研究历史》，《吕振羽全集》第 8 卷，人民出版社 2014 年版，第 340 页。
② 吕振羽：《谈史学——致青年同学吕振羽》，《吕振羽全集》第 8 卷，人民出版社 2014 年版，第 299 页。
③ 吕振羽：《本国史研究提纲》，《吕振羽全集》第 8 卷，人民出版社 2014 年版，第 314 页。

俾四海群生，咸蒙其福"①。吕振羽也指出不能全部否定中国史学对伟大人物的记载及重要人物的历史作用，"历史不应是王家年谱、伟大人物的起居注，或材料的'层叠堆积'。但这不是说，应该否定伟大人物对历史的创造作用，或元恶巨憝对历史的反动作用；恰恰相反，历史家不能否定人类对历史的创造性，也就不能否定革命领导者等等英雄人物或反动统治者等等反动人物的政治思想、观点、主张和行为对历史所起的或正或反的作用"②。

综上可见，吕振羽评价中国传统史学主要有两种理论方法，一是历史唯物主义，特别是社会存在决定社会意识和阶级斗争的理论与方法；二是马克思主义历史科学观，认为历史学旨在寻求社会历史发展的规律。所以，他对中国传统史学的总体评价不高，认为传统史学所记载的主要是帝王将相和伟大人物的活动，无法揭示历史发展的规律，是为封建统治阶级服务的，是不科学的。不过，在论及不同时期史学时，其评价往往又是具体的，对古代史家和史学多有肯定。此外，科学与科学方法是有区别的，实证和求实只是科学方法，而非科学的全部，这也是中国马克思主义史家与实证史家史学科学观的本质差异所在。这既导致吕振羽对中国传统史学总体评价不高，不过与新考据派史家胡适、傅斯年等不同，能从新的高度和视角指出中国传统史学存在的不足，在 20 世纪上半叶的传统史学批评中又是有积极意义的。

二　中国古代神话传说及其古史研究价值

吕振羽在中国史前期社会（即原始社会史）研究上做出开拓性贡献，原因在于重视发掘中国古代神话传说的史料价值。蒋大椿说："在史料学上，吕振羽是运用马克思主义研究中国古代神话传说以探求历史的第一人。"③ 实际上，他对中国古代神话传说文献的史料价值、特别是古史研究价值的阐述和运用在中国现代史学界也是先驱者之一。1934 年其《史前期中国社会研究》出版，此书结合史前中国社会研究，较系统地分析了中国

---

① （宋）司马光：《进资治通鉴表》，郑天挺主编：《资治通鉴选》，中华书局 2009 年版，第 270、271 页。

② 吕振羽：《本国史研究提纲》，《吕振羽全集》第 8 卷，人民出版社 2014 年版，第 313 页。

③ 蒋大椿：《吕振羽史学的始创性贡献》，《湘潭大学学报》1997 年第 2 期。

史前神话传说及其史料价值。

首先，深刻阐明了此类神话传说是史前研究的重要史料。吕振羽将史前期也称为史前时代，即原始社会史，包括旧石器时代和新石器时代，而有关史前时代的神话传说是除考古资料外的另一重要史料。他说，史前期研究能利用的材料，"只有一些神话传说式的记载和一些有限的旧石器、新石器及金石器时代出土的遗物"；中国史上的"三皇五帝"和"三代"中的夏代还不能确定其传说中人物的有无，要确定还有待于地下的发现，"但以他们和一些有历史的正确意义的传说结合在一起，……暂以之代表其神话传说的时代"。[①] 他认为，反映史前时代的神话传说有两种价值，一是十分丰富，二是真实反映史前时代的历史特征，"在各种古籍中所保留着的神话传说式的记载，不仅能正确地暗示着一个时代的历史特征，并且还相当丰富"，"那些散见于各种记载的神话传说的来源，我们虽不敢完全确定，但它们能反映历史上一定时代的实际，是我们敢于确定的。剥削阶级的人们虽或不免有造谣的特长，但以绝少社会科学知识的古人，'无中生有'的制造，如若全无根据，断不能造得那样合于历史的真际事实。所以我们从他们那些谰言连篇的废话中，抽出真实可靠的部分来，我认为这是历史研究上的一个必要而严肃的工作"[②]。况且，这类散在各种古籍中的传说式记载，"录不胜录，都是关于原始群团时代人们的衣食住的说明，断不是那班诸子百家们所能意识的到的。而传说竟如此普遍地被传述。说明它正是历史真实的传流和反映"。[③]

为何说这些神话传说能真实反映史前时代的特征呢？吕振羽说："神话传说的本身，原系邃古各时代人类实际生活所构成的一种遗留到后代的传说，这些传说一定反映到后代人的脑子里，便被复制和混合起来，即把他们所说明的各异的时代性，混合在一起，再加以复制。再则他们又替每篇神话，都去找一个主人和它相结合——无论是有意无意的制造，都有这个可能——例如对于巢居的原始野人，就捧出一个神化的有巢氏来作说明；对于刚发明用火的原始人，就捧出一个神化的燧人氏来作说明；对于刚知道熟食和鱼畋的原始人，就捧出一个庖羲氏来作说明，这类的例子多

---

①　吕振羽：《史前期中国社会研究》，《吕振羽全集》第 3 卷，人民出版社 2014 年版，第 52 页。
②　同上书，第 52、52—53 页。
③　同上书，第 54 页。

着咧！因为不创造一个具体的人来作代表，即以之和具体的人结合起来，对于邃古各时代的神话，是难于说明和传留的，尤其在人类还处在低级阶段的时代。"① 这里解释了远古历史神话传说的形成和发展过程，指出神话传说真实性的依据及其人物的非真实性，科学阐明了正确看待神话传说的方法，为中国史前史研究正确运用神话传说史料提供了科学方法。

吕振羽运用唯物史观阐述了反映史前时代神话传说的正确解读方法，说，"散见于各种古籍中的传说，不少关于氏族制社会的生产力状况和生产关系，关于其时的自然环境，人们如何与自然斗争及其生活状况"②，因此，只要人们采取科学方法，"剔去上列传说中的阶级社会的夹杂，便可以从中窥见原始共产社会若干方面的情况，那都不是后来的诸子百家能够伪造得出来的。原始共产社会的人们的生活境况，不是他们能臆想得到的。因此，这类传说，是有一定史料价值的"。他还分析了神话传说中各种圣人发明和创造历史的真实含义和历史面相，说：

> 这些传说式的记载，虽较零乱，但它反映太古时代的我们祖先，在劳动的过程中，与自然斗争的过程中，如何逐步发明工具、获得生活资料和征服自然的。它说明了，中国民族工具的发明和进化，生产的演进和发展，都也是由祖先多少万年的劳动经验的积累、和自然斗争经验的积累而来的，并不是一开始就是文明大备，也不是天才的"圣人"们凭空创造。传说的记载者把每种工具和生产上的发明、创造，等等，都归功于某一特定的个人，这正是神话传说的本色——它每每被附丽于一个特定的人。实际上，工具的发明和演进，等等，乃是社会自身演进的必然产物。传说的记载者，既是把每种工具的发明，等等，都归功于某一特定的个人，因而便又替他们作出一种解释来，又因为每种工具及生产上每项伟大创造的发明、创造者，究竟都不是"神化"的"神"，而是有"人格"的具体的"人"。③

正是由于神话传说对中国史前研究有如此重要价值，故《史前期中国

---

① 吕振羽：《史前期中国社会研究》，《吕振羽全集》第 3 卷，人民出版社 2014 年版，第 57 页。
② 同上书，第 95、96 页。
③ 同上书，第 97—98 页。

社会研究》大体是以中国古书中神话传说所反映的不同时期来设计篇章结构的。全书主体共 10 部分：1. 序幕；2. 中国社会形势发展的阶段；3. 古代社会特征的一般；4. 神话传说所暗示之野蛮时代的中国社会形态；5. 传说中之"尧舜禹"的时代——母系氏族社会；6. 传说中的夏代——男性本位的氏族社会；7. 神话传说所暗示由氏族到市区之转变的形迹；8. 仰韶各期出土物与传说时代；9. 中国古代各民族系别的探讨；10. 洪水的传说和其时代。1940 年，他谈到中国史前史写作时再次系统阐述了神话传说与史前研究的关系，"'开天辟地'的儒家的道统历史观，自未能符合人类历史的发展规律和具体内容；然而只把文字记载的时代作为历史的开始，一若人类社会一开始就有较高度的文化，甚至有国家，并已有专司记载的'历史家'，无条件地把传说时代否定，也不能和历史的发展规律与具体内容相符合。"[1] 关于中国神话传说及其反映中国原始社会发展阶段的关系，他作了扼要说明：第一阶段，"与有巢氏、燧人氏到伏羲氏等传说人物相结合的神话，能说明原始人群（Heird）和图腾制（Totemism）的主要诸特征"，"周口店发现的猿人，已知道用火，据布兰克（Black）医士等的解剖，证明他与现代华北人体的构造相近。这可能与传说中的燧人氏相结合"。第二阶段，"与'黄帝'到'尧'、'舜'、'禹'等传说人物相结合的神话传说，能说明母系氏族制的主要诸特征"，"'唐虞禅让'的传说，是两个军务酋长的选举和原始民主制度的被歪曲了的反映"。第三阶段，"与'夏代'结合的传说，除去后人的附会外，也只能暗示出氏族制末期的诸特征；与之相当的是仰韶系各期出土的金石器遗物"。"'夏禹传子'和'启'、'益'互斗的传说，是母系氏族制开始转入男系氏族制的说明。所以在'启'前，'圣人皆无父'，皆'知母不知有父'，没有父系的血统世系可序；从'启'后，便能叙述父系的血统世系了"[2]。有学者说，吕振羽在论述中国史前期社会组织发展与变革这条主线的同时，"还对这个时代的几个主要的横切面，诸如原始群团、母系氏族和父系氏族时期的生产、生活、信仰及社会关系作了较全面的阐述，赋予神话传说以新的生命，对中国史前时代提出了纵横交错的立体认识，使人深信隐藏在充满神仙鬼怪的荒诞不经的神话传说中由他揭示出来的真实世界。可见，他

---

[1] 吕振羽：《本国史研究提纲》，《吕振羽全集》第 8 卷，人民出版社 2014 年版，第 316 页。

[2] 同上书，第 317 页。

几乎吸尽了神话传说可能释出的一切信息，奉献出来的研究成果，超出了自己提出的'给无人过问的史前期整理出一个粗略的系统'，是一崭新的中国史前史的完整体系。"①

其次，详尽分析了两部著名神话传说《山海经》和《穆天子传》的史料价值和运用方法。吕振羽首先推定两部书是关于中国民族原始时代的传说，"那么，这两部久被世人目为'怪诞'和'神异'的古书，对中国原始社会，便有相当的说明，即它反映了原始社会的若干情况。如果这两部书所记载的与中国民族无关，也必系关于太古时代中国近亲民族的活动的记载，那至少也能作为研究中国原始社会的旁证。但从其所记载的山川人物和氏族（国）名称，等等，又似乎可以推定为关于中国民族自身的古代传说"②。这无疑是肯定了两部神话传说对中国原始社会史研究的重要价值。他认为两书的成书时代虽然还很难作出正确论断，然而，"这两部书似乎都包含有商人的关系在里面，因为在《山海经》中所叙述的，除对于野蛮时代的社会所有描写外，便都注重在金宝珠玉等的探求；在《穆天子传》中所叙述的，除去大部分对畜牧社会有所叙述外，中心问题完全注意在一种为牟利的商品交换上"③。为此，他就两书的成书时代作出多种解释。关于《穆天子传》，他说，如果真系出自汲冢，"则或系关于奴隶制度社会的殷代商人们的一种传说，或系关于春秋战国时期或汉代商人们对落后民族地区的一种传说，作成本书的底本，都有可能。或者又根据周穆王曾经有西征的一点影子，便拿来和这些神话传说结合起来；所以在本书中的周穆王，无疑是一个神化了的人物"④。至于《山海经》要断定其时代更难，他说，依自己的推论当出自战国时期，"第一，因为战国时究竟离古代较近，关于古代人的生活的传说和记载，必比我们现代多得多，才能对于古代的情状去作有意无意的说明；第二，其所表白的商人的思想意识和所述及的各种物品的情况，大致是可以适合于战国时期的背景"⑤。

吕振羽还提出了正确认识两书的史料价值的两个问题：一是两书实是

<hr>

① 张忠培：《立学高风世馨香——再读〈史前期中国社会研究〉》，吉林大学社会科学研究处编：《吕振羽和中国历史学——学术研讨纪念文集》，吉林大学出版社 1996 年版，第 110 页。

② 吕振羽：《史前期中国社会研究》，《吕振羽全集》第 3 卷，人民出版社 2014 年版，第 64 页。

③ 同上。

④ 同上。

⑤ 同上。

说明中国史前期不同时代的史料，"《山海经》所说明的大部分是野蛮时代的社会，《穆天子传》所说明的，则大部分是开化初期以及中期的社会"①。二是用它们来作材料，"应该把那些掺杂在里面的阶级社会的思想意识和其物质条件分别出去，……如《山海经》中之所谓'封'、'帝'、'臣'、'妾'等以及'铁'、'银'之类的东西，都不是其所说明的社会中所能有的现象"②。他还结合自己的研究具体说明了它们的史学价值，指出通过《山海经》的"神怪"记录，"我们能够看见一些刚从兽类脱离出来的奇形怪相的原始人和一些奇异的现象，它给予我们以接近太古社会的机会，特别给我们以接近原始的宗教魔术的机会"③。关于《穆天子传》，他说，穆天子是一个神化了的人物，"而在本书的叙述里，除去'穆天子'那种凛凛的威风以及和其一同夹入之阶级社会的恶习之类，在对手方的氏族中，我们却找不出阶级社会的形迹来"④。他最后说，自己确认两部书"对中国原始社会的情况有所说明。多少年以来，它们都是被忽视，应算是古代中国研究范畴里的一点不幸。假使时间和事实许可的话，我打算对这两部书另作一详细的考订和编注，使古代人从神秘的外衣中解放出来"⑤。

第三，正确看待史前研究中神话传说的史料价值。吕振羽虽然重视神话传说在古史、特别是史前社会研究中价值，但并未夸大其作用，而是认为神话传说必须与考古资料相结合，因为神话传说是"副料"，考古文物才是"正料"。他在《史前期中国社会研究·初版自序》中对此作了明确的阐发，说，自己的中国史前社会研究使用的材料，"第一为各种古籍中的神话传说式的记载，第二为仰韶各期的出土物。可以说是以后者为正料，以前者为副料的"；而且，"要想对史前期的中国社会发展过程能完全正确无误的表达出来，那当然还有待于地下的发现，和其他关于人类学、民俗学、语言学、古生物学等的进一步的研究"。可见，神话传说虽然对解释史前史有重要价值，但只能处于辅助地位，如果只根据神话传说来研究历史，"自不免有一点近于猜谜。只有用作发掘的锄头所提供的资料是

---

① 吕振羽：《史前期中国社会研究》，《吕振羽全集》第 3 卷，人民出版社 2014 年版，第 64 页。
② 同上书，第 65 页。
③ 同上。
④ 同上书，第 68—69 页。
⑤ 同上书，第 71 页。

最可靠的"①。他谈到《山海经》时便说，虽然它包括许多神话传说的材料，不过，"必须以地下出土物作骨骼，才能说明真实的历史。"② 有学者说："吕老在30年代研究中国史前社会时，对神话传说和考古学遗存两类史料都给予了足够的重视。权衡材料的原则，则更注重考古学遗存。《史前期中国社会研究》一书，是分别以神话传说和考古学遗存立论，在认为这两类材料存在着联系的地方，吕老才将两者放在一起综合讨论。"③ 那么，吕振羽是如何看待史前研究中神话传说与考古资料使用关系的呢？对此，朱政惠总结为四个方面：其一，"凡史前社会缺乏考古史料的阶段，尽量以古籍神话内容弥补和解释。"其二，"凡无法用考古学证实的有关远古社会的家庭婚姻形态和社会制度状况，尽量以神话传说中的材料证实。"其三，"凡已发掘的确凿的考古资料，务必引用，作为对某个历史阶段、社会生产力和经济结构的论证。"其四，"注意考察神话传说和考古材料两者的联系。"④ 吕振羽在研究中严格遵守这些原则和方法，《史前期中国社会研究》引征材料多达110种以上，"中国古籍中所有关于原始社会的神话传说，几乎都被他抄录。他为了尽可能多地了解地下的考古发掘情况，除阅读了当时中央研究院的有关安阳发掘报告，还阅读了王国维、郭沫若、李济、董作宾、薛尚功、安迪生、徐中舒等人关于金石甲骨的研究文字，翻阅了鄂尔多斯、周口店、龙山、安阳等地的考古资料。"⑤ 可见，他并未因强调神话传说的史料价值，而轻视考古文物在史前研究中的首要地位。

　　吕振羽还就古代伪书中神话传说是否可以作为史料提出了新的见解。他在回应《史前期中国社会研究》出版后国内外学术界的各种评价时说，那种专从考据立场来批评的，"大抵都指摘我对古籍的真伪不分为拙著的一大缺陷。自然，这种意见不是恶意的，而且也是值得重视的。不过我认为关于中国史前史的研究，从后代文字上的取材，无论出自真书或伪书，都只有神话传说的价值；既一律当作神话传说看，当然便未有真伪之别

　　① 吕振羽：《史前期中国社会研究》，《吕振羽全集》第3卷，人民出版社2014年版，第143页。
　　② 同上书，第68页。
　　③ 张忠培：《立学高风世馨香——再读〈史前期中国社会研究〉》，吉林大学社会科学研究处编：《吕振羽和中国历史学——学术研讨纪念文集》，第111页。
　　④ 朱政惠：《吕振羽学术思想评传》，北京图书馆出版社2000年版，第219—220页。
　　⑤ 刘茂林、叶桂生：《吕振羽评传》，社会科学文献出版社1990年版，第40页。

了"①。他后来又说，关于殷以前史前史的研究除去地下的实物外，"就要
应用考古学、语言学、民俗学等的知识，从现代中国民族和近亲各族的生
活中，去寻找最古代的遗留——最重要的，是要从中国境内各落后民族
中，作民俗学的实地研究——并从古书上去利用神话传说。不过既当作神
话看，就不必一定去考辨那些书的真伪。不过，只有史的唯物论者，才能
正确无误去利用神话传说"②。可见，要发现神话传说中真实的历史信息，
作单纯的文献辨伪是不行的，还必须学会运用唯物史观的理论和方法。由
于受中国现代强大疑古思潮影响，学术界出现了因怀疑和否定伪书而全盘
否定伪书史料价值的观点。吕振羽提出上述观点不仅为正确看待和使用伪
书中神话传说扫除了理论障碍，也有助于去除因疑古过勇所导致的全盘否
定古书记载古史的弊病。

　　总之，吕振羽对中国上古神话传说及其史料价值的论述是相当深入
的，使人们对中国古籍中的神话传说有了全新的认识。同时，他将这一思
想付诸史学实践，写出《史前期中国社会研究》一书。荣孟源说："《史
前期中国社会研究》是我国运用马克思主义来研究中国古代神话传说的第
一部书。后人研究中国历史，在古代神话传说方面，是沿着吕先生所开辟
的道路前进的。"③ 可以说，在发掘中国上古神话传说的史料价值并将运用
于史学研究方面，吕振羽既是中国现代史学界的主要开创者，也是取得成
就最大的学者之一。

三　古史史料文献问题

　　吕振羽是中国马克思主义古史研究的开创者之一，1936 年出版了《殷
周时代的中国社会》，这使他对古史文献史料有颇多独到认识。他结合自
己的古史研究，对古史研究的史料文献和运用，金石文字、特别是甲骨文
的考订和释读，史书辨伪的意义及真实性等作了论述，虽然不够专门和系
统，但颇多独到之见。

　　首先，殷商史研究存在史料缺乏和选择两大问题。关于殷商史料，他

---

　　① 吕振羽：《殷周时代的中国社会》（初版序），《吕振羽全集》第 3 卷，人民出版社 2014 年版。
　　② 吕振羽：《中国民族解放运动史教程》，《吕振羽全集》第 2 卷，人民出版社 2014 年版，
第 291 页。
　　③ 荣孟源：《悼念吕振羽先生》，《史学集刊》1983 年第 4 期。

说："既有史料自是尚不足以充分说明其全部社会面貌，然而这极有限的部分，仍不能尽量为我们所利用，例如就殷虚（按，今写作'墟'）出土物说，仅言字片甲骨，据闻出土者已达十万片左右，而今日已拓印者尚不到十分之一；其他出土物，亦是同样情形。"① 关于殷代研究的史料和旁证史料的价值，殷墟遗物、易卦爻辞、《商书》各篇、周初文献中的殷代史料是研究殷代史主要的史料，"另一方面，在其他出世较晚的各种文献中有关殷代的史料，只能借作旁证；但在其经过新史学的考证过滤后，亦自能获得信史的价值，例如《史记·殷本纪》，其中一部分已由甲骨文字中得到确证者，我们便无法抹杀其真实性。"② 这里将甲骨文作为殷商史的主要史料之一，而将《史记·殷本纪》作为殷商史研究的旁证史料。他十分重视甲骨文，在古史研究中多有采用。如，其《史前期中国社会研究》涉及殷商史及西周史的研究，其中除大量使用文献中的神话资料外，还利用当时新发现的考古资料和甲骨文，他说，自己"阅读了王国维、郭沫若、李济、董作宾、薛尚功、安迪生、徐中舒等人关于金石甲骨的研究文字"③，由此可见他是十分重视吸收古史文献研究最新成果的。

其次，关于金石文字、特别是甲骨文的考订和释读。吕振羽认为，在古史研究的史料中不仅典籍文献的考订与辨伪存在各种问题，有关金石文字、特别是甲骨文的考订和释读也存在诸多问题。他对此作了较详细的阐述，说：

> ……关于金石文字和甲骨文字的释文，亦不无问题。因各家所解释之金石文及甲骨文字，大都以《说文》为底本；《说文》本身还有问题，已为现代一些学者所公认。以没有相当的科学知识的汉宋人眼光去解释"周金"，已属难免谬误；后人本以字解字、以文解字的框框，更拘此以释远在周前之甲骨文字，更难认为完全可靠，因而各家释文尚多歧异。又因文片甲骨破碎不完，故释文多梗塞难解；以之与可靠之殷代文献中文句相较，显多疑问。而甲片之伪者更无论矣。……

① 吕振羽：《殷周时代的中国社会》，《吕振羽全集》第 3 卷，人民出版社 2014 年版，第 268 页。
② 同上书，第 270 页。
③ 刘茂林、叶桂生：《吕振羽评传》，第 41 页。

　　其次，从甲骨文字看，并不如郭沫若先生所说，为原始象形文字；实际，而是已发展到了"声音文字"即形声阶段的文字。照人类发明文字的演进程序去推断，中国文字从原始象形图画发展到甲骨文字的阶段，至少应有千年以上的历史。但散在世界的其他各民族，在其当时所散处地域内的天然石壁上，多发现有能应用声音字母以前的原始象形文字，象形图画。在中国，在殷周各民族当时所散布的地域内，前于甲骨文字的文字，至今尚无系统发现……①

　　在这里，吕振羽提出了两个重要问题：一是现代学者以《说文》为底本解释金石文字已难免谬误，而以此释读更早的殷代甲骨文则更不可靠，以致诸家歧异纷出；况且甲骨文中有伪者。二是对甲骨文的文字发展阶段提出了精辟看法，认为甲骨文已脱离文字的萌芽阶段而达到形声阶段，由此推断中国文字发展应有悠久的历史。他的推测被当代考古所证明。20世纪八九十年代安徽省北部蚌埠市的双墩遗址发掘出土了距今 7000 年左右的 600 多件古陶器，其中多数刻画有符号和图画，或含有符号的组合图画，不少与甲骨文十分相像，却早于甲骨文 3000 多年。有学者说："许多符号历经数千年之后已经消亡，但是它的一部分符号仍然存活在甲骨文、金文之中，成为汉文字的一部分。同样，也有许多符号至今保存在少数民族的文字之中。"② 在吕振羽看来，中国现代许多史家对古文献的考订之所以难以得出科学结论，或存在各种问题，根本原因在于方法不科学，"从来的疑古家对古史辨伪和史料整理等工作，虽有相当成绩，却没有替我们解决问题，应用正确方法的史料整理工作才算开始——如郭沫若对甲骨文、金石文的考释和我们对于散在古书中的神话传说的整理等等。"③ 此言虽然对非马克思主义史家所作的疑古辨伪成就肯定不够，但强调古史料的辨伪和考订要重视马克思主义方法的运用是正确的，因为史料考据不仅要运用形式逻辑的方法，还要使用辩证逻辑的方法。

　　第三，关于辨伪的意义和伪书的真实性。吕振羽对古代文献辨伪的论述虽然不多，但是颇有新见。他指出了史书造伪所带来的危害，"由于

---

① 吕振羽：《史前期中国社会研究》，《吕振羽全集》第 3 卷，人民出版社 2014 年版，第 10 页。
② 参见徐大立《蚌埠双墩遗址刻画符号简述》，《中原文物》2008 年第 3 期。
③ 吕振羽：《本国史研究提纲》，《吕振羽全集》第 8 卷，人民出版社 2014 年版，第 316 页。

'托古改制'与真伪著作的杂陈，致一部分古书的记事和其时代性，显得异常混乱"①。因此，史料辨伪有十分重要的意义。马克思主义史学主张从历史事实及其相互关系的研究来探求社会历史发展规律，如果古书记载史事的时代发生错误，就无法帮助史家探求社会历史发展规律，"若是我们不注意历史材料的真伪，无条件的去应用，则依此所作出的结论，仍不过是观念的结论，不可能依以认识历史自身的规律和复现其本来面貌"②。他还提出一个重要观点，"即所认为一些可靠之古籍，亦大都经过历代儒家无数次的修改和附会，而不能漫然无条件引用"③。一些可靠的典籍是否被儒家修改另当别论，但是强调对伪书不仅要考辨和审慎地使用，即使是可靠的古文献也应当审慎使用则是合理的。不过，他认为伪史料中也有真的成分，因为：

　　……大抵古代伪书的一部分，出自战国诸家所假托，一部分出自后代诸家所假托。在战国时代的社会矛盾的基础上，反映着各种意识形态的斗争，因而产生所谓诸子百家的争鸣。有人认为：由于当时科学知识的水平，大家不但竞相从历史上找根据，且不惜托古以加强自己的论证，因而演成伪造史实的风气。其实，伪造历史，乃是剥削阶级的传统。在汉代——尤其是西汉末——一方面有儒家和非儒家的斗争，他方面，有儒家内部的饭碗斗争。为符合以王莽为首的贵族地主的需要，古文家所伪托的古书便纷纷出现；为符合商人地主的需要，今文家的作品又纷纷出世。但无论伪书作者的动机如何，更无论其出自战国时代抑或出自汉人之手。当时或有所根据的材料，而为后代所不及见已归湮没者；一部分或系根据当时所流传之神话传说，而加以粉饰——用作者自己时代的意识去扮演出来。如果是凭空臆造，在当时也不可能有任何说服力和站得住脚的。尤其如司马迁的《史记》及班固的《汉书》关于殷代事实的记载，与今日发现的甲骨文研究出的结果，每多所暗合；因而，他们在当时必有可靠史料的根据，为我们今日所不及见者。不然，以科学知识水平较低的古人，而所记每有合

① 吕振羽：《本国史研究提纲》，《吕振羽全集》第 8 卷，人民出版社 2014 年版，第 316 页。
② 吕振羽：《殷周时代的中国社会》，《吕振羽全集》第 3 卷，人民出版社 2014 年版，第 268 页。
③ 吕振羽：《史前期中国社会研究》，《吕振羽全集》第 3 卷，人民出版社 2014 年版，第 10 页。

于古代社会之事实，宁非奇迹？①

　　这里批驳了将古书造伪视为科学知识水平低下、从而争相伪造史实的流行观点，指出战国至两汉的造伪是出于统治阶级的利益需要。易言之，这时期的造伪并非是认识水平问题，而是统治阶级的利益驱动所致，这与非马克思主义史家、特别是古史辨派史家的观点显然是不同的。其次，指出造伪必有真实的依据，即，或为后代不及见，或为当时所流传之神话传说，或依据作者的时代意识加以粉饰。可见，所有的伪书都有真实性因素，不能轻易加以否定。在中国现代史家中，像吕振羽这样对伪史或伪史料作如此肯定并提出深刻见解的并不多见。

　　吕振羽之所以能做到这点，还在于能够运用神话学的理论方法来解释这个问题。神话传说看似荒诞不经，却是真实社会历史的折射。他对神话传说在古史研究中的价值有深刻的认识，并且在研究上取得卓越成就。学术界一般认为，有关中国古史的神话传说多是战国诸子和两汉儒生附会或伪造的，它们成为古史记载的重要文献。在吕振羽看来，先秦两汉史籍中的神话传说都有真实的历史依据，不能轻易否定。如，他谈到《尚书》的伪造篇目和内容时说，"《尚书》中的《虞书》、《夏书》以及《商书》和《周书》的一部分，都系后人伪造，这是无问题的。从其所包含的大一统思想和伦理思想去考察，又似乎是出于孔子或子夏之徒的'手笔'，这虽然还不能判定，但系出自儒家的伪造，是能判定的。不过伪造虽属出自伪造，又断不是无中生有的伪造，必然有神话传说或其他资料作张本"；尧、舜、禹三位"圣人"虽为神化的人物，但是，"要证明他们的非神化，除非地下有所发现"②。在这个问题上，他的认识不仅比轻易否定伪书或伪史史料价值的极端观点要正确，也比泛泛而论伪书或伪史史料价值的观点要深刻。

　　总之，吕振羽有关中国古史史料的阐述虽然不够系统，但在甲骨文的考订和释读及所处文字发展阶段、伪书均有历史之"真"及社会历史依据等问题上均有独到和深刻见解，在某些方面为古史和古书辨伪史家、古文

---

　　① 吕振羽：《史前期中国社会研究》，《吕振羽全集》第 3 卷，人民出版社 2014 年版，第 13—14 页。

　　② 同上书，第 77 页。

字学家所不及。这一方面与他超越传统文献考辨方法，运用马克思主义和现代神话传说的新方法来研究有关；另一方面也与他善于对自己的古史研究进行理论总结有关。

四　结语

综上所述，吕振羽对中国传统史学及现代新史学关系虽然缺乏系统和深入的研究，但是对中国传统史学上述三个问题的研究和评述却有鲜明的特点和重要的价值。他结合自己的中国通史研究和编纂，运用历史唯物主义和历史科学观对中国古代史学发展及其成就和弊病作了简要评述，有一定的开拓意义，因为当时马克思主义史家对中国古代史学史几乎缺乏全面和系统的研究。他对传统史学总体上采取批判的态度，称其只重视帝王将相和伟大人物历史的记载，不能正确揭示历史发展的规律；同时，又着力发掘和肯定传统史家和史学中具有人民性和科学性的思想及其成就。他对中国传统史学发展的评述既有合理性，也存在时代局限性。他紧密结合中国原始社会史和上古史研究来阐发中国古代神话传说和古史文献史料的古史研究价值，将传统史学相关问题的理论阐发与自身的马克思主义史学研究相结合，为科学的中国古史研究作出了重要贡献。在中国古代神话传说及其古史研究价值方面，《史前期中国社会研究》系统阐述了史前神话传说及史料价值，使人们对中国古文献中的神话传说有了全新的认识；不仅如此，他还在中国原始社会史研究中大量运用神话传说。可以说，在发掘古籍所载上古神话传说的史料价值并用于史学研究方面，他是中国现代史学界的主要开创者。在古史史料文献及其价值的认识上，《殷周时代的中国社会》对古史史料的论述涉及古史文献的使用、金石文字的考订和释读、史书辨伪的意义及真实性等问题，虽然不够专门和系统，但在甲骨文的考订及所处文字发展阶段、伪书的历史之"真"及社会历史依据等问题上不乏独到精深之见。究其原因，在于他能超越传统文献学的视域，采用了现代社会科学方法、特别是马克思主义的方法。

《历史研究》复刊问题考辨

项浩男[*]

创刊于新中国成立初期的《历史研究》，是新中国最早创办的学术期刊之一。[①] 被公认为是具有最高地位的历史学刊物，在史学界处于"无可动摇"的领导地位。[②] 自创刊伊始，《历史研究》就与时代结下了须臾不可分割的紧密关系，正如有学者所总结的："（《历史研究》）不但是中国历史学在那一历史时期所经历程的缩影，反映着中国史学半个世纪以来走过的发展道路；同时也是那段逝去岁月的总体时代掠影，体现着国家和民族跳动的脉搏。"[③] 从这个意义来讲，《历史研究》是共和国历史的缩影。

在《历史研究》的发展历程中，有两个关键节点十分值得关注——1966 年的停刊和 1974 年的复刊。1965 年年底，以批判吴晗为突破口的"文化大革命"汹涌袭来，历史学再次被卷入政治运动之中，在复杂的政治形势和愈来愈严厉的政治批判之下，《历史研究》最终遭受了停刊的厄运。与停刊时清晰的脉络相比，复刊的历史面相仍然模糊不清，原因和过程众说纷纭，莫衷一是。从现有研究成果来看，王和的《〈历史研究〉复刊前后》最早提出了复刊的问题，但其主要摘录了一些当事人回忆和口

* 项浩男，北京大学历史学系。
① 宋德金：《〈历史研究〉：新中国历史学发展的缩影》，宋应离编撰：《名刊·名编·名人》，大象出版社 2011 年版，第 231 页。
② 《〈历史研究〉：学术进步的积极参与者和推动者》，《中国社会科学报》2014 年 7 月 7 日，第 A06 版。
③ 《历史研究》编辑部编：《〈历史研究〉五十年论文选·理论与方法卷》，社会科学文献出版社 2005 年版，第 3 页。

述，得出了简要的结论，并未进行深入、系统的考证与辨析。① 徐思彦的《口述史的有效与有限：以〈历史研究〉的复刊为例》比较简短，侧重强调口述史的有效和有限，同样没有对复刊这一历史事件本身进行过多探讨。②

上述两篇文章都发表于 2009 年，此后《历史研究》复刊的问题便无人问津，不少疑问尚待解答。本文以"文革"后期《历史研究》的复刊作为问题意识，通过对当事人的口述、回忆等相关资料进行考证、辨析与梳理，并结合当时的政治环境与历史背景，对这一历史事件的原因和过程重新进行考察，以期在最大程度上还原部分事实，弥补缺憾。

一　同一事件，两种声音

《历史研究》复刊的最核心问题是：已经停刊了将近八年的《历史研究》，为何会在"文革"末期复刊？其真正原因究竟是什么？针对这一问题，无论是当事人的回忆还是《历史研究》刊登的文章本身，都呈现出两种不同的说法。根据大多数人的说法：1974 年正值"四人帮"大搞"评法批儒"运动，为了更好地宣传和贯彻相关论点，因而突然要恢复《历史研究》，由江青、张春桥、姚文元直接主抓，撇开学部③，那时的《历史研究》完全是"两报一刊"，由"四人帮"直接控制，贯彻其政治意图。④但是根据曾任复刊后负责人的曹青阳的说法：为什么《历史研究》要急于恢复，背景是什么？表面一个背景，实际上有另一个背景。表面的背景是批林批孔，实际的背景主要是跟苏联辩论中苏边界问题。《历史研究》其实是周恩来这条线上的。⑤ 这样，一个事件便产生了两种声音。

如果查阅复刊之后的《历史研究》文本，上述两种说法都能得到验证。自 1974 年试复刊以来，刊登的大部分文章都是围绕着"批儒评法""批林批孔"这一斗争主题的，如《农民反孔斗争史话》⑥《诸葛亮和法家

①　王和：《〈历史研究〉复刊前后》，《南方周末》2009 年 2 月 26 日。

②　徐思彦：《口述史的有效与有限：以〈历史研究〉的复刊为例》，《云梦学刊》2009 年第 4 期。

③　此处的学部指的是中国科学院哲学社会科学部，《历史研究》的原主管单位。

④　王和：《〈历史研究〉复刊前后》，《南方周末》2009 年 2 月 26 日，文化版。

⑤　同上。

⑥　天津市宝坻县小靳庄大队理论小组：《农民反孔斗争史话》，《历史研究》1974 年第 1 期。

路线》①《蒋介石是祸国殃民的大儒》②《试论先秦法家的战备思想》③ 等；同时，每一期的最后两三篇文章则基本都是关于中苏边界、抨击沙俄侵华的，如《驳谎言制造者——关于中苏边界的若干问题》④《沙皇俄国从不改变的目的——世界霸权》⑤ 等。

可见，无论是当事人的回忆和口述，还是《历史研究》文本，都为上述两种不同的说法分别提供了佐证。如果我们"最核心问题"拆解开来的话，可由如下子问题组成：《历史研究》在"文革"后期复刊，目的是"批林批孔"，还是为了跟苏联辩论中苏边界问题，或者是二者兼有？如果是为"四人帮"的政治目的服务，那么"四人帮"在此过程中起着怎样的作用，二者之间有着怎样的关系？《历史研究》在当时的政治运动中发挥了多大作用？如果是为了中苏边界问题，那么是谁对此负责并进行工作的安排？《历史研究》在多大程度上影响了当时的中苏关系？如果这二者兼而有之的话，那么究竟是谁在背后操作，能够让两种不同的目的在一起互不侵犯？

上述诸多问题，均是需要研究者一一回答的，而解决之难，首要原因是材料有限，且以当事人的回忆和口述为主。一般而言，历史研究者对于口述材料必须要谨慎使用，因为口述者存在着提供偏误材料的可能，这就影响了材料的真实性、准确性与客观性。因此，可靠的方式是通过其他材料来进行检验，即便一个历史问题留存的材料大多都是口述材料，也应该尽力搜集文献来进行补充，口述与文献的互证是检验口述史料可信度的一个基本方法。⑥ 本文针对《历史研究》的复刊问题所做的研究工作，遵循的就是这样互证的方法，将口述、文献与历史背景相互印证，通过可靠的、确信的历史事实检验口述是否存在错误与矛盾之处，从中寻找出最合理、最接近事实的解释。

---

① 周一良：《诸葛亮和法家路线》，《历史研究》1974 年第 1 期。

② 北京市北郊木材厂、北京师范大学党史系、历史系大批判组：《蒋介石是祸国殃民的大儒》，《历史研究》1975 年第 1 期。

③ 洪城：《试论先秦法家的战备思想》，《历史研究》1975 年第 4 期。

④ 史宇新：《驳谎言制造者——关于中苏边界的若干问题》，《历史研究》1974 年第 1 期。

⑤ 史兵：《沙皇俄国从不改变的目的——世界霸权》，《历史研究》1975 年第 1 期。

⑥ 李向平、魏扬波：《口述历史研究方法》，上海人民出版社 2010 年版，第 154 页。

二　复刊的契机和过程

1966 年 6 月 3 日，《人民日报》在头版发表了社论《夺取资产阶级霸占的史学阵地》，号召在史学界开展"夺权"斗争，彻底打倒所谓资产阶级反动"学术权威"。① 另外两篇文章《吴晗投靠胡适的铁证——一九三〇年至一九三二年吴晗和胡适的来往信件》和《为什么替吴晗打掩护》指向性则更为明确，将矛头直接对准了黎澍和《历史研究》编辑部。② 这三篇批判性文章宣布了《历史研究》的死刑。其实在"文革"开始之后，不仅是《历史研究》，很多人文学科的学术性刊物都遭到了停刊的噩运，如《史学月刊》③《哲学研究》④《文学评论》⑤《考古》⑥《文物》⑦ 等。到了 1973 年，毛泽东大约觉得这样下去不好，不能长期没有学术刊物。⑧ 4 月 24 日，毛泽东找姚文元谈话，要他和国务院科教组负责人迟群给陈景润找医生治病，解决陈的住房问题，并作了如下指示：

> 有些刊物，为什么不恢复？像《哲学研究》《历史研究》。还有些学报，不要只是内部，可以公开。无非是两种：一是正确的，一是错误的。刊物一办，就有斗争，不可怕。⑨

5 月 19 日，驻中国科学院哲学社会科学部的军宣队便传达了《毛主席关于恢复一些刊物的指示》。⑩ 6 月，学部军宣队和业务行政领导小组先后

---

① 《夺取资产阶级霸占的史学阵地》，《人民日报》1966 年 6 月 3 日，第 1 版。

② 史绍宾：《吴晗投靠胡适的铁证——一九三〇年至一九三二年吴晗和胡适的来往信件》，《人民日报》1966 年 6 月 3 日，第 2 版。《为什么替吴晗打掩护》，《人民日报》1966 年 6 月 3 日，第 3 版。

③ 出版至 1966 年第 2 期。

④ 出版至 1966 年第 2 期。

⑤ 出版至 1966 年第 2 期。

⑥ 出版至 1966 年第 5 期。

⑦ 出版至 1966 年第 4 期。

⑧ 宋德金：《历史研究：新中国历史学发展的缩影》，宋应离编撰：《名刊·名编·名人》，大象出版社 2011 年版，第 233 页。

⑨ 宋应离等编：《中国当代出版史料》第 3 卷，大象出版社 1999 年版，第 39 页。

⑩ 宋德金：《历史研究：新中国历史学发展的缩影》，宋应离编撰：《名刊·名编·名人》，大象出版社 2011 年版，第 234 页。

提出仍旧由原主编负责筹备恢复《历史研究》的工作。① 原主编即黎澍，他从 1961 年开始担任《历史研究》的主编直至"文革"初期停刊。得到上述消息之后，黎澍便马上准备复刊工作②，约集有关单位进行座谈和讨论。③《历史研究》从接到毛泽东的指示直到 1974 年 12 月 20 日正式出版，又经历了一年半的时间，其间的过程曲折而复杂。

1973 年 6 月 5 日，黎澍拟就了《〈历史研究〉杂志概况和复刊计划》，其中写道："在听了毛主席和党中央领导同志关于恢复刊物的指示的传达以后，我们立即对《历史研究》杂志复刊问题进行了研究，作了一些初步的考虑。"④ 这份计划包括四个方面的内容：一是情况，二是复刊的条件，三是复刊计划，四是对上级提出的要求。复刊时间定在 1974 年 1 月，仍为双月刊。⑤ 6 月 18 日，学部军宣队和业务行政领导小组向国务院科教组作了《关于恢复〈历史研究〉等刊物（给国务院科教组并请转报中央）的请示报告》，提出恢复刊物的计划，请求批准。⑥ 但是未见批复⑦，此后便没了下文。

1974 年 3 月，这时已经过了原定复刊的时间，黎澍再次提出《关于〈历史研究〉杂志复刊问题的报告》⑧，这份报告究竟呈送给了学部还是国务院科教组并不见记载，从当时黎澍所处的环境来看，应该是上交到了学部，至于学部是否转交到了国务院科教组，就不得而知了。黎澍在这一时期特别关注《历史研究》复刊的工作，据夏鼐在日记中记载：

> 1974 年 4 月 16 日："我（指夏鼐）赴近代史所与刘大年、黎澍同志一起谈《历史研究》复刊的报告（稿），大家谈一会儿即散。"⑨

---

① 《黎澍编年》，徐宗勉、黄春生编：《黎澍集外集》，社会科学文献出版社 2003 年版，第 307 页。

② 徐宗勉回忆，王和：《〈历史研究〉复刊前后》，《南方周末》2009 年 2 月 26 日，文化版。

③ 《黎澍编年》，《黎澍集外集》，第 307 页。

④ 徐宗勉回忆，王和：《〈历史研究〉复刊前后》，《南方周末》2009 年 2 月 26 日，文化版。

⑤ 李妍：《〈历史研究〉的片断历史》，《炎黄春秋》2007 年第 1 期。

⑥ 《历史研究》编辑部：《〈历史研究〉的遭遇和"四人帮"利用历史反党的阴谋》，《历史研究》1976 年第 6 期。

⑦ 宋德金：《历史研究：新中国历史学发展的缩影》，宋应离编撰：《名刊·名编·名人》，大象出版社 2011 年版，第 234 页。

⑧ 李妍：《〈历史研究〉的片断历史》，《炎黄春秋》2007 年第 1 期。

⑨ 夏鼐：《夏鼐日记》卷七（1964—1975），华东师范大学出版社 2011 年版，第 422 页。

　　1974 年 4 月 20 日：“至刘大年同志处，谈《历史研究》复刊问题。”①

　　夏鼐当时任中国科学院哲学社会科学部学部委员、考古研究所研究员，由于考古研究所主办的学术性刊物《考古》已经于 1972 年复刊，黎澍、刘大年等《历史研究》的主要负责人找到夏鼐应该是希望了解之前《考古》复刊的情况，并希望能够对《历史研究》的复刊有所帮助。此时，复刊一事距离毛泽东发出指示已经过了一年。

　　就在黎澍为复刊事宜忙碌的时候，国务院科教组也在紧锣密鼓地筹划着复刊的事情。1974 年 6 月 14 日，在中共中央政治局召开的一次会议结束后，“四人帮”留下来，找北京大学、清华大学大批判组谈话，张春桥提出办《历史研究》问题，对迟群说：“原来让学部筹办，总是搞不起来，就让你们办。”江青接着说：“办《历史研究》不要学部。”② 这样，国务院科教组实际先于学部和原编辑部获得了《历史研究》的“复刊权”。8 月 1 日，科教组给姚文元写了《关于出版〈历史研究〉杂志的请示报告》，8 月 18 日，姚文元批示同意，8 月 30 日，国务院科教组下发了（74）科教办字 220 号文件《关于出版〈历史研究〉杂志的通知》。③ 11 月 11 日，科教组给姚文元写了《关于〈历史研究〉试刊号修改后正式出刊的请示报告》，13 日姚文元批示，张春桥、江青圈阅，12 月 20 日正式公开发行第一期。④ 这样，《历史研究》的复刊其实是绕开了学部和原编辑部，由国务院科教组完成并接管，具体主持复刊工作的是科教组主管教育部工作的迟群。⑤

　　1975 年 1 月，四届人大一次会议召开，决定撤销科教组，恢复教育部，任命周荣鑫为教育部部长。周认为，《历史研究》不应该在教育部，应该交回学部。1975 年 8 月，学部领导小组组长林修德正式通知：《历史研究》将交回学部，准备接收。⑥ 9 月 4 日晚，宁可访黎澍，说：“《历史

---

　　① 夏鼐：《夏鼐日记》卷七（1964—1975），第 423 页。

　　② 《黎澍编年》，《黎澍集外集》，第 308 页。

　　③ 徐宗勉回忆，王和：《〈历史研究〉复刊前后》，《南方周末》2009 年 2 月 26 日，文化版。

　　④ 同上。

　　⑤ 宋德金：《历史研究：新中国历史学发展的缩影》，宋应离编撰：《名刊·名编·名人》，大象出版社 2011 年版，第 234 页。

　　⑥ 李妍：《〈历史研究〉的片断历史》，《炎黄春秋》2007 年第 1 期。

研究》经 7 个政治局委员批准，交学部接办。"① 9 月 8 日，正式办理了交接手续，学部决定由黎澍负责。② 黎澍从近代史所借调了丁守和、丁伟志、严四光、陈文桂和陈铁健到编辑部工作。③ 至此，《历史研究》才重新由学部管理。

因此，《历史研究》复刊的契机或者说直接原因是毛泽东提出的《关于恢复一些刊物的指示》；复刊工作由国务院科教组具体负责，学部和黎澍都没能参与其中；复刊之后的《历史研究》，可分为两个阶段，1974 年末到 1975 年 9 月，由国务院科教组管理；1975 年 9 月之后重新交由中科院社会科学学部管理。

三 "四人帮"与复刊之关联考辨

《历史研究》是在国务院科教组的运作下得以复刊的，先后经过了姚文元、张春桥和江青的批准。那么，姚文元等人为何要将原本应该由学部主管的《历史研究》交由科教组手中？其中有没有更深层次的目的存在？因为"文革"之中公开恢复出版的学术性刊物《历史研究》并不是第一家，由中国科学院考古研究所主办的重点刊物《考古》于 1972 年复刊，由国家文物局主办、文物出版社出版的重点刊物《文物》也于同年复刊，而且都交由原编辑和出版单位负责，为什么《历史研究》的复刊却要绕开学部呢？这个问题的潜台词是：《历史研究》的复刊与"四人帮"集团有没有关系？

大多数当事人在这一问题上有着相同的看法，《历史研究》复刊的主要目的并不在于恢复学术，而在于以此配合"批林批孔"运动。曾参加复刊后编辑工作的戴逸回忆说："刊物本为中国科学院所办，黎澍是主编，复刊后理所当然应由科学院哲学社会科学部（简称为'学部'）主办，但'四人帮'不肯放过这样一个唯一公开出版的大型刊物。那时，实际主管

① 徐宗勉回忆，王和：《〈历史研究〉复刊前后》，《南方周末》2009 年 2 月 26 日，文化版。
② 李妍：《〈历史研究〉的片断历史》，《炎黄春秋》2007 年第 1 期。
③ 陈铁健：《历史家的品格——记黎澍师》，刘智峰主编：《精神的光芒：一代人的心灵历史》，中华工商联合出版社 1999 年版，第 261 页。

教育部工作的迟群伸手争夺《历史研究》。"① 丁伟志也认为："《历史研究》一复刊就轰动了，因为它要贯彻批儒评法，批《水浒》，评《红楼梦》等等，实际是贯彻'四人帮'的政治意图。那时《历史研究》完全是两报一刊，完全是他们（指'四人帮'）直接控制，没有一个说话的地方。"② "四人帮"如何控制呢？丁伟志认为："具体是梁效抓，江青、张春桥、姚文元不可能具体管刊物的事。"③ 当年 8 月从山东大学调到《历史研究》编辑部的庞朴也回忆说："所以断定恢复《历史研究》并不光彩，是因为，当时的复刊目的，是要用这块阵地来论证中国历史本是一部儒法斗争史，好为现实中新法家集团的夺权活动张目！当然这个目标不是我们这些编辑们想得出来的。"④

　　上述三人的说法清楚地交待了《历史研究》复刊的真实目的，如果结合当时的历史背景来看的话，这样的说法具有很强的合理性和说服力。1974 年 1 月，经毛泽东批准，"批林批孔"运动进入全国范围，江青等人假借"批孔"掀起了"评法批儒"的浪潮，大肆宣扬"儒法斗争史"观，大批"周公""宰相""现代大儒"，将矛头指向了周恩来。⑤ 主要的方式是通过江青、姚文元、张春桥等人控制的包括"梁效"在内的各个写作组发表文章，大搞"影射史学"。在这样的历史背景下，当"四人帮"得知《历史研究》要复刊的消息后，抢在学部的前面将其控制在自己手中，通过"梁效"写作组来具体掌控文章状况，为"批林批孔"和"评法批儒"服务，以《历史研究》在史学界的权威地位和影响，必定会为论述"儒法斗争史"带来莫大的帮助。这样的解释顺理成章，而且有诸多的证据可供佐证。

　　第一是直接证据，1974 年 8 月 30 日，国务院科教组下发了（74）科教办字 220 号文件《关于出版〈历史研究〉杂志的通知》，表明了"批林

---

　　① 戴逸：《皓首学术随笔·戴逸卷》，中华书局 2006 年版，第 163 页。戴逸回忆有误，《历史研究》并不是"文革"期间第一个恢复出版的学术性刊物，由中国科学院考古研究所主办的学术性刊物《考古》于 1972 年复刊，由国家文物局主办、文物出版社出版的学术性刊物《文物》也于 1972 年复刊，并且仍由原出版单位负责。
　　② 丁伟志口述，王和：《〈历史研究〉复刊前后》，《南方周末》2009 年 2 月 26 日，文化版。
　　③ 同上。
　　④ 庞朴：《艰难的羽化——20 世纪 80 年代编辑生涯杂忆》，王兆成主编：《历史学家茶座》总第 1 辑，山东人民出版社 2005 年版，第 43 页。
　　⑤ 中国人民解放军国防大学党史党建政工教研室编：《文化大革命研究资料》（下册），党史出版社 1988 年版，第 149 页。

批孔"的目的，粉碎"四人帮"之后，黎澍曾经对这份《通知》作了若干批注，现将重要的部分摘录如下：

遵照中央领导同志的指示，为适应批林批孔和国内外阶级斗争的需要，在斗争中加强马克思主义史学理论队伍的建设，用马克思主义、毛泽东思想占领史学阵地，决定出版《历史研究》杂志。

黎：下面应加一句："兹将编辑出版计划通知如下"。开口便是小偷的语气。"中央领导同志"，是少数还是多数？个人意见还是代表中央意见？非常含糊。是偷梁换柱手法。

一　指导思想和编辑方针

黎：是二是一？

以马克思主义、列宁主义、毛泽东思想为指导，认真贯彻毛主席的无产阶级革命路线，理论联系实际，"古为今用"，为无产阶级政治服务，为工农兵服务，为社会主义服务。

黎：头二句重复，文理不通。

"破字当头"。批判资产阶级，批判修正主义，批判孔孟之道，批判唯心史观。

黎：没有讲研究历史，破与立缺乏联系。

开门办刊物。大力组织工农兵写稿，提倡专业理论工作者与工农兵相结合。

黎：不真实。

文章力求准确、鲜明、生动。

黎：没有做到。

二　任务和主要内容

黎：何者为任务，何者为内容？

（一）宣传马克思主义关于历史科学的基本原理，研究历史上阶级斗争和路线斗争的规律，总结历史研究，肃清修正主义路线在史学领域的影响。

黎：还有资封是否也要肃清？

（二）批判林彪用孔孟之道复辟资本主义的罪行，批判尊儒反法思想，研究儒法斗争史，评注法家著作，对法家的进步作用，给予必要的历史的肯定。

黎：如果仅仅为了给法家以必要的历史的肯定，何须如此大书特书？前面讲批判唯心史观，这里又加以提倡。一二两点暗藏篡党夺权的阴谋。

（四）开展中国历史（包括各民族史）和外国历史的专题研究，以近现代史为重点，重视家史、村史、厂史、连队史的研究。

（五）讨论重要历史问题，评论中外历史著作，介绍重要史料，报道国内外史学动态。

黎：四、五是对的，但是没有实行。①

从《通知》的主要内容来看，《历史研究》复刊的主要目的在于配合"批林批孔"运动，这是最直接的证据。从黎澍的批注上来看，这一目的显然与其当初的设想相反，"没有讲研究历史""不真实""没有做到"和"没有实行"等批语也反映出复刊后的《历史研究》与"研究"无关，而是在为政治运动服务，亦可看出黎澍对于科教组的行为相当反感。如果说《历史研究》是由原编辑部负责复刊的话，提出将复刊后的重点工作放到"批林批孔"上，很可能是在当时复杂的情况下的一种自保之举，但这一要求是由科教组自己提出的，因而可认定这恰恰是其真实目的。

第二，从时间线索上来看，迟群、姚文元等人完全有可能抓住《历史研究》复刊的机会使其为己所用。毛泽东在 1973 年 4 月 24 日对姚文元作出了《关于恢复一些刊物的指示》，这一指示主要出于学术目的，政治意涵很少。但是这并不意味着姚文元等人没有这番打算，有高度政治嗅觉的张春桥在 1969 年就已经开始关注"批孔"的问题了，姚文元不可能没有注意到。② 经过 1973 年后半年的筹备，1974 年"批林批孔"运动得到毛的批准而正式拉开帷幕。因此，姚文元很可能在得到毛的指示之后，再结合当时的政治形势，觉得这是一个可以利用的机会，毕竟《历史研究》是有较强影响力的大型刊物。③ 毛泽东的指示是直接对姚文元说

---

① 李妍：《〈历史研究〉的片断历史》，《炎黄春秋》2007 年第 1 期。

② 史云、李丹慧：《中华人民共和国史》第八卷《难以继续的"继续革命"——从批林到批邓（1972—1976）》，香港中文大学出版社 2008 年版，第 331 页。

③ 戴逸：《皓首学术随笔·戴逸卷》，第 163 页：刊物本为中国科学院所办，黎澍是主编，复刊后理所当然应由科学院哲学社会科学部（简称"学部"）主办。但"四人帮"不肯放过这样一个唯一公开出版的大型刊物。

的，这就为其提供了便利的条件，据丁守和回忆："迟群时任国务院科教组长（回忆有误，当时迟群并非组长），他听到后（指毛的指示）不知在哪位'高明'的提示下，便捷足先登，从北京和各地高校调来一批历史教师筹备，于 1974 年恢复了《历史研究》。"① 这位"高明"就是姚文元。在获得毛泽东的指示后，姚文元即向迟群作了传达，他问迟群：

> 学部能搞哲学编辑、历史编辑的，有多少？有哪些人？力量怎么样？主席最近提起翦伯赞的死，意思是没有做好工作。还问到冯友兰的情况。学部的领导力量怎么样？关键是领导权掌握在谁手里。学部主要是搞清领导层的问题。
>
> 知识分子总得用，吃了饭，总得搞点事情。②

他还嘱咐迟群说："工人阶级要领导一切，要掺沙子，改造世界观，这个基本原则，基本阵地不能动摇。"③

姚文元的话十分值得玩味，"有多少？有哪些人？力量怎么样？"这几个问题，如果从恢复学术刊物的角度来看是正常的询问，"文革"开始之后，随着刊物的被迫停刊，原有编辑部也随之被打倒，恢复刊物需要一定的人力。但是如果与之后的话结合起来看，显然没有这么单纯了，为什么姚文元特别关注学部的领导权和领导层问题？为什么要强调"基本原则"和"基本阵地"？如果仅仅是恢复一些学术刊物的话，为何要特别关注这些？背后显示出姚文元对学部的不信任，在当时的政治形势下，公开出版的刊物不可能做到脱离政治而遗世独立，必然会极力适应形势上的变化。从《历史研究》停刊时的经过来看，"文革"开始后，黎澍等人对当时的形势"不能理解，难于理解，也无法理解"，但是为了保住刊物和自保，"只有跟着两报一刊的导向转"，极力跟紧形势的变化。④ 这是一种在"不解"的情况下被动的应对。如果说姚文元担心的是恢复出版的刊物能不能

① 丁守和：《关于〈历史研究〉的若干回忆》，《中国近代思潮论》，广州人民出版社 2003 年版，第 640 页。

② 宋应离等编：《中国当代出版史料》第 3 卷，第 39—40 页。

③ 同上书，第 40 页。

④ 丁守和：《关于〈历史研究〉的若干回忆》，《中国近代思潮论》，广州人民出版社 2003 年版，第 637 页。

紧跟政治形势，其实是多虑了。他真正担心的，是学部能不能准确把握自己这一方的政治意图，也就是说能不能"为我所用"，因此才会如此关心学部的领导层。如果领导层不能准确把握姚文元等人的真实意图，或者对政治运动采取抵触、消极跟随的态度，那么《历史研究》在利用价值上就难免大打折扣。所谓的"有多少？有哪些人？力量怎么样？"实际是在确认"自己人"有多少，能不能放心利用。而最稳妥的做法是绕开学部，将其直接控制在自己手中。于是姚文元便"指点"了当时在科教组中的亲信迟群，由科教组出面主持《历史研究》的复刊工作。而且当时的报告是由姚文元亲自批示的，最终正式出刊的报告不仅由姚文元批示，张春桥和江青也进行了圈阅。因此，如果说江青、姚文元等人与此无关的话是绝对不可能的，他们利用了毛的指示，通过一些"小动作"将《历史研究》从学部手中抢了过来。

第三，《历史研究》复刊之后，在编辑人员、编辑部办公地址、刊名题字、总期次、内容安排等多方面均做了较大的改变，明显表示要与过去无关或划清界限。由于复刊刻意绕开了学部，因此迟群等人重新组织了新的新编辑部，编辑部的成员都是于 1974 年夏从全国各地 13 所高等院校借调来的中青年历史教师，共有 23 人。① 大多数是学术造诣较深的"业务尖子"②，包括北大历史系的梁志明、北京师范学院的宁可、人民大学的王思治、上海复旦大学的胡绳武、山东大学的庞朴、华中师范学院的章开沅等人。③

编辑部的办公地点也选择了新址，新成立的编辑部开始是在西单教育部的招待所里，后来搬到前门饭店。④ 据当时被借调到编辑部的中国人民大学教师戴逸回忆，迟群对于《历史研究》的复刊工作有着"特殊"的要求：

> 迟群在一次会议上宣布，要求编辑部人员保守工作秘密。一个学术性刊物，有什么工作秘密，真是奇谈怪论！还要求大家不得和学部的人往来，特别是不得和黎澍、任继愈接触。迟群偷偷摸摸，简直像

---

① 胡绳武：《胡绳武自述》，《复旦大学校史通讯》第 93 期，2013 年 12 月 31 日。23 人应该是可信的，庞朴回忆："在这里，二十几位同行学人朝夕相处。"（庞朴：《艰难的羽化——20 世纪 80 年代编辑生涯杂忆》，《历史学家茶座》总第 1 辑，第 43 页）

② 范达人：《"文革"御笔沉浮录——"梁效"往事》，明报出版社 1999 年版，第 84 页。丁伟志口述，王和：《〈历史研究〉复刊前后》，《南方周末》2009 年 2 月 26 日，文化版。

③ 范达人：《"文革"御笔沉浮录——"梁效"往事》。

④ 戴逸：《皓首学术随笔·戴逸卷》，第 163 页。

搞特务工作那样来办学术刊物。不久，黎澍同志托人给我带话，希望
我赶快离开那个"是非之地"。①

　　尽管戴逸在回忆中仍将此时的《历史研究》称为"学术刊物"，但是
从迟群的所作所为来看，如此"煞费苦心"，显然不可能是为了学术目的，
而是另有所图。上述两点从复刊后的《历史研究》在封底上公开的出版信
息的变化就可以看出来。停刊前的《历史研究》，编辑者为"历史研究编
辑委员会"，并详细注明地址为"北京王府井大街东厂胡同一号"，而复刊
之后，编辑者变为"历史研究编辑部"，不再有详细的地址。停刊前的出
版者是历史研究杂志社，复刊之后则变成了人民出版社，封面上由郭沫若
题写的刊名也被撤换掉了。

　　原本，停刊前的《历史研究》在每一期的期次后面，还会注明自创刊以
来的总期次，如 1966 年第 3 期，会在后面的括号内注明这一期是"总第九
十九期"。而复刊之后的《历史研究》，总期次并未继续之前的总第九十九
期，而是重新开始了新的序列，尽管 1974 年第 1 期并没有注明总期次，但
是 1975 年第 1 期注明了总期次为"总第二期"。更新总期次很可能是为了将
现在由科教组掌控的《历史研究》与过去划清界限、分割开来，这也算是一
个"新的开始"，不过用庞朴的话来说，却是"一件并不光彩的事"②。

　　还有一点小的变化就是在内容的安排上进行了微调，以前的《历史研
究》翻开封面便是目录，但是复刊之后的《历史研究》在目录页前面增加
了"语录"。1974 年第 1 期选摘的语录分别是马克思、恩格斯语录一页，
列宁语录一页，毛主席语录两页。从 1975 年第 1 期开始，马、恩、列的
语录被删去，目录页之前只有毛主席语录两页，这一现象一直持续到 1976
年第 6 期才发生变化，选摘的语录都是毛泽东关于"文革"的指示与论
断，与政治形势密切相关。如果对比当时的《考古》和《文物》两家刊
物，就会发现这种"政治意味"甚为浓厚的行为仅出现在《历史研究》
上，也就证明了这是科教组有意为之的。

　　诸如此类的"小动作"，根本目的都是为了将复刊之后的《历史研究》
与之前彻底割裂开来，使其能够在新的掌控者的手中，配合"批林批孔"

---

① 戴逸：《皓首学术随笔·戴逸卷》，第 163 页。
② 庞朴：《艰难的羽化——20 世纪 80 年代编辑生涯杂忆》，《历史学家茶座》总第 1 辑，第 43 页。

"评法批儒"等政治运动。

第四，从复刊之后的《历史研究》文本来看，内容上明显反映出了上述目的。经过试刊和审批，最终于1974年年底出版的《历史研究》一共刊登了20篇文章，其中将近一半的内容是有关"批林批孔"和"儒法斗争"的。①

第一篇登载的是名为《为巩固无产阶级专政而研究历史》的短评，可以看作《历史研究》复刊的纲领和指导思想，其中说道：

> 无产阶级文化大革命的胜利和批林批孔运动普及、深入、持久的开展，有力地推动了用马克思主义占领整个上层建筑领域的斗争。
>
> ……
>
> 研究历史可以加深我们对现时斗争的了解。林彪反革命的修正主义路线既具有国际修正主义的共性，又带有中国的特点。其中最主要的方面就是尊儒反法，宣扬孔孟之道，把它当做篡党夺权，伏笔资本主义的反动思想武器。认真研究儒法斗争和整个阶级斗争的历史，对于彻底批判林彪反革命的修正主义路线及其反动思想根源，对于我们认识社会主义历史阶段中复辟与反复辟的斗争，无产阶级与资产阶级在意识形态领域里的斗争的长期性、复杂性，提高执行党的基本路线的自觉性，具有重要的现实意义。②

所谓"研究历史可以加深我们对现时斗争的了解"以及对林彪的批判，可以说明确指出了《历史研究》复刊之后的工作方向。

第五，从出版和发行上来看，1974年12月20日正式公开出版的第一期《历史研究》发行255450册，到1975年第1期发行289150册，编辑部拟定了一份《全国工农兵及专业理论队伍联系单位》名单，其中重点单位12个，包括红星公社、首都钢铁公司、大连红旗造船厂、承德军

---

① 具体篇目包括《农民反孔斗争史话》、石岩的《劳动人民反抗斗争和儒法斗争的关系（座谈会报导）》、康立的《论张良政治立场的转变》、杨荣国的《桑弘羊的哲学思想》、周一良的《诸葛亮和法家路线》《从〈论语〉地位的演变看批孔斗争的长期性》《曾国藩的〈家书〉与林彪的"教子经"》《论曹操的法治路线》、田余庆的《曹袁斗争和世家大族》，共计9篇。见《历史研究》1974年第1期。
② 《为巩固无产阶级专政而研究历史》，《历史研究》1974年第1期。

分区；一般单位 33 个，北大历史系、北师大历史系、复旦大学历史系、武汉大学历史系等"榜上有名"，这份名单还印有"密件"二字。① 与之前复刊的《文史哲》发行 70 万份相比②，《历史研究》不及其一半，但是前者都是通过邮局征订，后者则单独拟定了涉密的联系单位，虽然没有其他材料佐证，也缺乏当时具体的发行情况，但可推测复刊后的《历史研究》应该是分发到名单中的各单位，供学习和参考使用。《历史研究》正式出刊的请示报告先后经过姚文元批示和张春桥、江青的圈阅，仅从这一特别的发行安排来看，很难相信其单纯是为了恢复学术刊物而没有其他政治目的。

第六，是"法家著作注释规划出版工作座谈会"的召开。胡绳武在提及当初被借调到北京的情形时，特别提到了这个会议：

> 我是 1974 年 7 月到《历史研究》工作的……1974 年 7 月 5 日到 8 月 7 日，基本上天天都在开会，会议的名字是"法家著作注释规划出版工作座谈会"，由李琦同志主持，参加会议的是来自全国出版单位的总编辑或副总编辑，但谁都不知道是让我们来干什么的。会议结束后，科教组负责人之一薛玉山才宣布，叫我们来是办《历史研究》的。③

所谓的"法家著作注释规划出版工作座谈会"是在姚文元的提议下、张春桥和江青批准同意后，由国务院科教组和国家出版局牵头，于 1974 年 7 月 5 日至 8 月 8 日在北京召开的。④ 参加的有北京、上海、天津、辽宁等十二个省、市主管理论工作的负责人、高等学校的有关人员、工农理论队伍的代表和特邀老专家等共五十二人，列席代表十六人。⑤ 从会议召开的时间和参会人员来看，胡绳武的回忆是可靠的，他应该属于"列席代

① 李妍：《〈历史研究〉的片段历史》，《炎黄春秋》2007 年第 1 期。

② 刘光裕：《1973 年〈文史哲〉复刊的回忆》，《文史哲》2011 年第 3 期。

③ 雷家琼：《历史学家胡绳武：研究历史应从史实出发》，《中国社会科学报》2013 年 7 月 17 日，第 A4 版。

④ 方厚枢：《"文革"后期出版工作纪事》，宋原放主编：《中国出版史料·现代部分·补卷》下册（1949 年 10 月—2000 年 12 月），山东教育出版社、湖北教育出版社 2006 年版，第 873—874 页。

⑤ 中央教育科学研究所编：《中华人民共和国教育大事记（1949—1982）》，教育科学出版社 1984 年版，第 466 页。

表"之中的一员。①

会议以传达、学习毛泽东关于注释法家著作的指示为名义，实际上成为了江青、姚文元等人掀起"评法批儒"运动的"动员会"。姚文元有意要将这个会议开成东汉章帝年间的白虎观会议，他在会议中间召见罗思鼎写作班子头目说："要把会议开好，意义不仅是注释法家著作。"② 江青在会议结束接见参会人员时说："研究法家儒家的问题，这是百年大计的问题，又有现实意义。"③ 姚、江二人所说的"意义"，显然没有那么单纯。

这次会议吹响了"评法批儒"的"总号角"，就在会议召开期间，两件事在同时进行：一是《人民日报》接连刊登了几篇迎合会议主题的文章④；二是《人民日报》的文章刚刚发表完毕，8月1日科教组就给姚文元写了《关于出版〈历史研究〉杂志的请示报告》，会议结束之后不久，即8月18日，姚文元就批示同意，月底国务院科教组便正式下发了《历史研究》恢复出版的通知。⑤ 与此同时，梁效、罗思鼎等写作班子也摇动笔杆，连篇累牍地抛出了一大串尊法反儒的文章，而有关的图书、文章也泛滥成灾⑥，"评法批儒"运动在江青、姚文元等人鼓动之下轰轰烈烈地展开了。《历史研究》正是在这样一种氛围中复刊。以此观之，让那些从全国各高校借调来的、作为新成立的《历史研究》编辑部成员的中青年教师参加到"法家著作注释规划出版工作座谈会"中，目的是使其了解政治形势的变化和趋势，领会今后编辑、出版工作的主要动向和基本要求，实际上是为《历史研究》复刊之后的工作定下了"调子"，规定了基本的工作

---

① 尽管胡绳武等人是从全国各地高校借调过来的，但应该不属于"高等学校的有关人员"，因为从会后的情况来看，一批高等学校根据会议形成的《法家著作注释出版规划（草案）》集中人力进行法家著作的注释工作，文科各专业还把这项工作作为"带教学"的战斗任务，因此，所谓的"高等学校的有关人员"，应该是学校的负责人，而不会是中青年教师。（刘光主编：《新中国高等教育大事记（1949—1987）》，东北师范大学出版社1990年版，第295页）

② 《人民教育》编辑部、《历史研究》编辑部：《"四人帮"尊法丑剧的幕前幕后》，《历史研究》1978年第5期。姚文元希望此次会议能够确立"法家"思想的地位，营造出江青"临朝称制"的氛围，为进一步实现其政治目的造势。

③ 陈东林、杜蒲主编：《中华人民共和国实录》第三卷（下）《内乱与抗争——"文化大革命"的十年（1972—1976年）》，吉林人民出版社1994年版，第1102页。

④ 7月18日，《人民日报》发表《太平天国的反孔斗争》；25日，《人民日报》发表《秦始皇统一文字的功绩》；29日，《人民日报》发表《法家路线与郑国渠》。与此同时，批判工作也在进行之中，19日国务院文化组发出《关于批判〈园丁之歌〉的通知》。

⑤ 徐宗勉回忆，王和：《〈历史研究〉复刊前后》，《南方周末》2009年2月26日，文化版。

⑥ 刘杲、石峰主编：《新中国出版五十年纪事》，新华出版社1999年版，第162—163页。

方针，今后要适应并迎合"评法批儒"的路线，为其在舆论上"造势"。这也暗合了姚文元所强调的"基本原则"和"基本阵地"。

　　第七，复刊后的《历史研究》与"梁效"写作班子关系匪浅，梁效既是《历史研究》的审稿单位，同时也是重要撰稿人。[①] 据范达人回忆，最初成立新的编辑部的时候，国务院科教组建议由周一良牵头并出面筹组，担任主编，由范达人担任副主编，但是"梁效"大批判组的领导不肯放人。[②] 在当时的"梁效"批判组里，周一良和范达人承担着较为重要的工作，周一良是党支部委员会委员，范达人是写作组的组长。[③] 尽管周、范二人最终并没能成为新编辑部的负责人，但是《历史研究》与"梁效"之间的紧密关系却并未就此割断，这一点从双方当事人的回忆和口述之中得到了印证。为了保证新编辑部能够顺利成立，科教组随后指定宁可、王思治和胡绳武成立领导小组，以胡绳武为召集人，后来又成立了支部，借调科教组的曹青阳任支部书记。[④] 在三人领导小组之中，王思治和宁可负责"批林批孔"的稿子。[⑤] 宁可主要是把政治关，政治上不能出任何问题，而且要送交"梁效"的实际负责人李家宽审查。[⑥] 胡绳武、金冲及的回忆也印证了这一点，而且除宁可之外，曹青阳也将稿件送交到"梁效"那里审查，然而宁、胡、金三人都认为"梁效"实际上并没有对送去的稿件提出过具体的意见。

　　宁可对此说道："过几天他们打电话再叫我们拿回来，也没提什么意见，汤先生（指汤一介）他们更不提什么意见了，这些人后来连面也见不到了，稿子往会客室一送就走了。"[⑦] 金冲及也回忆说：

　　　　曹青阳把稿件拿给梁效，梁效也没提什么意见，也没说过要发什么稿子。

---

　　① 范达人：《"文革"御笔沉浮录——"梁效"往事》，第 85 页。
　　② 同上书，第 84 页。
　　③ 范达人：《"梁效"的成立与终结》，《炎黄春秋》2014 年第 6 期。
　　④ 胡绳武：《胡绳武自述》，《复旦大学校史通讯》第 93 期，2013 年 12 月 31 日。
　　⑤ 同上。
　　⑥ 宁可是这样说的："我去梁效送稿子，交给 8341 部队一个姓李的人，名字我忘记了（李家宽）。"（宁可口述，王和：《〈历史研究〉复刊前后》，《南方周末》2009 年 2 月 26 日，文化版）根据范达人的回忆，这个"姓李的人"应该就是李家宽，原八三四一部队文书科科长，当时是北大党委常委、军宣队代表，在"梁效"批判组里任大批判组党支部书记，是实际负责人。（范达人：《"梁效"的成立与终结》，《炎黄春秋》2014 年第 6 期）
　　⑦ 宁可口述，王和：《〈历史研究〉复刊前后》，《南方周末》2009 年 2 月 26 日，文化版。

　　我后来问过胡绳武："迟群是怎么管的？"他说：我只见过迟群一次，是曹青阳把他拉来，在《历史研究》编辑部坐了半个小时，也没讲什么。稿子都是我们这些人弄的。

　　就是那么一些人在编，也没更具体的"四人帮"、迟群、梁效要怎么办，看不出来他们在那里管。①

　　胡绳武的说法也是如此："曹青阳来了以后，他把稿子送给梁效审，梁效从来不置可否，没说同意，也没说不同意，也没改稿，也没退稿，就搁在那里，送是送，也不提意见，也不说哪篇好，哪篇不好。"②

　　这是《历史研究》一方当事人的说法，而"梁效"这一边，范达人就明确讲道："《历史研究》的所有稿件都要送'梁效'审查。"③针对范达人的说法，胡绳武则明确反驳说："最近看到梁效的笔杆子范达人写的回忆录《梁效往事》，他那里讲道：恢复《历史研究》，让周一良做主编，范达人做副主编，梁效不放，我们（梁效）实际上成了《历史研究》的审稿单位。实际上他们一个字也没改过，一篇文章也没改过。"④

　　究竟"梁效"是如何审查及对待《历史研究》编辑部送去的稿件的，目前尚无明确的材料，但是这并不影响二者之间关系的实质，此时至少在名义上和形式上，"梁效"是《历史研究》的审稿单位，将稿件送给"梁效"就已经说明了这一点，至于"梁效"有没有提出修改意见，则是另一回事，不提意见、不置可否并不能说明二者之间不存在"送审"与"审查"的关系，即便"一个字也没改过"，也不能否认要将稿子送过去的事实。正如章开沅所言："迟群是'梁效'的领导者，而复刊后的《历史研究》，每一期在出版之前，校样都要送给'梁效'审查。'四人帮'完全可以通过这一环节对《历史研究》加以控制。"⑤胡绳武所说的："曹青阳脑子活，他要找靠山，你审不审，反正我送给你，曹青阳大概是这个主意。"⑥"反正我送给你"暗含此时的《历史研究》不得不受到"梁效"的

---

① 金冲及口述，王和：《〈历史研究〉复刊前后》，《南方周末》2009 年 2 月 26 日，文化版。
② 胡绳武口述，王和：《〈历史研究〉复刊前后》，《南方周末》2009 年 2 月 26 日，文化版。
③ 范达人：《"文革"御笔沉浮录——"梁效"往事》，第 85 页。
④ 胡绳武口述，王和：《〈历史研究〉复刊前后》，《南方周末》2009 年 2 月 26 日，文化版。
⑤ 章开沅口述，彭剑整理：《章开沅口述自传》，北京师范大学出版社 2015 年版，第 253 页。
⑥ 胡绳武口述，王和：《〈历史研究〉复刊前后》，《南方周末》2009 年 2 月 26 日，文化版。

影响。因此"梁效"在此时所扮演的角色，不言而自明，在名义上和形式上承担着对《历史研究》进行监督和审查的任务。而当事人之所以极力否认"梁效"与《历史研究》之间的"审"与"被审"的关系，很可能包含着想要与"梁效"划清界限的考虑。

"梁效"除了审查《历史研究》的稿件之外，也向其提供一些重头文章。① 1974 年 12 月 20 日出版的第 1 期《历史研究》共刊登了来自"梁效"的三篇文章，范达人详细回顾了写作这三篇文章时所花费的心思，他认为"《历史研究》编辑部的同志对上述文章（即第 1 期所刊登的三篇文章）均表满意"，"后来，我们（指'梁效'）继续写了些历史方面的文章"②。此后两年之内，《历史研究》确实先后刊登了来自"梁效"的多篇文章。具体情况见表 1。

表 1 　　《历史研究》刊登的来自"梁效"的文章（1974—1976）

期次	篇名	作者
1974 年第 1 期	农民战争的伟大历史作用——学习《中国革命和中国共产党》的一点体会	梁效
	诸葛亮和法家路线	周一良
	曹袁斗争和世家大族	田余庆
1975 年第 1 期	必须加强无产阶级对资产阶级的专政——《读国家与革命》	哲军
	论陈胜吴广农民大起义的历史功勋	梁效
1975 年第 2 期	论李商隐的《无题》诗	梁效、闻军
1975 年第 3 期	等级制度与林彪复辟资本主义的阴谋	梁效
1975 年第 5 期	《水浒》为什么这样塑造宋江	柏青
	"仕途捷径"析	闻军
	洋务运动与洋奴哲学	梁效
1975 年第 6 期	始终坚持对资产阶级的全面专政——学习列宁关于巩固无产阶级专政的理论和实践的体会	海军某部　隋斌、北京大学　哲军
	革命就是解放生产力——读《商君书》札记	柏青
1976 年第 1 期	教育革命的方向不容篡改	北京大学、清华大学大批判组
	回击科技界的右倾翻案风	北京大学、清华大学大批判组

---

① 范达人：《"文革"御笔沉浮录——"梁效"往事》，第 85 页。

② 同上书，第 88 页。

从上表可见，直到 1976 年第 1 期之前，"梁效"先后以不同的笔名为《历史研究》提供多篇稿件，如柏青、闻军、哲军都是其笔名，周一良、田余庆是当时"梁效"写作班子的成员。① 其在《历史研究》发表文章的主题，与当时的政治形势紧密相关，比如从 1975 年 9 月起，报刊上连篇累牍地发表评《水浒》、批判"投降派"的文章，"批《水浒》"运动被发动起来，当年第 5 期的《历史研究》（10 月 20 日出版）便发表了《〈水浒〉为什么这样塑造宋江》一文，政治运动、"梁效"与《历史研究》三者之间的纠葛于此可见一斑。如果再联系到"文革"中"梁效"与"四人帮"之间的关系，那么通过《历史研究》来为"四人帮"掀起的政治运动张目这一推断，基本是可以成立的。

第八，江青本人曾经一度比较看重《历史研究》，曾希望《历史研究》能够写出一篇有关唐代妇女服饰的文章，为"江青服"造势。吴荣曾回忆说：

> 当然，江青也很重视这个刊物，等于她手上的一个拳头。刚到前门饭店时，江青异想天开，不知道她要干什么，要求《历史研究》给她完成一个任务，写一篇关于唐代妇女服饰的文章。我们不知道她的目的何在，是通过曹青阳把任务布置下来的，要几个月的时间完成。我们不知道她的要求，也不知道怎么写。我一个，还调来了中山大学陈寅恪的弟子金应熙，我们也没有写出来。后来不了了之。②

从时间上来看，全国各高校的中青年历史学者被借调到北京是在 1974 年 8 月份，而江青萌发出设计"江青服"的想法并致力于将其推广，大致也是在这一时期的前后。③ 其灵感和设计思路，主要来自唐代，因为唐代出了一位女皇帝。在"批林批孔"运动中，除了大力推进"评法批儒"之外，以评武则天、吕后为名吹捧江青也是运动的一个重要内容，为江青上台制造舆论。胡绳武和宁可的回忆证实了这一点，当时是曹青阳将"唐代

---

① 范达人：《"文革"御笔沉浮录——"梁效"往事》，第 19 页。
② 吴荣曾口述，王和：《〈历史研究〉复刊前后》，《南方周末》2009 年 2 月 26 日，文化版。
③ 卞向阳主编：《百年时尚——海派时装变迁》，东华大学出版社 2014 年版，第 83 页。

妇女服装"的题目带来的,由宁可、胡守为、金应熙三个人来写,"四人帮"被粉碎之后,社科院清理队伍,"在江青指挥下写唐代服装"① 甚至成为了宁可被审查的重要问题之一。

吴荣曾、胡绳武、宁可三人的回忆相互印证,基本可以确定至少在复刊初期,江青对《历史研究》还是比较注意的,并且亲自布置文章题目为其推广"江青服"论证和造势。

此外,还有江青给编辑部送芒果、接见编辑部负责人等事例。② 章开沅就此说道:"我记得很清楚的,是江青给《历史研究》编辑部送芒果。"③ 他还回想到当时的一些情景:

> 但现在想起来,是不是确实有一种可能,"四人帮"是借毛泽东的名义送芒果给编辑部,借以笼络我们,进而控制《历史研究》呢?
>
> 类似的事情似乎还有。我记得编辑部不止一次受到"关照",在正式放映之前去欣赏一些电影,如《闪闪的红星》之类。这是不是也是"四人帮"的笼络手段呢?④

综上所述,以黎澍批注过的科教组下发的《通知》作为直接证据,再加上如上七条佐证,可以充分说明,《历史研究》的复刊,主要目的在于配合当时的政治形势,江青、姚文元、迟群等人借毛泽东提议恢复《历史研究》这一名义,将复刊权抢到了自己手中,通过一系列的活动与运作,使得《历史研究》能够为其所用,配合政治形势,为"批林批孔""评法批儒"等政治斗争服务,为其政治目的"摇旗呐喊",成为其忠实的"传声筒"。

"四人帮"倒台后,1976 年第 6 期的《历史研究》刊登了编辑部撰写的《〈历史研究〉的遭遇和"四人帮"利用历史反党的阴谋》一文,详细叙述了自复刊开始《历史研究》的遭遇。文章写道:

---

① 宁可口述,王和:《〈历史研究〉复刊前后》,《南方周末》2009 年 2 月 26 日,文化版。

② 徐思彦:《口述史的有效与有限:以〈历史研究〉的复刊为例》,《云梦学刊》2009 年第 4 期,第 23 页。

③ 章开沅口述,彭剑整理:《章开沅口述自传》,第 254 页。

④ 同上。

　　"四人帮"对《历史研究》这个刊物的态度，在一年多的时间里，发生了奇特的变化：由冷到热，由拒不执行毛主席恢复刊物的指示，到亲自出马，周密部署，牢牢把刊物抓到手上。这种表现，恰恰暴露了他们心怀鬼胎，不可告人。过去，他们拒不执行毛主席指示，是妄图守住他们独霸的舆论阵地；这时要办《历史研究》，则是看到历史可以利用作为进行篡党夺权活动的一个新阵地。为了把《历史研究》办得适应他们反党的需要，"四人帮"从刊物的筹办，到它的方针、内容、组织措施，都颇费了一番心计。定调调，划框框，炮制出各种清规戒律，生怕这个刊物离开他们所确定的反革命轨道。复刊后的《历史研究》，在一段时间内，确实成了他们的"帮刊"之一。不仅编辑部的一切事务由"四人帮"在科教组的那个死党一手把持，而且刊物每期的选题计划、审稿、定稿，也统归"四人帮"的黑班子梁效"把关"，还规定每期至少刊登梁效的文章一篇。"四人帮"的另一个黑班子罗思鼎，也对当时的《历史研究》编辑部实行遥控，极力施加影响。资产阶级大野心家江青也采取她惯用的手法，在一九七四年国庆节派人送给编辑部一箱芒果，收买人心。所有这一切，都是为把《历史研究》紧紧控制在手，使之成为替"四人帮"效力的工具。

　　利用历史为"组阁"篡权大造舆论，就是一九七四年下半年"四人帮"为什么对于《历史研究》这么一个学术刊物突然表现出异乎寻常的热心的政治背景和真实动机。也就是说，"四人帮"在《历史研究》问题上所做的手脚，乃是他们利用历史反党的阴谋的一个组成部分。①

　　《历史研究》编辑部自身的讲述，虽然带有较为浓重的"批判色彩"，但其所叙述的内容与上文的推断基本相同。其中有一句话值得关注："复刊后的《历史研究》，在一段时间内，确实成了他们的'帮刊'之一。""一段时间"的说法既显示出编辑部在用语方面的谨慎，也带来了一个新的疑问："一段时间"指的究竟是哪段时间？这意味着复刊后的《历史研

①　《历史研究》编辑部：《〈历史研究〉的遭遇和"四人帮"利用历史反党的阴谋》，《历史研究》1976 年第 6 期。

究》并不是一直受"四人帮"控制，前后发生过变化。那么发生这种变化的时间节点在哪里？编辑部的文章在结尾处写道：

> "四人帮"想一手掩住天下人耳目，是枉费心机的。他们的好景不长。在毛主席的严词斥责下，"四人帮""组阁"篡权的阴谋失败了。由此产生的不利于"四人帮"的形势，迫使他们于一九七五年十月将《历史研究》交回哲学社会科学部。但是，"四人帮"并不甘心，他们还要继续控制这个刊物。控制和反控制，在这时候成了阶级斗争和路线斗争的主要表现形式。①

这表明，在编辑部看来，"一段时间"指的是在科教组控制下的一年左右时间，《历史研究》脱离科教组回归学部，标志着刊物逃离了"四人帮"的直接控制。金冲及也提到了这一点，他说：

> 这段历史又分两个阶段，1974 年到 1975 年中是科教组管，1975 年中到 1976 年粉碎"四人帮"是学部管的。这两段历史怎样看？我好像得到一个印象，好像前一年是"四人帮"控制的，迟群控制的，后一年把权夺回来了。②

金冲及明确认识到了《历史研究》复刊分为两个阶段，回归学部对于《历史研究》具有重要意义，但是他有自己的观察，他说：

> 这段时间我一篇文章也没有写过，都没有我的份，我在旁边看，一点也没感觉到这两段有什么差别。前面的一段是不是"四人帮"控制，我到现在还存疑。③

金冲及提出的问题很重要：回到学部的《历史研究》与在科教组掌控下有什么差别？当没有其他档案可供参考时，最直接的解决方法是对比这

---

① 《历史研究》编辑部：《〈历史研究〉的遭遇和"四人帮"利用历史反党的阴谋》，《历史研究》1976 年第 6 期。
② 金冲及口述，王和：《〈历史研究〉复刊前后》，《南方周末》2009 年 2 月 26 日，文化版。
③ 同上。

两个阶段刊登的文章目录，从文本上来看一看是不是发生了什么变化。本文将回归学部之前的 5 期与回归学部之后的 6 期《历史研究》进行了分析和统计，制作成表格，以便直观展现。见表 2。

表 2　　　　　　　　《历史研究》复刊之后两个阶段内容统计

回归学部之前（1974 年 12 月—1975 年 9 月）				回归学部之后（1975 年 10 月—1976 年 8 月）			
期次	篇目总数	批判文章数	批判主题	期次	篇目总数	批判文章数	批判主题
1974 年第 1 期	20	10	批林批孔儒法斗争	1975 年第 5 期	19	10	批《水浒》批林批孔
1975 年第 1 期	22	14	批林批孔儒法斗争	1975 年第 6 期	15	9	批《水浒》、投降主义
1975 年第 2 期	16	9	批林批孔儒法斗争	1976 年第 1 期	23	13	批林批孔、批投降主义、批邓反右倾
1975 年第 3 期	18	9	批林批孔儒法斗争	1976 年第 2 期	16	7	批孔、批投降主义
1975 年第 4 期	20	12	批林批孔儒法斗争	1976 年第 3 期	19	11	儒法斗争、批两条路线
				1976 年第 4 期	17	6	批孔、批投降主义

说明：1976 年 9 月 9 日毛泽东去世，1976 年 10 月 20 日出版的当年第 5 期为纪念毛泽东逝世专号，随着"四人帮"被打倒，1976 年 12 月 20 日出版的当年第 6 期为批判"四人帮"专号，这两期均为特定主题，因此不放在比较的范围之内。

根据上表的统计可以看出，这两个阶段《历史研究》在文章的选取和刊登上有两个共同点：第一，除个别期次外，每一期的《历史研究》批判文章都占了一半以上的内容，即使是回归到学部之后也是如此；第二，每一期的批判文章都与当时的政治形势紧密配合，在科教组控制时期，当时的政治运动主题是"批林批孔"，在这一运动之中，又可分为开展"儒法斗争"、批判"复辟回潮"、鼓吹"反潮流"新生事物三类"小主题"[1]，

① 史云、李丹慧：《中华人民共和国史》第八卷《难以继续的"继续革命"——从批林到批邓（1972—1976）》，第 348 页。

尽管上表中只是简要将批判文章的主题归结为"批林批孔"和"儒法斗争",其实仔细阅读这些文本,这三类主题都有涉及,在科教组控制下的《历史研究》与"批林批孔"运动紧密结合在一起;当《历史研究》回归学部之后,并没有脱离政治形势,1975 年下半年,"批林批孔"运动实际上已经停止,随之而来的是评《水浒》、批"投降派"、反击"右倾翻案风"等一系列运动,《历史研究》同样紧密配合,不断发表与形势相契合的批判文章,几乎成了当时政治运动的真实映射。

从上述两点来看,无论是科教组控制还是回归学部,《历史研究》在刊登批判文章和配合政治运动上确实没有什么差别,但是文本上的没有差别并不能得出前一段不是"四人帮"控制的结论。这种"没有差别"是表面现象,是展现出来的外在,实际上内在是有很大不同的,或者说刊登这些批判文章、紧密配合政治运动的动机是截然不同的。在科教组控制时期,刊登批判文章是为了"造势",为了引导舆论,是利用《历史研究》。如果刊登的文章迎合了当时的政治浪潮,这就意味着"控制"已经得以实现,目的也就达到了。而在回归学部之后,则是为了自保、为了表态,是保护《历史研究》。这种自保的心态和表态的行为,在"文革"初期就已经显露无遗了,当时为了保住刊物、为了保住编辑部人员,无论是批判吴晗还是批判"三家村",《历史研究》都在适应形势,紧跟政治运动的步伐,此时《历史研究》刚刚回到学部手中,只有紧跟形势才能保住来之不易的"复生"。这种心态可以参考《文史哲》复刊之后采取的措施,1973 年 8 月,《文史哲》复刊,主持编辑工作的刘光裕就回忆说:

> "文革"中刊物都有一个关系生死存亡的大问题,就是必须为政治服务,主要是为大批判服务……不搞大批判,不为政治服务,等于自取灭亡,这是没有疑问的……不过,我们在"文革"期间想办学术刊物,其实是白日做梦而已,因为我们不能不为政治服务,也无法摆脱"舆论一律"的指挥棒……复刊号上的批孔文章,大都上纲上线,吓人的大帽子满天飞,说明学术根本无法逃脱做政治奴婢的噩运。我不过是在学术与政治之间,小心翼翼地走钢丝。①

---

① 刘光裕:《1973 年〈文史哲〉复刊的回忆》,《文史哲》2011 年第 3 期。

　　《文史哲》自 1973 年 10 月复刊号以来，每一期内容基本都是要紧密配合当时的政治运动，这种走钢丝的编辑方针生动地反映出当时办刊学人的艰难处境。回到学部的《历史研究》，大致也是这种心态。正如丁伟志所形容的："当时'四人帮'还没有动，毛主席还在，不断发表最高指示。邓小平出来后，在高压下做这点动作，实在是难得很，表面上还得顺着，完全另搞一套还不行。先接过来，建立起阵地，再慢慢地做工作。"① 亲身经历了《历史研究》停刊厄运的黎澍，对此肯定深有感触。

　　因此，金冲及所言的"没有差别"指的其实是文本上没有差别，实质上的差别在于办刊人的处境、心态和目的。在科教组控制时期，其紧密配合"批林批孔"运动，刊登批判文章，为"四人帮"的政治意图造势，此时也是"四人帮"对其影响最深刻的时期；回归学部之后，仍然不能脱离当时的政治形势，但此时因为环境使然，主要的目的是为了自保，这是编辑部的抉择，"四人帮"已经无法对其进行实质性的控制了。

　　尽管上文的论述能够说明《历史研究》的复刊与"四人帮"有着很密切的关系，但目前的证据都是佐证，尚无直接证据能够证明其究竟是如何控制《历史研究》的，这一点需要更多的资料才能解释清楚。

四　中苏边界问题与复刊之关联考辨

　　目前可信的直接和间接的证据，以及绝大多数当事人的看法，都认为《历史研究》是为了所谓"适应批林批孔和国内外阶级斗争的需要"而复刊的②，却仍然出现了不同的声音，展现出了另一个历史"现场"，为《历史研究》原本就十分曲折的复刊经历，增添了更多的疑问。按照这种"声音"，《历史研究》之所以要急于复刊，表面上是为了批林批孔，实际上是为了跟苏联辩论中苏边界问题。这一说法来自曹青阳。《历史研究》新的编辑部成立之后不久，便成立了支部，由曹青阳任支部书记。③ 当时的《历史研究》并没有设主编，为了加强编辑部的筹备工作，便由曹青阳

　　① 丁伟志口述，王和：《〈历史研究〉复刊前后》，《南方周末》2009 年 2 月 26 日，文化版。
　　② 宋德金：《历史研究：新中国历史学发展的缩影》，宋应离编撰：《名刊·名编·名人》，大象出版社 2011 年版，第 234 页。
　　③ 胡绳武：《胡绳武自述》，《复旦大学校史通讯》第 93 期，2013 年 12 月 31 日。

负责具体的行政事务。① 曹青阳的回忆非常详细，本文在这一部分主要针对曹青阳的回忆进行辨析。

曹青阳的核心观点是："为什么《历史研究》要急于恢复，背景是什么？表面一个背景，实际上有另一个背景。表面的背景是批林批孔，实际的背景主要是跟苏联辩论中苏边界问题，三北边界，东北、西北、华北，当时这个是不能讲的。"② 关于这一不同于其他当事人的观点，曹青阳给出了如下三条论据：

第一，从领导交代的任务上来看：

> 领导同志交的底以及后来我们组稿的重点、配备的顾问，让我主抓什么都是这个思路……当时要我限期出刊，那年的国庆节前必须要出刊。出刊前重头文章已经组织好了，余绳武的文章，讲中苏边界问题，那是重点文章，别的都是临时凑的东西。为了配合外交部，必须在国庆节前出来，这是给我的任务。③

第二，从组织控制上来看，也就是与"四人帮"的关系：

> 这里有好多斗争，当时有两条线，"四人帮"是一条线，周总理是另一条线，李琦是周总理这条线，组织上针锋相对。当时这是跟苏联的关系，不能讲。我单独去见外交部的余湛，单独去见中联部的罗青长，都是讲国际斗争的事，这跟批林批孔没有什么关系，这些人都是周总理的班子。④

第三，从《历史研究》的文本上来看：

> 因为各报刊都在批林批孔，没有必要专门搞个《历史研究》来批林批孔，从刊物出来之后的反响看也不是批林批孔。⑤

---

① 范达人：《"文革"御笔沉浮录——"梁效"往事》，第 84 页。
② 曹青阳口述、王和：《〈历史研究〉复刊前后》，《南方周末》2009 年 2 月 26 日，文化版。
③ 同上。
④ 同上。
⑤ 同上。

在曹青阳看来，领导交代的任务是为配合外交工作而刊登有关中苏边界的文章；在组织上曹青阳受周恩来线上的李琦领导，不受"四人帮"控制；从文本上来看，当时所有报刊都在批林批孔，所以不需要为此专门复刊《历史研究》。这一说法在逻辑上也有着其合理性，而且貌似形成了一条较为完整的"证据链"，照此来看的话，《历史研究》的复刊被赋予了更高层次的意义，由单纯地是"四人帮"手中为"批林批孔"摇旗呐喊的工具，变成了为中苏边界谈判、为外交工作发挥着重要作用的舆论引导者。对于曹青阳的观点，我们可以从如下几个方面进行辨析。

第一，区分出曹青阳的言论中哪些是确实可信的，哪些是存有疑问的。纵观曹青阳的说法，《历史研究》的复刊与中苏边界谈判有关这一点是可证实的，有其他人的说法、历史背景和文本做依据。

首先，胡绳武和金冲及可做旁证。胡绳武在回忆自己被借调到《历史研究》编辑部之后的工作时说道："（恢复《历史研究》）当时肯定与批苏修有关，从调人可以看出来。为什么调陈得芝、周维衍？这两个人都是搞历史地理的，画地图的，有关系，当时正和苏联谈判。肯定不完全是批林批孔。但那个时候在批林批孔，不能不批，这是主流。"[1] 金冲及也认为，《历史研究》的内容"主要侧重两个，一个是评法批儒，一个是反修边界问题"[2]。这三人的说法可以证明当时的《历史研究》与中苏边界问题有关。

其次，从历史背景上来看。20 世纪 60 年代中期开始，苏联边防军就不断破坏中苏边界的现状，肆意进行武装挑衅，甚至不惜制造流血事件。最终在 1969 年 3 月爆发了珍宝岛冲突，中苏双方关系愈加紧张，甚至有爆发战争的危险。9 月 11 日，周恩来与柯西金举行了"机场会谈"，双方就两国关系问题达成一些谅解，10 月 20 日，中苏两国外交部副部长级的边界谈判在北京正式开始举行，此番谈判一直持续至 1978 年 6 月。[3] 这是当时的历史背景，中苏边界问题是当时中国外交上面临的一个重要难题。

最后，文本材料上来看，自 1974 年年底复刊一直到 1978 年，除 1977 年第 3 期和 1978 年第 2 期之外，《历史研究》在每一期都刊登了有关中苏边界的文章，见表 3。

---

① 胡绳武口述，王和：《〈历史研究〉复刊前后》，《南方周末》2009 年 2 月 26 日，文化版。
② 金冲及口述，王和：《〈历史研究〉复刊前后》，《南方周末》2009 年 2 月 26 日，文化版。
③ 沈志华主编：《中苏关系史纲》，新华出版社 2007 年版，第 400 页。

表3 《历史研究》刊登的有关中苏边界问题的文章（1974—1978）

期次	篇数	篇次	篇名	作者
1974 年第 1 期	20	17	驳谎言制造者——关于中苏边界的若干问题	史宇新
		18	"新土地的开发者"，还是入侵中国的强盗？	谭其骧、田汝康
1975 年第 1 期	20	18	沙皇俄国从不改变的目的——世界霸权	史兵
		19	沙皇俄国海上霸权主义的彻底破产	唐思
1975 年第 2 期	16	12	历史真相不容歪曲——关于《中俄尼布楚条约》的几个问题	钟锷
		13	清入关前对东北的统一——驳苏修篡改中俄东段边界史的谎言	纪平
1975 年第 3 期	18	15	柳条边的历史和苏修的谬论	纪实
		16	沙俄的侵华工具——俄国东正教布道团	方秀
1975 年第 4 期	20	2	苏修是怎样变社会主义所有制为资本主义所有制的	靳久廉、南景
		15	雅克萨战争是中国抗击沙俄侵略的正义战争——驳苏修歪曲雅克萨战争性质的谬论	群哲
		17	涅维尔斯克依——十九世纪中叶沙俄侵略黑龙江地区的急先锋	志力、钟锷
1975 年第 5 期	19	14	大俄罗斯沙文主义的活标本——评齐赫文斯基主编的《中国近代史》	宋斌
		15	无耻的背叛——斥齐赫文斯基之流对义和团运动的诽谤	石岚
		16	沙皇俄国和两次海牙国际和平会议	石立唢
1975 年第 6 期	15	12	沙皇俄国队巴尔干的侵略扩张	史兵、葆斌
		13	第一次世界大战前大国在巴尔干的争霸	甘力
1976 年第 1 期	23	10	巴黎公社的可耻叛徒——评苏修对巴黎公社历史经验的歪曲	曹特金、张宏儒
1976 年第 2 期	16	13	谎言改变不了历史——驳苏修篡改我国准噶尔部历史的无耻谎言	内蒙古大学蒙古史研究室
		14	清朝政府平定准噶尔部叛乱与抵御沙俄侵略的斗争	庆思
		15	霸权主义的"杰作"——评莫斯科出版的《中国近代史》	吴寅年

续表

期次	篇数	篇次	篇名	作者
1976 年第 3 期	19	18	沙俄对我国西部地区的早期侵略	希达
1976 年第 4 期	17	14	中俄《瑷珲条约》与苏修霸权逻辑	钟锷
		15	沙皇俄国对罗马尼亚对侵略扩张与比萨拉比亚问题	陆象淦
		16	沙皇俄国是三次瓜分波兰的罪魁	史兵、葆斌
		17	波兰抗俄民族英雄——科希秋什科	程人乾
1976 年第 5 期	24	23	血腥的征服——驳苏修所谓"中亚自愿归并俄国"的谬论	刘存宽
1976 年第 6 期	13	12	沙皇俄国的欧洲政策	李元明
1977 年第 1 期	14	12	彼得一世的对外侵略扩张	彤心、史兵
		13	老沙皇侵略我国西藏的罪行是掩盖不住的	李绍明
1977 年第 2 期	13	11	光辉的斗争篇章——罗马尼亚独立一百周年	陆象淦
		12	罗马尼亚史学界迎接祖国独立一百周年	水金
1977 年第 4 期	14	14	沙俄向外侵略扩张的工具——论俄国泛斯拉夫主义的反动实质	李显荣
1977 年第 5 期	16	12	一封揭露沙俄独占东三省野心的电报	吕一燃
		13	新沙皇的一支招魂曲——评苏修叛徒集团为巴枯宁翻案	曹特金等
1977 年第 6 期	15	13	近代德国的统一与沙俄霸权	丁建弘
1978 年第 1 期	12	2	揭露英国政府纵容老沙皇扩张主义的光辉文献——马克思《十八世纪外交史内幕》简介	东志
1978 年第 3 期	9	8	一八四八年匈牙利革命与沙皇俄国的反革命武装镇压	韩承文、徐云霞

从上表可以看出，尽管每一期的《历史研究》刊登的文章总数不尽相同，但是在大量的"批林批孔""评法批儒"等政治性文章之外，都会出现有关中苏边界的文章，最多有四篇，最少也会有一篇，平均为2—3篇，在篇目次序的安排上，除极少数文章会被安排得十分靠前之外，绝

大多数文章都被安排在最后的位置上。从内容上来看，这些文章的主要基调均是在抨击沙皇俄国的野心，批判苏联的修正主义、帝国主义和大国沙文主义做派，揭露其历来对中国领土的侵略和主权的侵犯，有时还会通过揭露沙俄对波兰、巴尔干和罗马尼亚等国家的侵略来抨击其扩张主义。尽管很多文章的口气带有鲜明的中苏论战的痕迹，但在有关历史事实的问题上却广泛征引了相关史料，做到了有理有据。比如 1974 年第 1 期刊登的《驳谎言制造者——关于中苏边界的若干问题》一文，不仅详细梳理了历史上中俄边境的纠纷和冲突，而且明确肯定了中国政府关于全面解决中苏边界问题的一贯主张，对苏方作出了呼吁，更像是对苏联党和政府作出的声明。①

上述三点证据表明，《历史研究》的复刊与中苏边界确实有关系，是其复刊的背景之一，并不是空穴来风。

第二，从历史研究的基础工作出发，治史讲究"孤证不立"的原则，如果某一个历史论断只有一条证据支持而没有其他证据作为旁证或辅证，那么这样的论断一般就很难成立。纵观曹青阳的说法，除了上述一点之外，其他绝大部分说法截止到目前没有任何文字材料来佐证，也没有任何当事人做出旁证，总体而言还是个孤证，在可信度上面存有很大的疑问，他所提出的三条证据，都经不起推敲。

首先，存在着明显的史实错误。比如他说一定要在国庆节前将刊物赶出来，事实则是 10 月才出版了试刊号，并经过了修改之后才于 12 月正式出刊的；他认为"别的都是临时凑的东西"，这一期《历史研究》共刊登了 23 篇文章，142 页的篇幅，无论是从内容上还是体量上来看都不像是随意拼凑而成的，迟群等人还煞费苦心更改题字、更新总期次，怎么可能临时拼凑出一期刊物呢？他所说的胡绳武的"重点文章"并不见诸《历史研究》，也检索不到胡绳武曾经写过有关中苏边界的文章；曹自认为有关中苏边界之事只有他自己清楚，但胡绳武却说由于当时他在复旦大学主持编写《沙俄侵华史》，因此主要管"批苏修"，组织关于中苏边界问题的文章，这一时期谭其骧等发表的关于中苏边界的文章，都是由他组织的，直

---

① 史宇新：《驳谎言制造者——关于中苏边界的若干问题》，《历史研究》1974 年第 1 期。

到 1975 年 9 月离开编辑部。① 这就直接证明了曹青阳的说法是不可能成立的，有其他人同时在负责中苏边界的文章。这些都是可证实的错误。

其次，曹青阳自己所说的话反而更强调了"孤证"的意味，使人怀疑：

> 我的顶头上司是李琦，不是迟群。另外，为了保证重点任务完成，李琦亲自出面，给我配了两个部长级顾问，一个余湛，分管苏联东欧的外交部副部长，一个罗青长，中联部副部长。我单独去见外交部的余湛，单独去见中联部的罗青长，都是讲国际斗争的事。
>
> 这是跟苏联的关系，是国际斗争，不能讲。编辑部其他人不知道这个背景，只有我清楚。表面上周一良也是顾问，两个部长顾问只有我知道，李琦给我写介绍信，让我去找他们。重要的稿子表面上是我审查，实际上是送两个部长看，他们从外交口径上，从斗争策略上把关，史实问题他们不管。虽然每期稿子也送梁效大批判组审查，但梁效根本不知道这个背景。②

上述内容中存在不少疑点：其一，曹青阳不断强调中苏边界问题只有他知道，别人都不知情，与余湛和罗青长之间的联系也由他一个人"单独"完成，从口气上来看他将这样的经历作为自己独特的作用与贡献，他是唯一一个披露出这些内容的当事人，但这样的说法不禁让人非常疑惑，曹本人有何背景，能够让上级如此信任，委派他来担任类似"地下党"的工作？而且还能让两位部长来做顾问？查看曹青阳的履历，其毕业于北京工业学院（现北京理工大学），原任北京理工大学党委办公室副主任，当时借调到科教组工作③，后才到《历史研究》工作，其他经历一无所知。其二，曹青阳强调李琦是他的顶头上司。当时的科教组由刘西尧任组长，迟群任副组长，李琦是负责人之一。④ 曹青阳在科教组工作，其可能接受李琦指派的工作，但是二人之间的真实关系没有任何材料可以证明，李琦

---

① 雷家琼：《历史学家胡绳武：研究历史应从史实出发》，《中国社会科学报》2013 年 7 月 17 日，第 A4 版。

② 李妍：《〈历史研究〉的片断历史》，《炎黄春秋》2007 年第 1 期。

③ 胡绳武：《胡绳武自述》，《复旦大学校史通讯》第 93 期，2013 年 12 月 31 日。

④ 方玄初：《〈教育工作汇报提纲〉出台的前前后后》，中共中央党史教研室、中央档案馆编：《中共党史资料》第 70 辑，中共党史出版社 1999 年版，第 45 页。

于 2001 年即已去世，没有留下有关这段历史的只言片语，很难证明曹青阳所说内容的真实性。从复刊的过程来看，各种直接和间接的证据都证明了迟群与复刊有着紧密关系，经过姚文元和迟群等人的准备工作，最后复刊后的《历史研究》的负责人却是李琦的人，而且背着迟群执行李琦交给的工作，着实很难让人相信。这其中有没有经过斗争或妥协？迟群对此有没有提出意见？这些细节都不得而知。其三，余湛当时确实任外交部副部长，还是中苏边界谈判中国政府代表团团长；[①] 罗青长当时并不在中联部任职，而是在中共中央调查部任负责人、部长。[②] 曹青阳的回忆出现了错误，而且中央调查部是一个非常鲜为人知的机构，主要负责情报工作，十分注重保密，仅有零星的材料可以使人对其略知一二。[③] 这样一个至今尚不为人详知的机构，作为部长的罗青长与曹青阳之间发生了何种事情？此时罗青长是否负责对苏情报工作？《历史研究》又为其工作提供了什么帮助？在相关材料几乎是空白的情况下，这些疑问都无法解决。

再次，从时间线索上来看，《历史研究》上刊登的有关中苏边界的文章，并没有因为回归到学部或者"文革"结束而停止，而是一直持续到了1978 年第 3 期，这一期是在 3 月 15 日出版的，中苏之间的第二轮边界谈判于 1978 年 6 月结束，直到谈判结束，才停止刊登相关文章。这意味着，《历史研究》所刊登的有关中苏边界的文章，与中苏之间的谈判进程紧密相连，不受《历史研究》的归属影响。那么可以提出如下问题：究竟是谁决定刊登这些文章的？与曹青阳有多大的关系？假如真是由曹青阳来负责组织批苏文章，他在 1976 年 1 月底离开《历史研究》，之后又是由谁来负责？曹青阳说除了他之外没人知道中苏边界谈判的背景，但事实是他的存留与否对刊登批苏文章并没有影响，胡绳武说是他负责组织中苏边界的文章，但他 1975 年 9 月就离开了编辑部，胡、曹二人走了之后还能继续这项工作，说明一定有别人也知道这件事，或者说在曹走后又安排了新的人，那么是谁？是否由编辑部的成员接手了？"文革"结束之后"四人

---

① 《中国人民政协辞典》编委会编：《中国人民政协辞典》，中共中央党校出版社 1990 年版，第 572 页。

② 中共中央组织部、中共中央党史研究室编：《中国共产党历届中央委员大辞典（1921—2003）》，中共党史出版社 2004 年版，第 508 页。

③ ［瑞典］沈迈克：《关于中国共产党中央调查部的历史考察》，黄语生译，《当代中国研究》2010 年第 2 期。

帮"的影响也没有了，《历史研究》还在刊登批苏文章，编辑部为什么还要这样做？是有人发布命令还是编辑部自己的选择？黎澍对此有什么样的看法？这些疑问都证明了曹青阳所说的"编辑部其他人不知道这个背景，只有我清楚"是不可信的，肯定有其他人知道并继续负责这项工作。

　　最后，从文章的效果上来看，曹青阳认为《历史研究》复刊的主要目的并不在于配合"批林批孔"，因为各报刊都在批林批孔，没有必要专门搞个《历史研究》来批林批孔，从刊物出来之后的反响看也不是批林批孔。① 他就此说：

　　　　批林批孔，要办这么个刊物干什么，到处都在批林批孔，除了《人民日报》，各地方大报小刊都在批林批孔，还要《历史研究》干什么，而且不惜重金，住在和平宾馆（开始住在前门饭店）四菜一汤，集中了一批教授。李琦是周恩来办公室副主任，如果是批林批孔不会让李琦来抓。再看看那时候的《历史研究》，批林批孔也很热闹，但没有什么重头文章，没有什么特色，都是大路货。没有人交代应该批什么，不要批什么。急于在年底恢复《历史研究》，就是为了配合当时的反修斗争。表面上也搞批林批孔，所以我说有点"两面政权"的味道。②

　　如果说《历史研究》复刊不是为了"批林批孔"，那么为什么姚文元和迟群要从中插一手，把刊物控制到科教组手中？为什么编辑部还要拟定一个《全国工农兵及专业理论队伍联系名单》，将刊物分发到指定的单位中？那些单位拿到《历史研究》是为了学习"批林批孔"还是为了了解其他问题？这些从各地高校借调来的学者是在迟群的组织下来到编辑部的，李琦在其中发挥了什么作用？为什么这些借调学者还要旁听法家著作注释出版规划座谈会？为什么1974年第1期《历史研究》要在开篇刊登《为巩固无产阶级专政而研究历史》和《在斗争中培养壮大工农兵理论队伍》两篇文章，不断强调"批林批孔"和儒法斗争，为以后的历史研究定调子？为什么还要请"梁效"作为审稿单位？曹青阳自己就负责把稿件带给

　①　曹青阳口述，王和：《〈历史研究〉复刊前后》，《南方周末》2009年2月26日，文化版。
　②　李妍：《〈历史研究〉的片断历史》，《炎黄春秋》2007年第1期。

梁效，还从江青那里带回写作题目。① 还有，如果说当时要与苏联辩论边界问题，1963—1964 年中苏大论战时《人民日报》是最主要的武器，影响也最大，此时为什么偏偏要选择一本刚刚复刊的学术性刊物呢？即便其拥有学术上的号召和权威，也无法与《人民日报》的官方报刊相比。当时出版的《历史研究》，有多少本是被寄送到苏联去了？这些批苏文章，有多少能够被苏联高层人士阅读到？这些文章究竟起到了多大的效果，产生了什么样的影响？苏方有没有进行回应，通过什么渠道进行了回应？假定这些文章的阅读对象是中国人的话，问题也是一样，从受众和影响上来看，《历史研究》显然也无法与"两报一刊"相比。这些问题都需要作出更加详细的解释。关于对苏影响方面，目前看到的唯一一条证据见于徐思彦的文章：俄罗斯科学院远东研究所主任研究员、原副所长伽利诺维奇（Ю. М. Галенович）曾说：过去有一段时间，中国人曾反对苏联。要想了解他们说了什么，除了可以参考一些冠以《沙俄侵华史》的论著外，还要参看复刊后的《历史研究》，那几年《历史研究》刊登了很多类似文章。② 这条信息由中国社会科学院近代史研究所陈开科博士提供，还有没有其他类似的信息，目前不得而知。这条证据也只是证明了对苏联学术界的影响，对政府和民众有没有影响呢？这些都是未解之谜。

　　总之，曹青阳的说法或许存在着一定的合理性，但绝大部分都是其个人经历，既没有文字材料可以证明，也没有其他当事人的说法进行佐证，属于孤证，这就极大地降低了其可信度；其中存在的史实错误、相互矛盾以及诸多疑问，目前没有任何材料可供解决。从逻辑推理上来看，将已经证实的部分与曹青阳的说法结合起来，可以假设出这样的经过：《历史研究》是在姚文元和迟群等人的运作下复刊的，绕开了学部而归科教组管理，在"批林批孔"的大背景之下，曹青阳在李琦的安排之下进入《历史研究》编辑部，在其他所有人都不知情的情况下，与外交部等相关部门的负责人接头，选择和安排有关中苏边界的文章编排到每一期的《历史研究》之中，这项工作即使在刊物回归学部之后，即使在曹离开了编辑部还在进行着。这样一个历史过程本身就很难令人相信，而且存在着矛盾，如

---

① 宁可、胡绳武口述，王和：《〈历史研究〉复刊前后》，《南方周末》2009 年 2 月 26 日，文化版。

② 徐思彦：《口述史的有效与有限：以〈历史研究〉的复刊为例》，《云梦学刊》2009 年第 4 期。

果不能说清楚究竟是谁通过何种手段安排并刊登了那些批苏文章，以及曹离开之后究竟是谁还在负责这件事，就无法证明曹的说法是可信的。现在我们能够确认的可靠结论是：中苏边界的纠纷和谈判是《历史研究》复刊的历史背景之一，其所刊登的批苏文章与此有着密切联系；这项工作并不是由曹青阳一个人负责的，有其他人同样知晓这件事。

五　斗争还是合作？

以目前现有的材料来看，《历史研究》的复刊是为"批林批孔"服务的观点是确信可靠的，证据齐备，逻辑上也不存在前后矛盾之处。至于曹青阳的说法，可以证实中苏边界问题也是《历史研究》复刊的历史背景，有旁证和文本做依据。如果仅止于此，意味着《历史研究》的复刊依然没有得到彻底解决，仅仅证明了两种说法都有合理性，尽管曹青阳的口述存在较大问题。这也是《历史研究》复刊问题的症结所在，究竟该如何处理"批林批孔"与中苏边界这二者之间的关系？

本文试图提出一个猜想：《历史研究》复刊之所以莫衷一是，因为我们都不知不觉掉入了一个陷阱之中，导致我们想当然地将其割裂成了相互对立的两部分，这个陷阱依然来自曹青阳的说法。曹的说法之所以会具有很强的合理性，最重要的原因是其一直在强调"斗争"。他将"批林批孔"与中苏边界问题截然分割开来，"批林批孔"是"四人帮"搞起来的，中苏边界是周恩来负责的事情，这两件事相互对立，水火不容。表面上搞"批林批孔"，实际上是为了中苏边界谈判，而他则是居于其中的桥梁，发挥着"两面政权"的作用。研究者看到曹青阳的言论，自然而然就会被他的思路带着走，再加上《历史研究》的文本可以提供确凿的依据，就使得他的说法不能不受到重视。这将我们引入了一个误区，一直将目光集中在"斗争"上。上文对曹青阳所做的辨析，已经揭示了诸多错误、矛盾和疑点，但还没有给其"致命一击"。本文认为，"批林批孔"与中苏边界问题，并不是对立的，也不存在所谓的"两条路线的斗争"，这二者都是"四人帮"支持的斗争方向，这两方面的文章，都是由"四人帮"安排的。这一猜想，有如下三条证据。

第一，"四人帮"与周恩来在对苏问题上并不存在明显的分歧。中苏冲突是当时具有国际影响的大事，第二次中苏边界谈判前后长达九年之久，是中国外交方面的重要事件，由周恩来领导和负责，一些事项还在中央政治局会议上进行讨论。① 江青、姚文元和张春桥三人，分别在 1969 年和 1973 年当选中共第九届、第十届中央政治局委员②，中苏边界问题如此重要，他们不可能不知道。那么如果江青、姚文元等人知道此事，在《历史研究》上刊登有关中苏边界的文章，是不是需要通过斗争的形式才能实现？回答这个问题，需要从两方面考虑：其一，"四人帮"在外交工作上有没有必要和周恩来等人作对；其二，"四人帮"对待苏联的态度是如何的。先来看第一点，与苏联交涉边界问题，属于维护中国的国家利益，"四人帮"是否在这一点上也搞破坏呢？"四人帮"被打倒之后，随后就被送上了法庭，全国各地自上而下掀起揭发和批判"四人帮"罪行的浪潮，在特别检察厅提交的起诉书中，4 项罪状和 48 条罪行中并未见到有关破坏外交活动的内容③，各种批判文章和资料中也同样未见④，以"四人帮"当时的处境和形象，但凡有过任何的罪行，都会被揭发出来大肆批判，如果在为数众多的批判声中，没有提及这一点，恰恰证明了"四人帮"并没有插手或破坏中苏边界谈判。再看江青等人对苏联是什么态度。中苏关系的破裂导致批判苏联修正主义成为中国对苏舆论的主流，"文革"开始之后，"革命大批判"与"防修""反修"联系在一起。⑤ 江青等人很早就注意到了这一点，从文学艺术的角度开展对苏修的批判，比如在《林彪同志委托江青同志召开的部队文艺工作座谈会纪要》中，江青就提出要批判以肖洛霍夫为代表的修正主义文学，掀起了反对"苏联修正主义文艺"的高潮。⑥ "九·一三"事件之后，林彪又与苏修归为一类，被扣上"反对我党揭露和批判苏修，要跟苏联妥协"的罪名，于是"批林批孔"就与"防修反修"结合在一起⑦，一些地方还开展了"外批苏修，内批林

---

① 当代中国研究所：《中华人民共和国史稿·第三卷（1966—1976）》，当代中国出版社 2012 年版，第 180—181 页。

② 中共中央组织部、中共中央党史研究室、中央档案馆编：《中国共产党组织史资料·第六卷·"文化大革命"时期（1966.5—1976.10）》，中共党史出版社 2000 年版，第 32、43 页。

③ 最高人民法院研究室编：《中华人民共和国最高人民法院特别法庭审判林彪江青反革命集团案主犯纪实》，法律出版社 1982 年版，第 3—39 页。

④ 如武汉大学《批判"四人帮"资料》编写组编：《批判"四人帮"资料汇编》1、2，武汉大学出版社 1976 年版。

⑤ 人民解放军某部吉扬文：《革命舆论的战斗力量》，《无产阶级文化大革命重要社论文章汇编·第四集（1969 年 1 月—1969 年 2 月）》，1969 年，第 114 页。

⑥ 龚翰雄：《20 世纪西方文学研究》，福建人民出版社 2005 年版，第 399 页。

⑦ 上海人民出版社编辑：《继续搞好批林批孔》，上海人民出版社 1975 年版，第 43 页。

贼"的斗争活动。因此，江青、姚文元等人在"文革"中既没有插手和干预中苏边界谈判，在批判的调子上一直将苏修作为重要对象。

第二，既然没有对立的关系，那么"四人帮"也就没有理由反对或者阻止在刊物上刊登有关中苏边界谈判、批判苏联、抨击苏俄扩张之类的文章，这类的文章与"批林批孔"并不冲突，是可以"和谐共存"的，这一点有文本资料可作为依据。以上海市委写作组所办的《学习与批判》为例，这是由"四人帮"直接控制的刊物，写作组的头头与张春桥和姚文元保持直接联系。① 《学习与批判》于 1973 年 9 月创刊，在存在的三年时间内，刊登了大量"批林批孔""评法批儒"的文章，从每一期的目录上能直观看出其舆论倾向，是"四人帮"的喉舌。根据研究者统计，《学习与批判》共出版 38 期，发表文章 710 篇，其中批林批孔、批儒评法的 124 篇，评《水浒》的 40 篇，"批邓、反击右倾翻案风"的 61 篇，配合形势时事评述性的 237 篇。② 此外，还有批修正主义方面的文章 48 篇，贯彻着"防修反修"的宗旨。其他属于学术研究和文艺作品的共 200 篇。③ 在所谓的文艺作品中，有 15 篇是批判当代苏联文学的④，如《地中海的今天、昨天和明天——读苏修电影剧本〈礼节性的访问〉有感》⑤ 《从当代苏联"军事题材"作品刊苏联侵略扩张的野心——苏修文学述评之三》⑥ 等。这些文章的作者，既有"四人帮"手下的写作班子，如任犊、丁泽生是上海市委写作组文艺组的笔名⑦，也有专门的文学研究者，内容上则是通过对苏联文学的批判引申到对苏联社会、对外关系乃至侵略扩张等方面的抨击。从《学习与批判》所刊登的文章可以看出，在"四人帮"的掌控下，"批林批孔"与批判修正主义是并行不悖的，每一期的目录上会用黑体字明确标出"批林批孔，防修反修"，甚至"四人帮"会安排自己的写作班子亲自上阵批判苏修，从苏修文学引申至对苏联各个方面的抨击。

再回到《历史研究》，在科教组管理时期，其受到"四人帮"的直接

① 宋应离主编：《中国期刊发展史》，河南大学出版社 2000 年版，第 278 页。

② 宋应离主编：《中国期刊发展史》，第 279 页。

③ 同上。

④ 龚翰雄：《20 世纪西方文学研究》，第 402 页。

⑤ 作者方泽生，《学习与批判》1973 年第 2 期。

⑥ 作者翁义钦、倪蕊琴，《学习与批判》1974 年第 6 期。

⑦ 武善增：《文学话语的畸变与覆灭——"文革"主流文学话语研究》，河南大学出版社 2012 年版，第 108 页。

或间接影响，为"批林批孔"摇旗呐喊，但这并不意味着"四人帮"就不会主动刊登有关批判苏联的文章，《学习与批判》是一个很好的实例。

　　第三，可以对《历史研究》中刊登的相关文章进行考证，来印证"四人帮"与中苏边界之间的关系。谭其骧和田汝康在 1974 年第 1 期的《历史研究》上发表了《"新土地的开发者"，还是入侵中国的强盗?》一文，广泛引用史料，论证黑龙江流域自古以来就是中国的领土，对历史上沙俄侵占中国领土的行为进行了抨击，对苏联方面的言论和主张进行了驳斥。①根据葛剑雄对谭其骧在"文革"中经历的研究，谭其骧当时确实涉及了中苏边界问题，其过程与张春桥有着密切联系。事情起源于谭其骧主编的《中国历史地图集》，原本谭其骧从 1954 年年底开始参与到这项工作中，因为"文革"的原因工作被迫停顿。直至 1969 年 9 月，谭其骧在接受《文汇报》记者采访时，透露出自己希望继续编绘历史地图的愿望，张春桥在看过这一期的《文汇情况》后，通过向朱永嘉了解详情，立即同意恢复"杨图"的工作，此后他还催促要尽快完成。②随后，在复旦大学军训团团部召开了恢复"杨图"工作会议，会议要求编绘历史地图要从备战的角度考虑问题，北方边界可以打破，不受什么限制，这是从中苏边界冲突考虑的，当时"苏修"是中国的头号敌人，因此在绘制北方边界时，凡是历代中原王朝或历史时期的中国的北方边界，都应该尽可能地画大，以便能为当前的"政治"服务。③在这种原则的指导下，谁能想办法把历史上的边界画得最靠北，谁就是突出政治，坚持毛主席的革命路线，就是爱国。④这次会议朱永嘉代表市革委会参加，想必代表着张春桥的看法。张春桥之所以对这项工作如此上心，是因为编图的事是毛泽东交下来的，而批"苏修"也是毛泽东确定的路线，恢复毛布置的工作，在其中贯彻扩大北方边界、批判苏修的意图，明显是为了赢得毛的信任。这大致是张春桥的心态，于是编绘历史地图成为了具有重大政治意义的任务，直接关系到反帝、反修的斗争。⑤

----

① 谭其骧、田汝康:《"新土地的开发者"，还是入侵中国的强盗?》，《历史研究》1974 年第 1 期。

② 葛剑雄:《悠悠长水：谭其骧传》，广东人民出版社 2014 年版，第 384—388 页。

③ 同上书，第 389 页。

④ 同上。

⑤ 同上书，第 401 页。

谭其骧对此并不是不了解，1973 年 1 月，谭其骧在协作会议上汇报工作时说道：

> 还有一点很重要，就是要能真正起到为当前现实斗争服务的作用……总之，最后一道关要把好，特别是边疆地图，关系到对帝修反的斗争……最近苏修又在大肆造谣，歪曲中苏边界的历史，欺骗苏联人民，迷惑世界舆论……我们的图虽然不公开出版，但对沙俄侵华方面写文章、写书的人可以作为根据来驳倒这些谬论。①

谭其骧尽管不断强调必须实事求是，尊重历史事实，要画就要有根据，但是深知此时画的图是为了中苏边界辩论和防修反修服务的。同年 7 月，周恩来委派外交部副部长余湛对上报的样图、有关边界的图幅和资料进行审阅，并提出了相关意见，谭其骧随后也做了汇报。② 1974 年 5 月 25 日，余湛做了有关时事的报告，他谈了很多有关苏联的问题，指出"苏修具有更大的欺骗性和危险性，所以我们把反对苏修放在美帝前"，他还详细谈到了中苏之间在边界上的恩怨、纠纷以及相互论战，强调了编写沙俄侵华史的现实意义，提出"对历史上沙俄的罪行加以揭露很重要"，但是要注意策略。③ 这意味着余湛在对苏问题上也主张对苏进行斗争，在余湛看来，历史地图是同苏联辩论边界问题的重要依据。之后，《中国历史地图集》经过周恩来、张春桥等作的批示，正式出版发行。④

从谭其骧在"文革"后期主编《中国历史地图集》的经历可以看出，《中国历史地图集》能够得以恢复，张春桥在其中发挥了重要作用，并对此十分上心，并将编图工作视为具有重大政治意义的任务，上升到防修反修的高度，无论是张春桥还是余湛，在对待苏联的问题上立场是一致的，都是要与苏联进行辩论和斗争，历史地图是重要依据，差别在于双方利用历史地图进行对苏斗争的真实目的不同。尽管《中国历史地图集》的样本由余湛主持审阅，但最终的出版发行以及是否应该呈送给毛泽东，都经过张春桥的批示，因此余湛所做的各种工作，张春桥全都知晓。

---

① 葛剑雄：《悠悠长水：谭其骧传》，广东人民出版社 2014 年版，第 418—419 页。
② 同上书，第 421、426 页。
③ 同上书，第 433—435 页。
④ 同上书，第 436 页。

再回到谭其骧在《历史研究》上发表的《"新土地的开发者",还是入侵中国的强盗?》这篇文章,发表时间在 1974 年 12 月 20 日,撰写时间大致在 10 月前后,此时历史地图集已经决定出版付印。因此,谭其骧的文章应该是在绘制历史地图的基础上写就的。结合上文所述,很难相信这篇文章是特意安排曹青阳与余湛等人接头才得以发表的,张春桥与余湛在编绘图集问题上是直接的上下级关系,在对待苏联的态度上也没有斗争的需要。谭其骧写的有关苏联侵略中国领土的文章,张春桥也没有不让刊登的理由。即使这篇文章并不是经过张春桥之手,而是由余湛批准发表的,至少也可以认定双方之间并不存在着"斗争"的关系,而是互相知情。再者,胡绳武提到的被借调到《历史研究》编辑部的周维衍和陈得芝,当时也都参与到了编绘历史地图的工作之中①,这两人肯定知道有关中苏边界辩论的事情,曹青阳所说的只有他自己知情是不可能的;而且他们是在地图集大致完成时被科教组借调过去的,这就意味着复刊后的《历史研究》刊登有关苏联的文章,迟群等人是知情的,相关人员都是由他主动安排的,不需要曹青阳去搞什么"两面政权"的斗争。

上述几点证据,说明了无论是从现实、从文本还是从当事人的经历来看,"四人帮"都具有安排批苏文章的可能性,因而证明了上文提出的猜想:"批林批孔"与中苏边界问题并不是对立的,"四人帮"既支持"批林批孔"运动,同时也支持批判苏联修正主义,在中苏边界问题上做文章是批苏修的重要内容。复刊后的《历史研究》上之所以会同时出现"批林批孔"的和中苏边界两方面的文章,目前看来最合理的解释就是:这些都是由"四人帮"安排的,并不存在"两条路线"的斗争。既往的研究者都因曹青阳的说法而误入了歧途,曹青阳之所以要不断强调"斗争",很可能是为了与"四人帮"划清界限。

此外还有一个问题,上述猜想适用于《历史研究》在科教组管理的时期,回归学部之后,为什么还会继续刊登有关中苏边界的文章?合理的解释仍然是为了适应形势,在当时的历史环境中,"批林批孔""批《水浒》""反击右倾"和"防修反修"等在性质上并无差别,都属于来势汹汹的政治运动,政治形势并没有发生显著的改善,当时第二次中苏边界谈判尚未结束,批苏修也没有偃旗息鼓,因此即便是回归到学部,黎澍等编

① 葛剑雄:《悠悠长水:谭其骧传》,广东人民出版社 2014 年版,第 388、420 页。

辑部成员也不得不紧跟形势，随着政治批判的方向和调门安排文章，所以有关中苏边界的文章没有被取消，直至谈判结束。

六　结语

综合上文的分析与阐述，《历史研究》的复刊历程可以归结如下：

1974年4月，毛泽东在与姚文元的谈话中提出《历史研究》这样的学术刊物可以恢复，指示发布之后，原主编黎澍便开始着手进行复刊工作，但黎澍所提交的报告杳无音讯。与此同时，最早获得消息的姚文元指点了国务院科教组负责人迟群，抢在学部之前获得了《历史研究》的复刊权，使之"适应批林批孔和国内外阶级斗争的需要"，为政治运动造势，并且从全国各地借调青年教师，重新组建了编辑部，更换了办公地点，刊物的提名、期次乃至内容编排等全都进行了更新，出版与发行也做了特别的安排。这些借调来的青年教师分担着两项工作任务，王思治和宁可负责"批林批孔"的文章，胡绳武负责中苏边界的文章，"梁效"在名义上和形式上是《历史研究》的审稿单位，并且为其提供稿件。1975年9月，《历史研究》重新交由学部，由黎澍负责。从文本上来看，复刊后的《历史研究》，无论是在科教组管理时期还是回归学部，都用很大篇幅刊登了"批林批孔""评法批儒"等文章，涉及的政治运动都是由"四人帮"大力鼓动的；同时还刊登了不少关于中苏边界的文章。之所以会出现这样的情况，并不是通过"两条路线"的斗争才实现的，"四人帮"在大力推动"批林批孔"的同时并不排斥批苏修，并且在实践中能够将二者结合起来。在科教组管理时期，刊登这些文章主要受到"四人帮"的影响，为其政治目的服务，回归学部之后，政治氛围并没有改观，基于"停刊"时的经验，出于自保的考虑，仍然要刊登批判文章，紧跟形势。总而言之，《历史研究》在"文革"后期复刊，目的既包括"批林批孔"也包括与苏联辩论中苏边界问题，后者是批苏修的重要体现，二者并行不悖，都是为"四人帮"的政治目的服务，在这个特殊的历史时期，《历史研究》无法也根本不可能脱离政治而遗世独立。

然而，上文提出的诸多问题有很多依然没有答案，比如"四人帮"究竟是如何具体控制《历史研究》的？迟群在其中发挥了什么样的作用？每一期的内容是如何安排的、刊登的文章是如何布置和选择的？出版之后在国内的反响如何？苏联方面是如何获得《历史研究》的？对上面刊登的有关中苏边界的文章看法如何？又是如何回应的？回到学部之后，黎澍等人如何制定办刊方针？每一期的文章是如何选择的？这些问题都很重要，但是囿于材料限制，目前无法得出确切的答案。

《历史研究》复刊的过程可以为我们带来两方面的启示，首先是学术研究方面，近年来，口述历史受到了学术界的普遍重视，呈现出方兴未艾之势，相对于传统的历史研究方法，口述史为研究者提供了有血有肉的故事，是一种鲜活的、会说话的历史研究①，能够弥补档案、文献的不足。但这也意味着某种危险性，因为人的记忆会有偏差，不同的人因为所处地位不同、利益关系不同，对待同一件事的看法也会不同。正如徐思彦所指出的："口述提供的'数据'很难作为复原历史'现场'的主要资料，更不可能作为唯一资料，无论亲历历史的当事人居于何种位置，其参与历史的活动半径是有限的，亦有不同程度的利害关系。也就是说，当我们研究当代学术史的时候，可以借助但不可以依赖口述史。"② 这提醒我们，口述史料需要研究者在利用时要谨慎对待。

再者，从学术与政治的关系上来看，徐复观曾经指出："政治与学术的关联可谓自明之理。"③ 诚如所言，学术与政治关系密切是学界一致认同的命题，二者之间复杂而微妙的互动关系，是共和国史研究之中一个十分值得关注的切入点。《历史研究》为我们提供了一个生动的实例，无论是在"文革"初期的停刊，还是后来的复刊，《历史研究》的命运都紧紧裹挟在政治运动的浪潮中无法抽身，为了自保只能刊登迎合政治形势的批判文章，"结果还是在大风暴中翻船落水"④；获得复刊的消息却被别人捷足先登，当作为政治运动摇旗呐喊的工具，即便是最终回到了原编辑部，仍然难以恢复正常的学术研究，面对错综复杂的政治形势小心翼翼、亦步亦趋。《历史研究》不仅仅是一本刊物，其承载着中华人民共和国成立后中国史学的发展历程，也是特殊的时代中学术与政治关系的缩影，更是共和国历史的鲜活映像，折射出波谲云诡的政治风云。

---

① 李向平、魏扬波：《口述史研究方法》，前言第 2 页。

② 徐思彦：《口述史的有效与有限：以〈历史研究〉的复刊为例》，《云梦学刊》2009 年第 4 期。

③ 徐复观：《徐复观全集·学术与政治之间》，九州出版社 2013 年版，第 137 页。

④ 丁守和：《关于〈历史研究〉的若干回忆》，《中国近代思潮论》，第 638 页。

规范与科学：实证史学的历史主义

郑先兴[*]

历史主义发展到 19 世纪，一边搭建自身的实践平台即民族传统史学，一边又强化其自身的学科理论的构建、完善与规范，其显著的特征就是提出了一系列关于历史资料如档案、日记与回忆录等的搜集、考证及其使用的原则与规范，强调了历史学的职责、使命及其科学性质。所以说，规范与科学，是对实证史学的精辟概括。

一　实证史学的研究及其走向

所谓实证史学，就是认为历史学研究就是对历史资料的搜集、整理与考证，历史研究的目的是阐述真确的事实，揭示其规律，尽量消弭历史学家的主观成见与主体性，实现客观地看待、复述历史的目的。用柯林武德的话说，就是"确定事实和发现事实间的因果关系或普遍规律"[①]；用吉尔伯特的话说，就是使用"语文—考据法（philological - critical method），将史学提升为一门科学"[②]。实证史学发生于 19 世纪，大致相当于民族传统史学的发生时期；在学术研究实践中，实证史学、兰克史学客观主义史学、实证主义史学的提法可谓是三位一体。

关于兰克史学与客观主义史学的研究。兰克作为 19 世纪最为著名的

---

[*]　郑先兴，南阳师范学院汉文化研究中心。
[①]　转引自朱本源《历史学理论与方法》，人民出版社 2012 年版，第 465 页。
[②]　［美］费利克斯·吉尔伯特：《历史学：政治还是文化——对兰克和布克哈特的反思》，刘耀春译，北京大学出版社 2012 年版，第 13—14 页。

史学家，得到了国内外众多学者的关注。所以，有关的研究材料非常之多。就国外来说，研究兰克的著作有美国著名史学家伊格尔斯的《德国的历史观》，其中第 4 章，是专门论析兰克史学思想的。① 再就是美国学者吉尔伯特所撰写的《历史学：政治还是文化——对兰克和布克哈特的反思》，其中第 2、第 3 章分别论析了兰克史学的使命与历史意义，第 6 章则分析了兰克与布克哈特的史学共性。国内学者对兰克的研究，一直存在着两种态度。一种是否定的，认为兰克史学过分重视资料，掩盖其为普鲁士资产阶级服务的真相。如吴于廑先生在论述了兰克的史学活动及其成就之后，指出，兰克史学与唯物史观有两点是对立的：一是兰克不谈"一般"与"共同因素"，实质是"否认历史的规律性"；二是兰克的"不存偏见，不作价值判断，不从历史中找教训"，目的是否认历史学的党性，"否认它为阶级利益服务"。进而，吴先生揭示兰克史学的本质在于"宣扬历史决定于统治阶级的大人物""史学著作成为他宣扬君主集权、发对法国革命思想的工具""西方中心论者，并且利用历史为西方国家的扩张找论据""宣扬唯心主义和神秘主义"。② 郭圣铭先生在《西方史学史概要》中，对兰克史学的贡献及其实质作了评述："资产阶级的'客观主义'"；"借口史料高于一切，把历史学变成了史料学"；"否认社会发展的规律性，把历史归结为帝王将相的活动"；"神秘主义的宗教史观"。③ 许洁明也对兰克史学的客观主义主张与方法提出了批评。④ 另一种持以肯定的态度，认为所提倡的客观主义史学，具有科学的特性。王晴佳在考察兰克的史学成就之后，指出，兰克史学具有较强的"历史主义意识，承认历史的进步，认为历史发展具有某种规律"；"世界历史""是存在精神的、创造性的、道德的各种力量的交互作用"；"历史学具有科学和艺术的双重性质"；史学方法上的"如实直书"。⑤ 易兰认为，兰克史学"是 19 世纪史学最高成就的代表者"，是"科学历史学之父"与"客观主义史学之父"。⑥

在对兰克史学的考察中，张广智先生还对客观主义史学予以了论析，

---

① ［美］格奥格尔·G. 伊格尔斯：《德国的历史观——从赫尔德到当代历史思想的民族传统》，彭刚、顾杭译，译林出版社 2014 年版。

② 吴于廑：《揭开朗克史学客观主义的外衣》，《武汉大学人文科学学报》1960 年第 1 期。

③ 郭圣铭：《西方史学史概要》，上海人民出版 1983 年版，第 156—158 页。

④ 许洁明：《略论朗克客观主义史学的观点和方法》，《史学史研究》1986 年第 3 期。

⑤ 王晴佳：《简论朗克与朗克史学》，《历史研究》1986 年第 3 期。

⑥ 易兰：《兰克史学研究》，博士学位论文，复旦大学，2005 年。

说它在"19 世纪 30 年代至 20 世纪 30 年代是史学思想的主流"。其始作俑者是尼布尔，代表人物有兰克及其弟子魏茨（Waitz，1813—1886）、吉泽布雷希特（Giesebrecht，1814—1889）、聚贝尔。张先生指出，众多学者批评客观主义史学，并不是针对其考证方法，而是对其史学态度，即"天真地相信他们在历史研究中能够摒弃主观性，因此可以不带感情色彩地反映客观历史"，再就是历史学研究的目的不可能仅仅在于"如实直书"，历史学家"都拥有对过去行为的解释权，他的写作正是通过利用这种解释权指导着现实"。① 刘颖先生也说，客观主义史学主宰了 19 世纪西方的史学界，其特征是崇尚资料、轻视理论、不做价值判断。②

关于实证主义史学的研究。在一些学者看来，客观主义史学与实证主义史学属于各自不同的史学流派。张广智先生分专节论析了客观主义史学与实证主义史学。他说，实证主义史学源自于 18、19 世纪自然科学的迅猛发展与影响，其代表人物有法国的孔德（Comte，1798—1857）、泰纳（Taine，1828—1893）、古朗治（Coulanges，1830—1889），英国的哲学家约翰·穆勒（Johm Mill，1806—1873）、斯宾塞（Spencer，1820—1903）、巴克尔（Buckle，1821—1826），瑞士的布克哈特（Burckhardt，1818—1897）与德国的兰普雷希特（Lamprecht，1856—1915），等等。实证主义史学的特征就是类比自然科学的精确性与实证性，认为历史是客观的，其发展是有规律的；人们可以像观察自然一样，凭借着确凿的历史资料，发现历史发展的规律，指导社会实践。实证主义史学忽略了历史的人性本质，也没法避免历史学研究中的主体性渗透，于是逐渐进入困境。③ 王建娥指出，实证主义史学的学术贡献在于，扩大了传统史学的视域，倡导自然科学的研究方法，促成了历史学新的学科如心理史、人民史、文化史、经济史、环境史、气候史等的研究。④ 一些学者论析了实证主义史学与客观主义史学的差别。徐善伟认为，客观主义史学与实证主义史学是 19 世纪两大资产阶级史学流派。客观主义史学的代表是兰克，实证主义史学的代表是孔德与巴克尔，其背景都是 19 世纪自然科学尊重事实、崇尚实证的前提下孕育产生的。两者的不同，在历史观方面，兰克要求"如实地说

---

① 张广智：《西方史学史》，复旦大学出版社 2000 年版，第 211—219 页。
② 刘颖：《简评 19 世纪西方客观主义史学思想》，《湛江师范学院学报》1998 年第 2 期。
③ 张广智：《西方史学史》，第 219—228 页。
④ 王建娥：《实证主义史学的历史意义再认识》，《西北师大学报》1994 年第 6 期。

明历史",巴克尔则强调阐明规律;兰克将历史动力归结于上帝,孔德等人则将历史的发展归因于其自身的规律性;兰克史学强调为人的作用,实证主义则强调普通大众的历史作用。在历史学学科论方面,两者强调求真,反对在历史论著编纂上片面追求艺术性,其不同在于,兰克注重史料,强调专题研究,穷究历史细节,实证主义则注重社会整体的研究,扩大历史学研究的领域;兰克注重事实考证,蔑视归纳、概括,实证主义史学则重视归纳、概括的方法、心理学的方法与统计分析方法。总之,实证主义史学在认识论、方法论与历史研究的主题与内容上,"都比兰克客观主义史学有所进步、创新与拓展"。① 易兰认为,实证主义史学的特征是重视理论,承认规律、探寻规律,探求事实之间的因果关系,重视史学的道德训诫;而以兰克为代表的客观主义史学则仅停留在事实层面,偏爱特殊事实不讨论理论问题,仅仅阐释单个事实不探讨规律,不讲究史学垂训作用,等等。总之,客观主义史学的对立面是先验主义史学,实证主义史学的对立面是浪漫主义史学,所以两者不是有着显著区别,"兰克史学不能归于实证主义史学"。② 一些学者看来,实证主义史学与客观主义史学是一致的。前揭刘颖文章,认为,两者都"鄙视理论重视史料,强调历史是一门研究事实的科学"。前揭易兰文章,认为,客观主义史学与实证主义史学的共同点,在方法论上,"都强调史料的重要性";在治史原则上,"都主张如实直书"。朱本源先生对实证主义史学与兰克史学的关系做了详细的论析,他接受了柯林武德的观点,将兰克看作实证主义史学的一个分支。"我们同意柯林武德的看法,他把兰克模式的史学派别与既重视事实又重视发现因果规律的孔德模式的史学派别都纳入'实证主义'中"。朱先生进而分析了兰克史学的历史思维模式,其特征在于:"尊重实证的历史事实放在首位","事实是经验中确凿无疑的事实","具有自然科学家的客观精神","历史事实当作独立的原子式""都要单独地认识","特定的因果解释","反对旧的传统意义上的哲学(形而上学)"即"唯理主义的历史哲学"。③

　　由上所述,实证史学在西方的发展,流派繁杂,影响深远。在这里,

---

① 徐善伟:《略论实证主义史学与兰克客观主义史学的异同》,《齐鲁学刊》1991 年第 6 期。

② 易兰:《论客观主义史学与实证主义史学的异同——兼论兰克史学的定性问题》,《湘潭大学社会科学学报》2002 年第 5 期。

③ 朱本源:《历史学理论与方法》,第 42、431—476 页。

我们同意朱本源先生的观点，将兰克史学、客观主义史学与实证主义史学看作同类的、性质一样的史学流派。因为虽然其间有所差异，但是在 19 世纪自然科学发达的前提下，仿效其研究方法，追随其学科旨趣与归属，仅此一点，客观主义史学也好，实证主义史学也好，都是相同的。走笔至此，想起跟随胡逢祥先生学习时，大概是 2002 年春季，在华东师范大学文科大楼 8 层的历史系教室里，听取王晴佳先生的学术报告，曾请教王先生："客观主义史学、实证主义史学与科学主义史学之间，究竟是什么样的关系？"王先生做了简单的解答，大致意思是说，其本质属性是一致的，只是在论述中稍有差异而已。由此，将兰克史学、客观主义史学与实证主义史学都冠之以实证史学的名义，进一步阐释其历史主义的意蕴，还是有其道理的。

二　学术扬弃、精神动力与历史规律

实证史学的杰出代表是德国著名的历史学家利奥波德·冯·兰克（Leopold von Ranke，1795—1886）。他出生在德国图林根的维尔镇，当时属于萨克森公国，1815 年才归并到普鲁士。特殊的出生和经历使他对当时欧洲甚至德国的思想具有着审慎和冷静的态度，即"平静的气质"。英国著名史学家古奇认为，这是兰克成为名家所必备的要素。

在历史观上，兰克对其之前的理性史学、非理性史学与民族传统史学都有所扬弃。

关于进步的观念。进步观念是理性史学的主要概念。它认为，历史作为人类的活动，完全可以依照理性的原则予以设计与规划、实施与完善。兰克认为，这种观点一是"在哲学上站不住脚"，因为它"取消了人的自由并使人成为无意志的工具"，二是"在历史上也无法得到证实"。历史的实际是，有些民族并没有进步，比如亚洲，"从整体上看却呈现着一种倒退"，再如古希腊、罗马也"不再那么辉煌"。当然，兰克也不是完全否认历史的进步。"在对自然的认识和利用方面是进步的。古人对自然的认识无法和我们相比"；在哲学方面，柏拉图和亚里士多德，"从来没有人能超出他们的范畴"，"政治领域的一些普遍原则先人早就提出来了，后续时代知识在经验和政治试验方面进一步加以充实"，"只是比前人拥有更丰富的政治经验罢了"。① 可见，在兰克看来，自然科学是进步的，而人文科学却没有显现出进步。由此，理性史学的进步观念是不完全准确的，是值得商榷的。

关于历史是人类创造性贡献的观点。非理性史学将历史界定为人类活动中的创造性贡献，虽然肯定了历史进步与向善，但也否定了历史进步的普遍性，从而否定了历史的连续性与个别性。对此，兰克是坚决予以反对的。他说："每个时代的价值不在于产生了什么而在于这个时代本身及其存在。只有从这个观念出发去观察研究历史以及历史上的个体生命才有意义，也才具有特殊的吸引力。如此做历史研究时我们还必须看到，每个时代或谓每个历史阶段都具有其特有的原则和效能，而且都有资格受到尊重。"②

关于历史是民族传统凝聚的观点。民族传统史学将历史看作民族传统的延续与凝聚，从而认同理性史学。兰克则深不以为然。一方面，他否认历史是进步的观念，甚至与民族传统史学一样基于民族传统的立场上对法国大革命给予否定。他说："历史教导我们，某些民族根本不具备文化能力。常常是过去的历史阶段比后来的历史阶段更具备道德。比如法国的道德和教养在 17 世纪中期要比 18 世纪末期高得多。"另一方面，他强调民族之间的交融，甚至战争。他说："我们看到一个奇怪的事实，罗马帝国给世界带来了大量有益的成果之后，自身却逐渐萎缩了。所以，关键还在于占主导地位的世界理念（die Weltideen）的扩张能力。这种扩张能力通常以两种方式体现。其一是通过主导观念向其他民族的传播。比如，基督教远远超出罗马城墙的范围传到了不列颠。不过，这里更多地是以教派形式传布的。而教派这种形式是难以满足基督教传布任务之需的。其二是通过战争使基督教观念得到推广。战争使不少民族特别是日耳曼人不断与罗马人相接触，并进而导致了文化的传播。"③ 有的学者据此指责兰克鼓吹战争，其实也算是有根据的。但是，在这里我们看到的是对于民族传统史学坚守民族传统的驳斥。

关于宗教史观的问题。从整体上看，历史主义是以否定宗教史学的上

---

① ［德］兰克：《历史上的各个时代——兰克史学文选之一》，杨培英译，北京大学出版社 2010 年版，第 6、11、12 页。

② 同上书，第 7 页。

③ 同上书，第 10、27 页。

帝史观为鹄的的。但是，在兰克史学中却时常谈到上帝。他说："我要强调指出的是，每个时代都直接与上帝相关联（jede Epoche ist unmittelbar zu Gott）。"① 又说，在历史研究中，上帝"是我们的研究所依据的宗教基础"，"没有上帝便没有一切，任何事物都是源自上帝的"，"我们所作的仍然不过表明，我们所有的努力都是源自一个高高在上的、宗教的源头"。② 又说："当我们揭示真相，剥去它的外壳，展示它的本质之时，这一过程恰巧也展示了那些蕴藏在我们自己的存在、本在生活、来源、呼吸之中的上帝，至少是证明了上帝他的存在。"③ 由此，兰克对于上帝的肯定显然与历史主义的宗旨不相吻合。所以，一些学者批评兰克具有神秘主义倾向，宣扬神学史观。但是从实而论，兰克虽然不断地提到上帝，但是在历史真理与上帝面前，他仍然是以前者为重点。据说，在一次历史学家会议上，一个狂热的新教徒、宗教改革史研究者对兰克说："亲爱的同事，你我有一点上是一致的：我们都是历史学家和基督徒。"而兰克却说："我们之间还有一点分歧：我首先是个历史学家，然后才是基督徒。"可见，兰克是将自己的信仰与研究是分开的。"当他研究历史时，他便忘了自己的个人信仰，只记得自己是个历史学家"；"他珍爱自己的思想观念，但他更倾向于对真理的热爱"。兰克在其专著《世界史》中谈到基督时说："虽然我是个忠实的因信称义的基督徒，但在写下这个名字的时候，我仍须提防别人疑心我在这里谈论宗教神秘主义的东西，这种神秘主义是历史学的智慧所不能理解的……宗教信仰的领域和历史科学的领域并不互相对立，但它们存在性质上的差异。"④ 由此可见，兰克所谓的上帝只是基于信仰上的"口头禅"，他并没有放弃对历史真理的追求。正像张广智先生所说："他的宗教观念并不妨碍他在一定程度上阐幽探微、写出史实严谨的历史著作，这位大史家的实践证实了这一点。"⑤

---

　　① ［德］兰克：《历史上的各个时代——兰克史学文选之一》，杨培英译，北京大学出版社2010年版，第7页。

　　② Leopold von Ranke, On the Character of historical Science, The Theory and Practice of History, edited by G. Iggers and Konrad von Moltke, The Bobbs—Merrill Company, INC. Indianapolis&New York。1973，p.38.

　　③ Leopold von Ranke, Das Briefwerk von Leopold von Ranke. Hrsg. von W. P. Fuchs, Hamburg, 1949, p.62. 转引自易兰《兰克史学思想研究》，博士学位论文，复旦大学，2005年。

　　④ 《世界史》，Universal History，第四卷，p.160、165. ［法］安托万·基扬：《近代德国及其历史学家》，黄艳红译，北京大学出版社2010年版，第51页，76页注65。

　　⑤ 张广智：《克利奥之路：历史长河中的西方史学》，复旦大学出版社1989年版，第158页。

如果将上帝撇开，那么，决定历史的力量是什么呢？换句话说，历史发展的动力是什么？兰克综合了理性史学的理性说、非理性史学的"诗性"说与民族传统史学的秩序说等观点，认为历史发展的动力在于两个方面：就历史主体方面来说，是人类的精神。"毋庸置疑，在整个历史长河中人的精神力量是不应低估的。自远古以来精神力量一直在持续不断地发展变化，而且只有这一种普遍的历史性的发展变化是人类共同参与的。"就历史客体方面来说，是历史发展的规律。"从上帝的立场出发，我只能说，人类自身蕴含着无穷无尽的多种多样的发展变化，而这种发展变化是按照不为我们所知的、远比我们所能想象的更为神秘和伟大的法则而逐步显示出来的。"在历史实际中，人类的精神与历史的法则凝聚成为主宰历史发展的"精神趋势"（die groben geistigen Tendenzen），控制着历史的发展，从而促使历史呈现多样性的同一。比如，16 世纪下半叶的宗教强势，18 世纪的功利主义盛行。又如："我认为，历史的进步不是一种呈现直线上升的运动，而更像是一条按其自身方式奔腾不息的长河。我认为，万物的造主俯瞰着整个人类的全部历史并赋予各个历史时代同等的价值。"①

实证史学另一位杰出代表是德国的德罗伊森（Johann Gustayv Droysen，1808—1884），将兰克的"精神趋势"观点予以了升华。

德罗伊森完全承继了理性史学的历史观，认为历史是区别于自然的人类的理念活动。"历史是理念的不断向前展现及生长。"人类的理念有"求圣""求美、求真以及追求权力、权利等等各种各样"，"内在理念外现的过程"就是"历史活动"。"人类历史就在这些理念中展开，理念也在人类及其历史中活动显现。"理念作为历史的动力，推进着人类历史的向善与进步。"在人类的眼光之下，只有关于人类的事物，才是不断自我提升的；而且，人类也把自我提升一方面视为是自己的本性，一方面又视为自己的义务。"这里所谓的"自我提升"，其实正是理性史学所谓历史的进步与向善。反过来说，所谓历史就是指人类的进步与向善，也可以说就是"人类的自我提升"："人类不断自我提升的一切活动，我们称之为道德界（sittlichewelt）。历史一词，最确切的所指就是道德界。"又说："道德活动

---

① ［德］兰克：《历史上的各个时代——兰克史学文选之一》，杨培英译，北京大学出版社 2010 年版，第 6、9、7、8 页。

世界中有无止无休的万端营求"，其"前后秩序"，"即是历史"。①

在德罗伊森看来，理念也就是自由。"自由是意愿的伸张，是伦理活动的表现。"可见，自由既是"自我提升"，又是进入"道德团体"。"自由的意义是能加入各种伦理团体生活，不被摒绝于伦理生活之外，可以毫无限制地成为各个团体的一分子。"这样，个人的自由与客观发展是相一致的，"历史发展有其必然性，历史发展是自由的"："历史活动中的生命脉搏是自由"；"最高的自由是为至善而活，为至终的目的而活"。② 在历史实际中，人的自由与客观规律相和谐，从而构成人类的基本活动，成为历史的主脉。显然，这与上述的兰克所谓的人类精神与历史法则相结合构成"精神趋向"，是一致的。

由此可见，德罗伊森所说的"道德界"，或"道德团体（Sittliche Mächte）"，与兰克的"精神趋势"是一致的，明面是指历史发展中的进步与向善，夹层是民族传统史学的印痕，里子则是其德意志民族的政治与强大。

三　精神趋势、历史真相与史学科学性

关于历史学研究的对象。在兰克看来，历史是人类的活动，其中虽然有进步，有凝滞，但因"精神趋势"的作用，历史发展的总趋势是发展的。由此，历史学的研究对象是人类的活动，是"精神趋势"。"历史学家应该区分各个时代的大趋势并展示人类的伟大历史，因为历史正是这种种大趋势的总和。"③ 德罗伊森也认为，历史学的研究对象是人类自己，是人类的自由与道德伦理的发展。"历史是人类的自己对自己的认识，是人类的自知。""追求自由是人类一切活动之上的总活动——研究这些活动的就是历史学。"④ 历史学的研究对象就是人类的活动，其中包括人的自由与道德团体。

---

① ［德］德罗伊森：《历史知识理论》，胡昌智译，北京大学出版社 2006 年版，第 39、8、12、13 页。

② 同上书，第 85、86 页。

③ ［德］兰克：《历史上的各个时代——兰克史学文选之一》，杨培英译，北京大学出版社 2010 年版，第 9 页。

④ ［德］德罗伊森：《历史知识理论》，胡昌智译，北京大学出版社 2006 年版，第 85、86 页。

关于历史学研究的任务。实证史学作为历史学科最为成熟的理论，对于历史学的任务作了较为系统而深入的论述。兰克精到地论析了历史学研究任务的两个层面。他认为，历史学研究任务的表层就是寻求历史真相。在《法国史》中，兰克批评那些只讲实用的历史学研究，好似宣布着真理，其实是"谬误的历史著作"。他说："一部历史著作的主要要求是确保其真实性；事实是怎样发生的就怎样去描述。""历史著作的学术性是最重要的"，即在"最大限度内确定""整个真相"。① 历史学研究任务的深层就是探究历史的规则。"历史学家的首要任务是研究人类在特定历史时代中的所思所为，这样就能发现除去道德观念等恒久不变的主要思想（die Hauptideen）之外，每个历史时代都拥有其特定的趋势（besondere Tendenz）和自己的理想（eigenes Ideal）。""历史学家的第二项任务，是寻找各个历史时代之间的区别以及前后历史时代之间的内在联系。"② 在兰克看来，历史学所要探究的历史规则，其第一要务就是探究历史的个性，即历史发展的时代特性，其中包括每个时代所体现的历史规则即"精神趋势"和该时代的独有要求；其第二要务就是揭示历史的共性，亦即历史上各个阶段之间的必然联系。兰克对历史学研究的任务的两层理解，在德罗伊森这里被升华为历史知识。"历史学是以具体经验性的方式，接触、经历以及研究历史的结果。"历史学是以经验思维的特点来构建历史知识的。"历史知识是人类对自己的认识，是自我确立。历史知识并不是'光与真理'，但却是对'光与真理'的追求、赞美及宣导；如约翰福音书所说：'他不是那光，乃是要为光做见证。'"③ 可见，在德罗伊森这里，历史学的任务就是探究、梳理和总结历史的经验与知识，从而构建历史知识的体系。由此，在实证史学看来，历史学研究的任务就是探究基于事实真相上的有关人类发展的规律性，从而构建其相应的知识体系。

关于历史学的学科性质。可能承袭了理性史学与非理性史学的遗产，实证史学对历史学的学科属性予以了折中，即认为历史学既是科学又是艺术。但是仔细考察，实证史学与理性史学、非理性史学是完全不一样的。

---

① ［德］兰克：《世界历史的秘密——关于历史艺术与历史科学的著作选》，易兰译，复旦大学出版社 2012 年版，第 347 页。

② ［德］兰克：《历史上的各个时代——兰克史学文选之一》，杨培英译，北京大学出版社 2010 年版，第 7、8 页。

③ ［德］德罗伊森：《历史知识理论》，胡昌智译，北京大学出版社 2006 年版，第 8、89 页。

关于历史学的科学性。实证史学承袭了理性史学的历史学是科学的观点，但又有着本质的不同。理性史学虽然强调历史研究可以像自然科学一样达到科学的认知，但还受宗教史学"预言"（神学所理解的启示）的影响，"从他所预设的概念"解释历史，结果是哲学家以其"特有方式发现的真理"，"为自己建构起所有的历史"，"他决意要使真正的事件从属于他的观念"，"真实的历史使自身从属于他的观念"，"这是一种纯粹概念的历史"。显然，这与理性史学反对宗教史学的初衷是相悖的。兰克比较仔细地分析了哲学与历史学的区别：哲学是关注崇高理想，侧重于普遍价值，重视历史发展的本质及其细节展现，再来对未来作预言；而历史学则提醒存在的现状，侧重于特殊价值，同情性地关注细节，关注并尝试理解当下的存在及其过去。总之，哲学是以共性的眼光，"在进步、发展和整体中寻求无限"，而历史学则是以个性的眼光，"在每一种环境""每一种存在、源自上帝的永恒之物中，识别出永恒的事物"。所以，历史学的科学性在于："致力于具体事物，而不仅仅是可能内在于其中的抽象之物"。[①]也许有鉴于此，德罗伊森根据其道德团体的内涵，指出了历史研究的具体内容：第一为"精神团体（Communities of Spirit）"，包括家庭、邻居、部落、民族；第二为"观念团体（Communities of Ideals）"，包括语言、艺术、科学、宗教；第三为"实践团体（Practical Communities）"，包括社会阶层、社会福利、国家和法律。[②]

关于历史学的艺术性。实证史学所谓的历史学的艺术性，也与非理性史学决然不同。非理性史学所谓的历史学"诗性"艺术，是从历史本体论的角度讲的；而实证史学则完全是从历史学成果的表述方面讲的。兰克说，历史学"作为一门艺术，则是因为历史学要重视和描绘那些已经找到和认识了的东西。其他的科学都仅仅满足于记录找到的东西；而历史学则要求有重现它们的能力。"[③]据此，德罗伊森详细讲述了历史学研究成果展现的形式。第一，"研究式的表达"，"是把研究中已得到的结果，叙述成

① 兰克：《论历史科学的特征》，载刘北成、陈新主编《史学理论读本》，北京大学出版社2006年版。

② 秦颖：《德国普鲁士学派的代表——德罗伊生》，载郭圣铭、王晴佳主编《西方著名史学家评介》，华东师范大学出版社1988年版，第190页。［德］德罗伊森：《历史知识理论》，胡昌智译，北京大学出版社2006年版，第62—83页。

③ 兰克：《论历史科学的特征》，载刘北成、陈新主编《史学理论读本》，北京大学出版社2006年版。

好像它们还待探究及追寻一样"。第二，"叙述式的表达，是把被研究的对象的发展变化原原本本的陈述出来"。第三，"教学性的表达（die didaktische Darstellung）方式，是把研究的结果，特别是其中对现今社会有教训意义的部分串联起来"。①

在学术研究的实践中，关于历史学的学科属性问题的论争，无论怎样有分歧，其实都是抱着一种肯定的态度，试图请社会各界人士接受并认可历史学的。就此而言，历史学就是历史学，它不是科学也不是艺术。所以，兰克说，历史学与哲学与艺术的不同，在于"它的特定主题"，即"处于具体的环境之中，并且从属于经验主义"，简单说，"非得依赖现实"。②

关于历史学的功用。实证史学强调历史学的求真，并没有忽略其社会功用。第一，历史学提供知识。兰克在给其儿子的信中说："不断向前的潮流支配着过去，并使之纳入它的过程中来。历史学家存在的价值，就是在这种潮流中或为了这一潮流而理解并学会理解每一个时代的意义与价值。他必须以不偏私的眼光仅仅只是研究历史本身，而不考虑其他。"③ 第二，历史学为政治服务。兰克虽然说自己"从来没有想过要去效忠任何"的君主制，但是他同意历史学家参与政治，"一个历史学家应该积极地参与公共事务"。④ 第三，历史学培养人才。德罗伊森说："体会前人以及重演前人的思想，这种练习泛称为通人教育（Bidlung）"；"通人教育是训练及发展我们之所以为人的特质，它是一般性的教育，是基本的训练。"可见，"通人教育"实际上就是成人教育，即培育人们如何成为人的教育。在德罗伊森看来，历史学的教育可以分为两个层面，一是专业的技术训练，如军官可借助阅读战争史训练培养自己的战争才能，"一起与当事人思考"如何面对危机，如何处理战斗资源；一是思想政治的培养。"历史课程是政治教育及一般性的通人教育的基础。政治领袖是最实际的历史家：观察存有，并履行义务。"历史学的实际意义是，"它——也只有它——才能给予一个国家一个民族及其军队自己的形象"。⑤ 可见，历史学

---

① ［德］德罗伊森：《历史知识理论》，胡昌智译，北京大学出版社 2006 年版，第 91—117 页。
② 兰克：《论历史科学的特性》。
③ ［德］兰克：《世界历史的秘密——关于历史艺术与历史科学的著作选》，易兰译，复旦大学出版社 2012 年版，第 349 页。
④ 同上书，第 351 页。
⑤ ［德］德罗伊森：《历史知识理论》，胡昌智译，北京大学出版社 2006 年版，第 99、100、107 页。

是为政治服务的，这与兰克的意见是一致的。

四　档案资料、客观态度与历史解释

实证史学汲取了理性史学将历史事实作为历史认识基础的观点，特别强调历史资料的收集、整理。兰克说："我们的任务仅仅是依据客观事实。"[1] 一个偶然的经历奠定了兰克开始关注史料的价值。兰克曾经阅读记述大胆查理与路易十一的文献，发现司各特的小说与克明尼斯（Commynes）回忆录完全不同。兰克讲究历史事实，不喜欢司各特对历史的虚构和重塑。"把历史材料和浪漫小说对比一下，我就确信前者更有吸引力，无论如何历史比浪漫小说有趣得多。"由此，兰克决心"避免一切虚构和幻想，一定要严格根据事实"[2]。由此，兰克特别注重史料的原始性及其真实性。他说，在使用史料之前，"必须先问问，他的材料是不是原始的；如果是抄来的，那就要问是用什么方式抄的，收集这些材料时用的是什么样的调查研究方法"。即使是原始材料，那么，还要继续考察其可信度，"应该首先提出一个问题：他们这些人是不是历史事件的参与者、见证人，或者仅仅是和那些事件同时代的人"[3]。由此，兰克最为重视档案史料，竭其一生都在收集和整理。德罗伊森接着兰克所讲，指出，史料的内容可以分为三类：第一类是遗迹，历史上"直接遗留下来的"，包括有人类的创造物（如艺术、道路）、道德团体的表现（如习俗、法律与宗教）、知识与思想（如哲学、文学、神话与历史作品）和事业文件（如通信、账据与公文）。第二类是文献，历史上"当时人把他们对自己时代的认识记录下来的"。第三类是纪念性建筑，兼具上述两种特征。如果要问这三类史料哪种价值最高？德罗伊森说，因为任何史料都是"片面的"，史料的价值主要取决于"研究者的目的"，所以，历史学的研究"必须从大大小小的遗迹中找材料"，"越得依赖支离破碎的遗迹"[4]。

---

① ［德］兰克：《历史上的各个时代——兰克史学文选之一》，杨培英译，北京大学出版社2010年版，第10页。

② Leopold von Ranke, Autobiographical Dictation, *The Secret of World Hinsory*, edited by Roger Wines, Fordham University Press, New York, 1981, p. 38. 转引自易兰《兰克史学思想研究》。

③ Leopold von Ranke, Critique of Guicciardini, *The Secret of World Hinsory*, edited by Roger Wines, Fordham University Press, New York, 1981, p. 84. 转引自易兰《兰克史学思想研究》。

④ ［德］德罗伊森：《历史知识理论》，胡昌智译，北京大学出版社2006年版，第23、24页。

对历史认识主体史家的肯定和要求，可以说是实证史学对历史主义最大的贡献，当然也是最招惹人们非议的。1924 年，兰克在其处女作《拉丁与条顿民族史》的前言中写道："人们一向认为历史学的职能就在于借鉴往史，用以教育当代，嘉惠未来。本书并不企求达到如此崇高的目的，它只不过是要弄清历史事实发生的真相，按照历史的本来面目来写历史罢了。"①

诸多的学者都将这句话看作实证主义、客观主义的典型。要么予以肯定，要么予以批评。在我们看来，兰克这句话其实非常准确地阐释了历史认识的特征与要求。历史学虽然研究的是过往的历史，但在实践中，却取决于历史认识的主体性。见惯了社会现实中对于历史的翻云覆雨与无视真相，尤其是在后拿破仑时代欧洲学术的各种思潮的潮起潮落，兰克表面上以民族传统史学的形象出现，只是要陈述历史真相。虽然不无遗憾地彰显着普鲁士的强盛，但毕竟提出了历史学研究的规范，即作为历史认识主体的史家必须具备的客观态度，必须还原历史的真相。1830 年，兰克又对历史认识主体的史家提出了具体的要求：

第一，"对于真实的纯粹热爱"。"我们学会了以某种崇敬的态度看待所发生的、过去的或呈现的事物。"

第二，"一种以文献为基础的、深入、深刻的研究是必要的。""必须致力于研究现象本身、它的条件和环境"，"研究现象的本质、它的内容"。

第三，"一种普遍的兴趣"。就是要求对历史的各种现象，比如制度、宪法、科学技术或者政治、战争等，"必须对所有这些因素给予同等的关注"，"而更多的是一种对预想观念所激发的纯粹认识的兴趣"。

第四，"对于因果关系联系的理解"。一种是主观的，"自私和对权力的欲望"也能解释历史；一种是客观的，"研究越是以文献为基础，就越精确，研究成果也更加卓著，我们的技艺也越能得到自由的展现"。主观的理解是没有生命力的，客观的理解才是鲜活的。"仅只是认为创造的动机会干枯，那些从鲜活的观察中得出的真实的动机是多样而深刻的。"

第五，"不偏不倚"的态度。对于历史上的冲突，比如宗教与政治之争，历史学家的任务是探究"它们存在的根基"，"开始思索那些对立、冲突的要素的根本特征，并且了解它们有多复杂，是怎么缠绕在一起的"，

---

① 郭圣铭：《西方史学史概要》，第 156 页。

"这并不是要判断谬误与真理"，而是要"完全客观地描绘它们"。

第六，"总体的概念"。历史现象虽然极其多样，但是互相关联的，而且是一个有生命的个体，"它生成、发挥作用、获得影响、最终消亡"。每种历史现象，都是一种生命，"都有某种整体存在"，"这种总体时时刻刻像每一次表现那样确定。"历史学研究的展开就是对某种整体即历史现象的考察。因为历史现象的丰富性，不可能完全考察所有的历史，"资料是那样的无穷无尽！""普遍史将令事情变得多么困难。"所以，历史学研究只有在关注"总体"的个体，凭借哲学共性诉求，"历史科学将令它的主题渗透着哲学精神"，那么，就真正成为既是科学又是艺术的"独特的方式"。①

显然，兰克的六条要求，前四条是基于历史认识客体的真实、资料和实际发展而提出的，后两条则是基于历史认识主体的特征而提出的；这两个方面都显示了历史认识主体在历史学研究中的极端重要性。所以，兰克才不遗余力地坚持历史学的客观性原则。

在历史认识主体性问题上，德罗伊森又接着兰克给予新的阐释。德罗伊森认为，历史认识主体性主要体现在历史研究与现实的关系上。一方面，史料虽然是客观的，但是对其选取却是现实的。"现实中的一切包含着我们历史研究时使用的材料。因为只有过去事件中，还留存到现在的，才不是真正逝去了的过去。过去事件仍然存在于现今的事物——人的口述、文字、纪念物等等——才是历史材料。"另一方面，回溯历史，"它们也都曾经是'现在'"。可是我们并不关心"现在"的真实以及人们对它的评价，而是关心我们自己对它的理解与看法。② 由此，历史学研究充斥着历史认识的主体间性。

也许是重视历史认识主体性的要求，实证史学将对历史的解释看作最基本的研究方法。兰克将历史学与音乐和数学相比，说艺术家和数学家都应该在年轻的时候脱颖而出，"但是历史学家则应该是年纪大的人，这不仅仅是因为他所从事的研究领域是以不可计量的广阔领域，而且也因为对历史过程的见解需要长时间生活的磨砺，特别是在变动不居的环境下才能磨练出来。"这就是说，历史学家只有在经历了诸多的历史实际，有了自

---

① 兰克：《论历史科学的特征》，第3—13页。

② ［德］德罗伊森：《历史知识理论》，胡昌智译，北京大学出版社2006年版，第18、19页。

身的体验和感受之后，才能够真正地理解和解释历史。兰克认为，历史解释的"研究工作是美好而伟大的"，其工作要求和程序有三点："说出历史真相并评判每一事物"；"以一种不带偏见的眼光看待世界历史的进展，并以这种公正、无偏见的精神写出完美而高贵的历史著作"。① 德罗伊森也论述了"历史解释的本质是：把过去发生的各类事情，一方面视为是促使某个意念展开及其实现的原因，另一方面视之为其限制"。德罗伊森的意思是说，历史解释就是要挖掘历史发展的根源，同时又规定历史的起止及其本质，不能过分追溯。如包尔（Bur）无限制追问"基督是什么？"那就不行。德罗伊森将历史解释分为四个类型。

第一，"实用性的解释（Pragmatische Interpretation），借着事件本身所包含的自然因素来掌握考证过的历史事件，并且试着把它们的发展重新组织起来。"

第二，"条件的解释（Interpretation der Bedingungen）"，就是将"过去事情其形成的条件也与事件一样"，予以解释。

第三，"心理学的解释，是在历史事实中找寻推动历史事实的意志力。"

第四，"理念的解释（Interpretation der Ideen），补充心理解释的不足。"②

综上所述，实证史学作为历史主义的典范，兴盛于 19 世纪的欧洲史坛，既有着自然科学的背景，又有着实证哲学的基础。实证史学的卓越代表就是德国的兰克与德罗伊森，其突出的贡献就是规范了历史学研究的事实根据与历史资料的整理、考订方法，确立了历史认识的客观性要求与历史学既具有艺术性质更是科学的学科性质。可以说，实证史学促成了历史主义理论及其学科的真正确立与完善。

---

① ［德］兰克：《世界历史的秘密——关于历史艺术与历史科学的著作选》，易兰译，复旦大学出版社 2012 年版，第 351、348 页。
② ［德］德罗伊森：《历史知识理论》，胡昌智译，北京大学出版社 2006 年版，第 28—39 页。

《隋书》的修撰、流传与整理

吴玉贵　　孟彦弘*

《隋书》是二十四史之一，在"正史"的形成与确定的过程中，起着承前启后的作用。该书共八十五卷，包括帝纪五卷、列传五十卷、志三十卷。纪和传基本是记载隋朝的史事，志则包括了梁、陈、北齐、北周和隋五朝的内容，故又名"五代史志"。

一　"五代史"的修撰

"五代史"，今天为人熟知的，是继唐之后的后梁、后唐、后晋、后汉和后周；记载这一时期的史书，有两部，即俗称的"旧五代史"和"新五代史"；前者由薛居正监修，名《五代史》；后者欧阳修所撰，名《五代史记》。为相区别，故以新、旧名之。但唐初也曾修过"五代史"，为此刘乃和先生曾撰文，专门加以说明①。

唐王朝建立不久，令狐德棻即向唐高祖建议，要修撰前代史：

> 武德四年十一月，起居舍人令狐德棻尝从容言于高祖曰，近代已来，多无正史，梁、陈及齐，犹有文籍，至于周、隋，多有遗阙。

---

*　吴玉贵，复旦大学文史研究院；孟彦弘，中国社会科学院历史研究所。

①　刘乃和《唐前五代史》（初刊1961年），《励耘承学录》，北京师范大学出版社1992年版，第298—301页。

当今耳目犹接，尚有可凭。如更十数年后，恐事迹湮没，无可纪录。①

前四史之外，记载两晋的纪传体史书，到唐太宗贞观年间重修《晋书》时尚有十八家②；南朝宋代，已有沈约《宋书》；齐代，有萧子显《南齐书》；北朝北魏，有魏澹、魏收两家。此时尚无纪传体正史者，即令狐所举南朝梁、陈和北朝北齐、北周及统一王朝隋。

次年十二月高祖下《命萧瑀等修六代史诏》：

> 自有晋南徙，魏乘机运，周隋禅代，历世相仍。梁氏称邦，跨据淮海，齐迁龟鼎，陈建宗祊，莫不自命正朔，绵历岁祀，各殊徽号，删定礼仪……然而简牍未修，纪传咸阙……中书令萧瑀、给事中王敬业、著作郎殷闻礼可修魏史，侍中陈叔达、秘书丞令狐德棻、太史令庾俭可修周史，中书令封德彝、中书舍人颜师古可修隋史，大理卿崔善为、中书舍人孔绍安、太子洗马萧德言可修梁史，太子詹事裴矩世、吏部郎中祖孝孙、前秘书丞魏征修齐史，秘书监窦琏、给事中欧阳询、秦王府文学姚思廉可修陈史。③

可以说，修史工作的启动，就明确要修撰北朝的北魏、北齐、北周三代，南朝尚未有正史的梁、陈两代以及作为统一王朝的隋代这六个朝代的史

---

① 《唐会要》卷六三"修前代史"，上海古籍出版社 1991 年版，第 1287 页；《册府元龟》卷五五六《国史部·采撰》，中华书局影印明本，1988 年，第 6680—6681 页。《旧唐书》卷七三《令狐德棻传》，中华书局点校本，1986 年，第 2597 页。前两书文字全同，似出同源；《旧唐书》本传无系年。

② 《修〈晋书〉诏》（贞观二十年闰二月），《唐大诏令集》卷八一，中华书局重印商务印书馆排印适园丛书本，2008 年，第 467 页。此诏还同时见于几处，详参池田温等《唐代诏敕目录》，三秦出版社 1991 年版，第 47 页。

③ 《唐大诏令集》卷八一，第 466—467 页。按，《册府元龟》卷五五四《国史部·选任》（第 6650 页）、《旧唐书·令狐德棻传》（第 2597—2598 页）及《全唐文》（中华书局影印，1987 年）卷二（第 32—33 页）均为全文，且文字相同；《全唐文》诏名作《修魏周隋梁齐陈史诏》，文字恐出自《旧唐书》，故自拟诏名。《唐大诏令集》则另有史源。《唐会要》卷六三"修前代史"（第 1287 页）、《册府元龟》卷五五六《国史部·采撰》（第 6680—6681 页），文字全同。《旧唐书》卷七三《令狐德棻传》无准确系时。

书，故称"六代史"①。可见李唐拟接续此前已有的正史而加以续修的意识极为明晰。这是作为一项整体工作来进行的。

此次修史，虽历数年，未能最终成书。刘知几说：

> 初太宗以梁、陈、隋氏并未有书，乃命学士分修。……始以贞观三年创造，至十八年方就。五代纪传，并目录凡二百五十二卷。②

似乎武德五年（622）开始的修史工作，曾经完全中断；到贞观三年（629）才又"创造"即开始。事实上，《旧唐书·李百药传》："贞观元年，召拜中书舍人，赐爵安平县男。受诏修定五礼及律令，撰《齐书》。"③将其撰《齐书》事系于贞观元年。无独有偶，《旧唐书·姚思廉传》，将其受诏与魏征同撰《梁书》《陈书》系于贞观三年④，上引刘知几言，"贞观三年创造"一语下，自注称"唯姚思廉贞观二年起，功多于诸史一岁"⑤，将姚思廉修史工作的起始提前至贞观二年，并特别加注予以说明。因此，我们认为修史工作并未完全中断；唐太宗对修史工作进行了全面调整，并于中书置秘书内省，设立了专门的机构⑥，加强了对修史工作的统筹和督促。

这次对修史工作的一大调整，就是将原拟修的"六史"变成了"五

---

① 《旧唐书》卷一八八《赵弘智传》："武德初，大理卿郎楚之应诏举之，授詹事府主簿，又预修六代史"（第4922页），此正可与《唐大诏令集》所收诏书相印证。这条材料，最早由《也谈唐前五代史》（《光明日报》1961年9月6日）；又附见刘乃和《励耕承学录》（第300—301页）揭示。

② 《史通·古今正史》，《史通通释》卷一二，上海古籍出版社2009年版，第345页。"十八年"，误，应作"十年"，见金毓黻《中国史学史》（初刊1944年）第四章注二五："据《旧唐书》令狐德棻、魏征等传，五史实成于贞观十年，而《史通》作十八年者，误衍一字故也。"中华书局1962年版，第76页。黄永年《〈隋书〉说略》（初刊2002年）又加申明，"在《唐会要·修前代史》《旧唐书》卷三《太宗纪》和《令狐德棻传》里都这么记载。《史通·古今正史》说'至十八年方就'，或是衍一'八'字。"《黄永年古籍序跋述论集》，中华书局2007年版，第341页。

③ 《旧唐书》卷七二，第2572页。

④ 《旧唐书》卷三七，第2593页。

⑤ 《史通通释》卷一二，第345页。

⑥ 《唐会要》卷六三《修前代史》："至贞观三年，于中书置秘书省内省，以修'五代史'。"（第1287页）雷家骥《中国古代史学观念史》（初刊1990年）曾设问："贞观三年修五代史之诏书无闻，《唐大诏令集》及《唐会要》竟亦遗此，或以太宗修五代史，基本精神同于高祖诏令，故不载之耶？"北京师范大学出版社2018年版，第563页。我们认为，太宗只是对前此已开始的修史工作的调整，并非重新开始，故无修史诏。

史"。魏史已有魏收、魏澹两家，颇为详备，故不复修①；只修梁、陈、北齐、北周、隋"五代史"。"修五代史"仍被作为一项整体工作来进行的，修成后名为"隋书"的隋史修撰，是其中之一。

关于这部隋书的修撰者，《旧唐书·魏征传》："孔颖达、许敬宗撰隋史……征受诏总加撰定，多所损益，务存简正。隋史序论，皆征所作，梁、陈、齐各为总论，时称良史。"②《旧唐书·令狐德棻传》称"秘书监魏征修隋史，与尚书左仆射房玄龄总临诸代史"③；《孔颖达传》称"又与魏征撰成隋史"④。《旧唐书·敬播传》："有诏诣秘书内省佐颜师古、孔颖达修隋史。"⑤ 刘知几《史通·古今正史》则称"皇家贞观初敕中书侍郎颜师古、给事中孔颖达共撰成隋书五十五卷"⑥。《五代史》的总体工作由魏征负责，《隋书》的序论以及《梁书》《陈书》《北齐书》的总论，出自其手；《隋书》的主要修撰者还有颜师古、孔颖达、敬播等⑦。

贞观十年（636）书成。"贞观十年正月二十日，尚书左仆射房玄龄、侍中魏征、散骑常侍姚思廉、太子右庶子李百药、孔颖达、礼部侍郎令狐德棻、中书侍郎岑文本、中书舍人许敬宗等，撰成周、隋、梁、陈、齐五代史，上之。"⑧

但这部"五代史"均只有纪、传，没有志。与五代史的纪传相配套的五代史志的修纂工作开始的时间，有两个记载。一个是今存南宋中期的建本末所附跋，称：

（贞观）十五年，又诏左仆射于志宁、太史令李淳风、著作郎韦安仁、符玺郎李延寿同修五代史志。凡勒成十志三十卷。显庆元年五月己卯，太尉长孙无忌等诣朝堂上进，诏藏秘阁。后又编第入隋书，

---

① 见《旧唐书》卷七三《令狐德棻传》，第 2598 页。
② 《旧唐书》卷七一，第 2549—2550 页。
③ 《旧唐书》卷七三，第 2598 页。
④ 同上书，第 2602 页。
⑤ 《旧唐书》卷一八九上，第 4954 页。
⑥ 《史通通释》卷一二，第 344 页。
⑦ 有关修撰者的详细介绍，可参廖吉郎《贞观敕撰正史考》，《国文学报》1983 年第 12 期；施建华所作《隋书》导读，见《二十五史导读辞典》，华龄出版社 1991 年版，第 462—483 页。
⑧ 《唐会要》卷六三史馆上"修前代史"，第 1287—1288 页。

其实别行，亦呼为五代史志。①

现在学界通常的看法，都是采信这通跋的说法，认为是贞观十五年开始了修撰"五代史志"的工作。赵翼《廿二史札记》称"（贞观）十五年，又诏于志宁、李淳风、韦安仁、李延寿同修五代史志，凡成十志三十卷，显庆元年长孙无忌等上之，此《五代史志》也。说见刘攽校刊时所记。"②所谓"刘攽校刊时所记"就是天圣二年的这通跋。但赵翼在其《陔馀丛考》中又引用了另一记载，就是参与其事的李延寿在其《北史·序传》中所说，"（贞观）十七年，尚书右仆射褚遂良时以谏议大夫奉敕修《隋书》十志，复准敕召延寿撰录"③，认为贞观十七年是"五代史志"开始修撰的时间④。——这恐怕是误解。这应该是李延寿参加十志修撰的时间，而非五代史志修撰工作开始的时间⑤。

"五代史志"完成的时间，《唐会要》《旧唐书·高宗纪》都有明确记载，即显庆元年（656）五月由太尉长孙无忌进上⑥。从太宗贞观十五年始修，至高宗显庆元年修成进上，计有《礼仪志》七卷、《经籍志》四卷、《音乐志》《律历志》《天文志》《百官志》《地理志》各三卷、《五行志》二卷、《食货志》《刑法志》各一卷。这是接续完成"五代史"纪传而成。

"五代史"中的纪传部分先成，各自名书；续修成的"五代史志"则附入《隋书》。刘知几说，"其编第入《隋书》，其实别行，俗呼为'五代

① 《隋书》附录，中华书局点校本，1982年，第1903页。这部宋刻本，中华书局点校本称之为宋中字本，半叶10行、行19字。今收入《中华再造善本丛书》。关于它的刊刻时间和版刻特点，尾崎康《正史宋元版之研究》（乔秀岩、王铿编译）有专门的调查和研究，可参看中华书局2018年版，第527—533页。

② 《廿二史札记》卷一五"隋书志"条，王树民《廿二史札记校证》本，中华书局1984年版，第331页。

③ 《北史》卷一〇〇，中华书局点校本，1983年，第3343页。

④ 赵翼《陔馀丛考》卷六"梁陈周齐隋五史凡三次修成"条，河北人民出版社1990年版，第99页。瞿林东亦持此见，见《中国史学史》第3卷，上海人民出版社2006年版，第145页。

⑤ 杨翼骧编著，乔治忠、朱洪斌订补《增订中国史学史资料编年》（商务印书馆2013年版），公元641年（贞观十五年）无编年事项；650年（永徽元年）列"令狐德棻等续修《五代史志》"事（第229）；656年（显庆元年），列"史官撰成梁、陈、齐、周、隋《五代史志》"条（第230页）。

⑥ 《唐会要》卷六三"修前代史"，1288页；《旧唐书》卷四，第75页。按，《通典》卷二五"奉礼郎"条自注："奉礼本名理礼，国家撰五代史志，至永徽七年乃成，于时此官已改。"（中华书局点校本，1992年，第694—695页）永徽七年即显庆元年，是正月壬申（初七日）改元，疑进上时间乃正月。

史志'"①。因"五代史志"曾单独流传,有学者认为它与《隋书》是两部书,后来才合为一书的。赵翼《廿二史札记》卷一五"隋书志"条即说:

> 《隋书》本无志,今之志乃合记梁、陈、齐、周、隋之事,旧名《五代史志》,别自单行,其后附入《隋书》,然究不可谓《隋志》也。②

这个认识是不对的。自贞观三年明确修撰"五代史",《梁书》《陈书》《北齐书》《北周书》和《隋书》,就是"五代史"的一个组成部分;同时,五代史志,也是五代史编纂工作的一个组成部分。《隋书》卷二七《百官志》,叙述北周制度,末云"制度既毕,太祖以魏恭帝三年,始命行之。所设官名,讫于周末,多有改更。并具卢传,不复重序云"。所谓"卢传",是指《周书·卢辩传》。《隋书·牛弘传》称"事在音律志""事在礼志",可见在先前修列传时,就是将未来所要修的志视作与纪传为一体的。

《隋书》卷六八《阎毗传》,议辇辂车舆事,称"语在舆服志",但《隋书》十志中并无"舆服志",舆服等内容在《礼仪志》五、六、七诸卷,阎毗议增损车舆事见于《礼仪志》五。这说明,在修纪传之时即已决定要修志,不过因分批成书,原拟志名、内容,日后又有调整而已。当然,正因五代史志与五代史分别编撰,相互照应即易脱节,如《隋书》卷六六《裴政》传,称其与长孙绍远论音乐事"语在音律志",但《隋书》十志或五代史志并无"音律志",此事见《周书》卷二六③、《北史》卷二二《长孙绍远传》。

大概是受了赵翼的影响,有学者引用《旧唐书·经籍志》著录《隋书》为八十五卷,卷数与今本相合,而没有另列"五代史志"或"隋书十志",于是认为"是后晋时《隋书》已包括十志在内"④。意指此前是《隋

---

① 《史通通释》卷一二,第 345 页。
② 《廿二史札记》校证本,第 331 页。
③ 点校本《周书》(中华书局 1983 年版)卷二六校勘记〔一〕:"此卷缺,后人以高氏《小史》或其他以《周书》为底本的某种节录本补。钱氏《考异》卷三二目录序条已指出此卷'非德棻原本',但'与《北史》多异'。"(第 433 页)
④ 《隋书出版说明》,《隋书》第 1—2 页。

书》和十志分别流传时，《隋书》不包括十志。也有学者不以为然，认为这个时间说得太迟了，"五代史志"在修成后就编进了《隋书》；"至于《史通》所说'其实别行'，怕只是本来别为一书的意思"①。

我们应该怎么理解五代史志修成后即编入《隋书》，同时又是"本来别为一书的意思"呢？或者说，我们应该如何理解《隋书》与"五代史志"的关系呢？

"五代史志"在组织修撰伊始，就是《隋书》的一个部分。上引参与修"五代史志"的李延寿在其《北史·序传》中，说"（贞观）十七年，尚书右仆射褚遂良时以谏议大夫奉敕修《隋书》十志"；称其所从事的修纂工作为"《隋书》十志"。开元九年毋煚等编撰《群书四部录》，其序即称"所用书序，咸取魏文贞；所分书类，皆据'隋经籍志'"②，已然将《经籍志》归于《隋书》的一个部分。杜佑《通典》卷二三《职官·户部尚书》："开皇三年改度支为民部，统度支、民部、金部、仓部四曹，国家修'隋志'，谓之户部，盖以庙讳故也。"卷二五《职官·太常卿》"奉礼郎"自注，更说："奉礼本名理礼，国家撰五代史志，至永徽七年乃成，于时此官已改，故《隋书百官志》谓北齐及隋理礼皆为奉礼。"③将《隋书》的志视作"隋志"，属《隋书》的一部分。

"五代史志"的内容，也说明了这一点。它虽是配合五朝史，但记述隋朝部分较详，对梁、陈、北齐、北周等列举朝代名，于隋则往往仅称帝号或年号，可见编写时就以隋朝为主，甚至如《地理志》，完全即以隋代的州县布局来写，其他四朝州郡县名称，只是在沿革中附带提及④。这样的"畸轻畸重"，主要是受制于史料，同时，如果将隋以外的内容分别附入四朝之史，则各史相关内容甚少，几难成卷。这大概也正是在编撰之初即决定附入《隋书》的原因。

书中某一部分抽出来单独流传，是古书流传中的常见现象。即以唐宋时代而言，甚至有将目录抽出来，单独流传的。如《崇文总目》著录了

---

① 黄永年《〈隋书〉说略》，《黄永年古籍序跋述论集》第342页。
② 见《旧唐书》卷四六《经籍志》所载，第1964页。
③ 《通典》，第636、694—695页。
④ 见《隋书出版说明》，《隋书》第2页。

"唐列圣实录目五十卷"①。又如《宋秘书省续编到四库阙书目》"史类·目录"著录有不少单独流传的目录，如"太宗新修五代史目三卷"，叶德辉注"按宋志正史类，欧阳修新五代史七十四卷"；则此三卷目录即欧阳修《新五代史》的目录。如"续通典目录二卷"，叶德辉注："按宋志子部类事类，宋白、李宗谔续通典二百卷"；则此即宋白《续通典》的目录②，此书胡注《通鉴》屡屡征引，日学者曾加辑佚③。显然，我们不会认为，目录抽出来单独流传时，原来的书中就没有了目录。直至晚近，仍有人将殿本考证抄出，以《武英殿本二十三史考证》为名，作为单独一书流传的；其中《隋书》的部分，即以《隋书考证》为名，收入了徐蜀编"二十四史订补"中④。

总之，"五代史志"既是"五代史"的一个部分，同时也是《隋书》的一个部分。在编纂"五代史"时，即已决定编纂"五代史志"；所以在先行编就的五代史纪传中，会出现"见于某志"的互见提示语。在日后的实际编纂中，志的名称又有调整，故纪传中所出现的互见志名，与实际完成的志的名称不尽相符。五代史志在着手编纂时，即已决定附入《隋书》，既不是分拆至已完成的五代各代史中，也不是要将"五代史志"另成一书。"五代史志"尽管曾单独流传，即所谓"其实别行"，但《隋书》并未因此而一度无志，故不存在"志"何时并入的问题。或者说，十志单独流传时，《隋书》作为一个整体，一直包括了十志。换言之，"五代史志"编就，即按原订计划，编入《隋书》中；同时，它又曾单独流传。想想《通志》与《通志二十略》的关系，《隋书》与"隋书十志"的关系也许就不难理解了。

《隋书》的题名也颇杂乱。天圣二年（1024）跋："经籍志四卷，独云侍中、郑国公魏征撰。……今纪传题以征，志以无忌，从众本所载也。纪传亦有题太子少师许敬宗撰。……天文、律历、五行三志，皆淳风独作。五行志序，诸本云褚遂良作。案本传未尝受诏撰述，疑只为一序，今

①　《崇文总目》卷二，《中国历代书目丛刊》影印粤雅堂丛书本，现代出版社 1987 年版，第 77 页。

②　《宋秘书省续编到四库阙书目》卷一，《中国历代书目丛刊》影印叶德辉观古堂本，第 278、279 页。

③　船越泰次：《宋白〈续通典〉辑本附解题》，汲古书院，1985 年。

④　《隋唐五代正史订补文献汇编》，北京图书馆出版社 2004 年版，第 1 册第 1—20 页。

故略其名氏。"《山堂考索》前集卷一五《正史门·隋书类》引书目："唐颜师古撰。初武德间命封德彝、颜师古修隋史，未就。正观三年复诏魏征撰，房元龄总之，为五纪、五十列传，惟十志未上。又诏于志宁、李淳风、韦安仁、李延寿、令狐德棻裒缀三十卷，高宗时上之。其志上总梁陈齐周之事。"①《四库全书总目提要》说，经宋人刊刻时的统一处理，现通行本隋书纪、传题为魏征撰，志题名为长孙无忌②。

二　史料来源

杨隋王朝从建立到灭亡，不到四十年。武德四年，令狐德棻建议修前代史，距隋灭也不过四五年的时间，已感慨"梁、陈及齐，犹有文籍，至于周、隋，多有遗阙"。《隋书·百官志序》也说"南征不复，朝廷播迁，图籍注记，多从散逸。今之存录者，不能详备焉"③。《史通·古今正史》言及隋朝史书，仅列王劭《隋书》八十卷、王胄《大业起居注》，说"及江都之祸，仍多散逸"云④。王劭所修，乃国史，侯白、辛德源、刘炫、刘焯、王孝籍等都曾助其同修国史⑤。《隋书·王劭传》称，"劭在著作，将二十年，专典国史，撰隋书八十卷。多录口敕，又采迂怪不经之语及委巷之言，以类相从，为其题目，辞义繁杂，无足称者，遂使隋代文武名臣列将善恶之迹，埋没无闻"⑥。"多录口敕"，"多采迂怪不经之语及委巷之言"，"以类相从"云云，只是说该书芜杂丛脞，不合史家体例，但却是收集和保存了史料。

《隋书·经籍志》史部也著录了不少有关隋朝的史书，如《隋开皇起

①　《山堂考索》，中华书局影印明本，1992年，第110页。

②　《四库全书总目》，台湾商务印书馆影印殿本，2013年，第2册第27—28页。

③　《隋书》卷二六，第720页。

④　《史通通释》卷一二，第344页。

⑤　《隋书》卷五八《侯白传》："高祖闻其名，召与语，甚悦之，令于秘书修国史。"（第1421页）《隋书》卷八五《辛德源传》："秘书监牛弘以德源才学显著，奏与著作郎王劭同修国史。"《隋书》卷七五《刘焯传》："举秀才，谢策甲科。与著作郎王劭同修国史。"（第1718页）同卷《刘炫传》："岁馀，奉敕与著作郎王劭同修国史。"（第1719页）同卷《王孝籍传》："开皇中，召入秘书，助王劭修国史。"（第1724页）详参牛润珍《汉至唐初史官制度的演变》第五章《隋至唐初史官制度的完善》，河北教育出版社1999年版，特别是第193、199页和第204—206页。

⑥　《隋书》卷六九，第1609页。此书著录于《隋书·经籍志二》杂史料，注称"未成"，第962页。

居注》六十卷、《开皇平陈记》二十卷、《东宫典记》七十卷、《隋朝仪礼》一百卷、《隋开皇令》三十卷、《隋大业令》三十卷，等等。特别是地理类，小序云："隋大业中，普诏天下诸郡，条其风俗物产地图，上于尚书。故隋代有《诸郡物产土俗》一百五十一卷，《区宇图志》一百二十九卷，《诸州图经集》一百卷。其馀记注甚众。"① 这些史书，都是唐初史臣修隋书经籍志时尚存留者，无疑都会成为修撰隋书和五代史志的有用材料。《隋书·本纪》编年系日极为详尽，如无起居注等史料，是很难做到的。一些类传，也一定依据了如《西域道里记》三卷、《诸蕃国记》十七卷、裴矩《隋西域图》三卷、《大隋翻经婆罗门法师外国传》五卷这类史书。正史志素号难修，与五代史纪传修撰的迁延相比，篇幅不小的五代史志约十五年即完成，如没有像牛弘《隋朝仪礼》一百卷、郎蔚之《隋诸州图经集》一百卷、《隋大业正御书目录》九卷等相关专门著述，也是很难想象的。

当时撰著的较有系统的隋朝史书，也不是没有。比如，王绩之兄曾任隋的著作郎，大业末曾修撰纪传体的《隋书》，未成而卒。入唐后，王绩还说"收撮漂零，尚存数帙。肇自开皇之始，迄于大业之初，咸亡兄点窜之遗迹也。大业之后，言事阙然"。王绩拟代兄续撰，曾向陈叔达借其所撰《隋纪》二十卷②。其兄的《隋书》存稿已涵盖了隋文帝时期，王绩要补的，主要是炀帝时期。陈叔达也有成书《隋纪》二十卷。这说明唐初坊间能够得到和参考的隋代史书并非全无。《魏郑公谏录》卷四"隋《大业起居注》"条，记载唐太宗与魏征的对话：

> 太宗问侍臣："隋《大业起居注》今有在者否？"公对曰："在者极少。"太宗曰："《起居注》既无，何因今得成史？"公对曰："隋家旧史，遗落甚多，比其撰录，皆是采访，或是其子孙自通家传。参校三人所传者从二人为实。"③

---

① 《隋书》卷三三，第 988 页。
② 《王五功文集》卷四《与江公重借〈隋纪〉书》及陈叔达《答书》，韩理洲点校五卷会校本，上海古籍出版社 1987 年版，第 164—169 页。陈叔达在上引武德五年的修史诏书中，负责周史的修撰。
③ 《魏郑公谏录》卷四，台湾商务印书馆影印文渊阁四库全书本，1986 年，第 446 册第 190 页。

这个记载，恐是夸大了唐初隋代史料匮乏的情况，不尽可信。同时，这也说明，之所以官方组织修史，就是因为能看到像《起居注》这一类较为原始的记录以及相关的官方档案。

《隋书》在史料收集方面，确有阙略，如卷四六末附刘仁恩、郭均、冯世基、厍狄钦，称"此四人俱显名于当世，然事行阙落，史莫能详"，但我们现在却看到了其中两位即刘仁恩、郭均的墓志①。当日史臣收集到这类史料，应该说并不会太困难。这类阙略，不能尽归于隋末动荡中的典籍散佚。

"隋书十志"占《隋书》近半篇幅，最受人重视。典章制度，最重流变，往往不因朝代变动而变动。十志对典制的"完整性"有充分的清醒的认识和自觉，这表现在对典制溯源"接续"的处理上。《史通·断限》曾批评《宋书》《隋书》断限不严，"宋史则上括魏朝，隋书则仰包梁代"。这个批评当然不对，因"隋书十志"实际是五代史志，本来就应该包括梁、陈、北齐、北周的内容。其实十志在具体叙述中，往往超出五代，更向上追溯，如《音乐志》，常溯及宋、齐；《食货志》，是从"晋自中原丧乱，元帝寓居江左"谈起，这都是为体现典制本身的沿革和完整，尽力"接续"已有纪传体史书中的"志"，如《续汉志》《宋书·志》《南齐书·志》《魏书·志》的内容，不惜突破了史书的"断限"。这对史书的撰修，是难能可贵的；为我们今天研究这一时期的典章制度，更是提供了难得的史料。这其中，《经籍志》的价值和作用尤为巨大。这是继《汉书·艺文志》之后的第二个现存的全国性的目录，我们现在只能藉此目录来了解《汉书·艺文志》之后的六百年的典籍及其流传情况。它的四部分类，基本奠定了日后图书的分类；每类的小序，更为了解书籍内容提供了可能，《旧唐书·经籍志序》称："煚等撰集，依班固《艺文志》体例，诸书随部皆有小序，发明其指。近史官撰《隋书·经籍志》，其例亦然。"②

《隋书》是我们研究隋朝历史以及南北朝后期典章制度最重要的不可或缺的基本史籍。同时，"五代史"的修撰，还直接促成了纪传体"正史"的成立。

---

① 胡戟、荣新江主编：《大唐西市博物馆墓志》，北京大学出版社 2012 年版，第 36—39 页。
② 《旧唐书》卷四六，第 1964 页。

三　刊刻流传与点校整理

《隋书》的刊刻，此前主要的依据就是宋本《隋书》末所附文字：

> 天圣二年五月十一日上御药供奉蓝元用奉传圣旨，赍禁中《隋
> 书》一部付崇文院，至六月五日敕官校勘（时命臣绶、臣烨提点，右
> 正言直史馆张观等校勘，观寻为度支判官，续命黄鉴代之），仍出内
> 版式刊造。①

其实在《宋会要》中也有此书刊刻的记载。《宋会要辑稿·崇儒》四之
六："仁宗天圣二年六月，诏直史馆张观，集贤校理王质、晁宗悫、李淑，
秘阁校理陈诂，馆阁校勘彭乘，国子监直讲公孙觉校勘南北《史》、《隋
书》，及令知制诏宋绶、龙图阁待制刘烨提举之。绶等请就崇文内院校勘，
成，复徙外馆。又奏国子监直讲黄鉴预其事。《隋书》有诏刻版，内出版
样示之，三年十月版成。"② 宋本《隋书》跋，与《宋会要辑稿》中的记
载是同一件事。《隋书》至迟此时已刊刻流行。

现在我们所能见到的最早刻本，是宋代的两个刻本。一个即中华书局
点校本《隋书》所称宋刻递修本，亦称宋小字本，十四行，行廿五、六
字。也有学者确指为南宋初期刊本。今存六十五卷（卷一至九、卷一三至
一五、卷一九至二六、卷三二至七六），已收入《中华再造善本丛书》。另
一个，点校本称为宋中字本，十行，行十九字。也有学者确指为南宋中期
建本。今存约八卷，其中五卷（卷二四至二五、卷八三至八五）收入《中
华再造善本丛书》；另三卷（卷九至一一）藏台北原中央图书馆，其中卷
一一至叶 24 止，且尚缺其中的叶 10、11 及 18，计 3 叶（上海图书馆藏有
该卷叶 27 至 39，其中缺叶 29）。

元刻本，大概言之，可分为两种，即大德饶州路儒学刻本（原点校本

---

① 《隋书》点校本，第 1904 页。
② 《宋会要辑稿·崇儒》，苗书梅等点校，河南大学出版社 2001 年版，第 217 页。《玉海》（台
湾华联出版社影印元刻本，1964 年）卷四三 "淳化校三史嘉祐校七史"条："天圣二年六月辛酉校
南北《史》、《隋书》"自注 "四年十二月毕"（第 852 页），系时至日，较《宋会要辑稿》为详尽。
"四年十二月毕"，是指南北《史》《隋书》整个工作；《隋书》则在上年十月即完成了刻版。

称为元十行本）和至顺瑞州路刻本（原点校本称作元九行本）。现存印本有覆刻、补刻及混配等情况，极为复杂。大德本刊版入明南监，递经修印，直至万历重雕新版为止。

百衲本的底本是大德本，其中既有大德原本，也有覆刻本，但已尽量抽换了明代补版。其时主持者张元济组织人员与殿本相校，有异则再校汲古阁本，仍有不同，再校以监本，并作了不少描润的工作，成为学界可读可用的"善本"①。

至顺本亦经明修。我们将至顺本与百衲本通校，知至顺本系据宋本刊刻，并非据大德本。明南监本与元大德本一脉相承，北监本又据南监本。

清代殿本又据监本，张映斗于书末识语称："宋本残缺，乃以监本为底本，此外完书备校者有南监本、汲古阁本，他本残缺，亦可参校者，宋本外有两旧本。"② 张元济《校史随笔》称："殿本是书据宋刻校勘，故讹脱视他史为少，然校刊官张映斗识语，谓宋本残缺，乃以监本为底本，故有时不免为监本所误。"③ 四库全书所收《隋书》，《总目提要》标作"内府刊本"，实即殿本，卷末考证悉与殿本同；四库馆臣又据监本（主要是南监本）、汲古阁本进行了校勘，近二百条的校勘成果收入了《四库全书考证》④。

明末毛氏汲古阁本，似以南监本为底本，校过宋本。在双行夹注的校语中，常标识了"宋本作某""雍本作某"；雍本作某，多是指北监本。

中华书局在 20 世纪 50 年代末开始，全面点校整理廿四史，其间工作因"文革"曾一度中断。《隋书》是 70 年代点校完成的。当时反对烦琐主义，版本校勘"择善而从"，没有一一交代据版本所作的改动。实际主持其事的赵守俨先生总结道："版本对校方面择善而从，不出校记，异文的处理脉络不清，无异于在旧本之外再增加了一种较好的新本，对于研究工

---

① 有关《隋书》宋元版本的调查与研究，详见尾崎康《正史宋元版之研究》，第 527—555 页。张元济主持出版百衲本《隋书》时，曾通校过殿本，参校过汲本阁本和北监本，并对一些字进行过描润和修改，详细情况，可参王绍曾主持整理的《百衲本二十四校勘记·隋书校勘记》，商务印书馆 2001 年版。

② 《二十五史》，上海古籍出版社、上海书店据涵芬楼 1916 年制版缩印乾隆四年武英殿刻本影印，1986 年，第 5 册第 3475 页。

③ 张元济：《校史随笔》，商务印书馆影印 1938 年版，1990 年，叶 59b。

④ 《四库全书考证》卷二六，书目文献出版社影印清内府抄本，1991 年，第 628—636 页。

作者非常不便。"①《隋书》的点校工作是由汪绍楹先生承担，汪弃世后，阴法鲁先生承担了全部覆阅改定的工作，"主要是用宋小字本和两种元刻本互校，并参校其他刻本"（经我们复核，知其底本乃百衲本）。由邓经元先生编辑整理，于 1973 年出版发行。此后多次印刷，并有挖改。

这是第一次对《隋书》进行全面的标点，校勘即使"择善而从"，毕竟也都有较为详细、规范的校勘记，特别是施加现代标点符号，给读者提供了极大的便利。许多专门知识，因标点，特别的专名线的施画，大大便利了非学业学者的学习和利用。比如，《音乐志》，对曲名施加专名线，就使没有音乐史知识的人也能阅读，并因此而较为容易地了解到许多音乐史的知识。起初筹划这一工作时所定的目标，只是为学界提供一个普及本，将来再在此基础上进行深入研究，提供专业本。但几十年之后再回头看，由中华书局出面组织并承担出版的这部点校本廿四史，成为学术界使用最为广泛、最具权威的学术标准普及本。

当然，这也并不是说，这一工作已无进一步改进、提高之处。出版以来，不断有学者指出句读、校勘方面的问题，出版社在重印时也时常进行挖改。就点校本《隋书》而言，除版本校勘"择善而从"之外，这次点校工作做得较多的工作，就是对字的规范化处理。如蹔规范为暂、慙规范为惭、翫规范为玩、罇规范为樽、寓规范为宇、睠规范为眷、懽规范为歡、遯规范为遁、筭规范为算、筞规范为策、彊规范为強、瘡规范为創、佗规范为他、叶规范为協，等等，甚至一些专有名词如"于寘"规范为"于闐"。有些混用字，也作了统一，如度、渡统一为渡，閣、閤统一为閣，凖、准统一为準，棄、弃统一为棄，罍、罍统一为罍，祕、秘统一为秘，等等。这可能跟整理者对文字规范的认识有关②。我们通校宋本、元本、汲古阁本时，就能发现，各个时代在刊刻时，都会作文字"规范"或"统一"的工作，都会大量使用刊刻时代的字体，最典型的，就是元代刻本大量使用俗体字，如"学"作"斈"等。我们认为，现代进行古籍整理时，要兼顾古书写作时代的用字情况。应当将文字的规范和使用限定在一个合

---

① 中华书局点校廿四史工作的详情，参赵守俨《雨雨风风二十年——〈二十四史〉点校始末记略》，《赵守俨文存》，中华书局 1998 年版。对择善而从带来的问题的评述，见第 261 页。

② 阴法鲁《关于古籍中有些混乱字体和避讳字的清理问题》："校勘本来是为了恢复古籍的原貌，如再清理混乱的字体，可能对古籍原貌有所影响，但不会影响原意，却便于阅读，还是应当尽可能地加以改正。"《阴法鲁学术论文集》，中华书局 2008 年版，第 511 页。

理的范围内；不能因文字的过度规范，影响阅读和理解古书（比如《史记》《汉书》中大量的通假字，就不宜全部规范为现代用字）。

与此相关，就是有些字或偏旁在刻本中常常混刻，偏旁如"扌""木"不分，字如"叉""义"不同。这类字，严格说不属于校勘的问题，而是文字隶定的问题。如《隋书》卷二《高祖纪》，开皇十年六月癸亥条："（以）浙州刺史元胄为灵州总管"。"浙州"，北监本、汲古阁本、殿本作"浙江"。洪颐煊举《元胄传》《地理志》，对此条特加辨正：

> 《元胄传》，历亳浙二州刺史，拜灵州总管。《地理志》浙阳郡，西魏置浙州。此作"浙江"，是妄人所改。①

张元济又加申论：

> 《高祖纪》下开皇十年六月癸亥以"浙州刺史元胄为靈州總管"，监本"浙州"乃作"浙江"；本书《地理志》下"餘杭郡"注"平陈置杭州"，当时并无"浙江"之名，至"浙江"则至明洪武时始有之。而《地理志》中有"浙陽郡"，注"西魏置浙州"，隋初未改，郡当仍其稱。此"浙"字必"浙"字之訛。殿本不知改"浙"为"浙"，而反沿监本"浙江"之名，误一。②

我们通校诸本，知宋本、大德本、百衲本、至顺本、南监本均作"浙州"。同时，又可知张元济所称的"监本"是北监本，而非南监本。宋元旧本以及直接据大德本刊刻的南监本，均作"浙州"。有了版本的依据，就可以知道，这里的关键分歧，不是"浙江"与"浙州"，而是"浙州"与"浙州"。"浙""浙"二字，就是"木"与"扌"的区别。在洪颐煊的基础上，岑仲勉的辨析重点就放在"浙""浙"二字的区别上。他说：

> 浙江，衲本、清补本均作浙州，《诸史考异》一三指为妄人所改。

---

① 洪颐煊《诸史考异》卷一三"浙州"条，《丛书集成》初编本，中华书局 1991 年版，第 154 页。

② 百衲本《隋书》跋，《缩印百衲本二十四史》，商务印书馆 1958 年版，第 11729 页。参其《校史随笔》，叶 59b。

又"淅"应作"淛",本书四六殿本已有考证,惟周建德三年建崇寺
造像记碑阴实作"淅",盖六朝迄唐,从扌、从木之字,往往混用,
未得为误。①

举出当时的碑刻资料,说明"木""扌"这两个偏旁,在当时就常常混
写。其实在日后刻本中,这两个偏旁也常常混刻(不是误刻)。有了前贤
的考辨,我们明白了"淛州"具有"惟一性",不可能混为"浙州"——
版本流传说明,"浙江"完全是后代版刻的妄改。因此,这里不必再出校
勘记,只需将刻作"淅"形的"淛"字,直接隶定为"淛"这一正字
即可。

北朝起名为"叉"的人很多。上面的一横,在刻本中常常"弱化",
若隐若现,就很像"义"字;于是后代在刊刻时,又常常规范为"義"。
如《隋书·房陵王勇传》:

副将作大匠高龍义,預追番丁,輒配東宮使役,營造亭舍,進入
春坊。②

高龙义的"义"字,实即"叉"字。此人也见于《隋书·高祖纪》,开皇
二年六月营造新都,"詔左僕射高頴、將作大匠劉龍、钜鹿郡公賀婁子幹、
太府少卿高龍叉等创造新都"③。《隋书人名索引》立条为"高龍义(高龍
叉)";视为同一人而名字有异④。不少论著涉及此人时,也作一人而二名
来处理。《长安志》称"將作大匠劉龍、工部尚書钜鹿公賀楼子幹、太府
少卿尚龍義,并充使營建"⑤,即将"义"规范为"義"(姓氏高则误为
尚)。我们通校诸本,宋本《隋书》卷四五即刻作"叉"。此处的这个字,
均应隶定为"叉",既不必作一人两名,也不必出校勘记。

以上两例,一人名一地名,均为校勘点。但从版刻角度就可以知道,

---

① 岑仲勉:《隋书求是》,商务印书馆 1958 年版,第 10 页。清补本,据该书《自序》,即元
瑞州路本。

② 《隋书》卷四五《文四子传》,第 1237 页。

③ 《隋书》卷一,第 18 页。

④ 邓经元:《隋书人名索引》,中华书局 1979 年版,第 4 页。

⑤ 《长安志》卷六《宫室》,《宋元方志丛刊》影印经训堂丛书本,中华书局 1990 年版,第
1 册第 102 页。

这并不是误刻，而是混刻。加之具唯一性，故径予隶定即可。

另外一个问题，就是标点的"句读"痕迹较重，即施句号较多，显得句子有些零碎。如卷三七《李浑传》：

> 臣与金才夙亲，闻其情趣大异。常日共李荣、善衡等，日夜屏语，或终夕不寐。

这样的标点并没有错。如标点改为：

> 臣与金才夙亲，闻其情趣大异，常日共李荣、善衡等日夜屏语，或终夕不寐。

或许更符合现代标点的原则。再如卷二四《食货志》：

> 其中种桑五十根，榆三根，枣五根。不在还受之限。

倘标点改动如下，似乎更好一些：

> 其中种桑五十根、榆三根、枣五根，不在还受之限。

又如，卷一五《音乐志》下：

> 十六人执翟。十六人执帗。十六人执旄。十六人执羽，左手皆执籥。

这四个"十六人"，正好为六十四人，即指此段首所说"文舞六十四人"，应改作：

> 十六人执翟、十六人执帗、十六人执旄、十六人执羽，左手皆执籥。

是这四个"十六人"，"左手皆执籥"。

　　近十年来，中华书局又组织了廿四史的点校修订工作。我们有幸承担了《隋书》点校修订任务。我们仍以百衲本为底本，严格遵守有底本校勘的原则，凡有改动，必出校说明。以宋代的两个本子、元代的至顺本以及明末毛氏汲古阁本作为通校本，以南监本、北监本和殿本为参校本；百衲本的底本是元大德本，但张元济据底本影印时曾加描润、修改，因此将大德本也作为参校本。以版本校为基础，在尽可能确认同一史源的前提下，充分利用相关正史、类书、文集、墓志等资料进行他校。在详细编纂"校勘长编"的基础上撰写"校勘记"，并充分肯定和尊重原点校本的成就，除了明显欠妥或错误者外，尽量保留原句读和分段；凡原"校勘记"准确无误者，悉予保留，并按照中华书局《修订工作总则》的统一体例，对需要补充资料或论证者，适当予以增补；欠妥或失误者，则予修改或删除；失校者加以补充。我们希望通过科学、严谨的整理，为学术界提供一个较为可靠、便于利用的点校修订本。

揭过还是继续?

——"唐宋变革"论的演变与现状述评

李成燕[*]

2017 年 10 月在上海举行的"新视角·新方法·新观点——宋史学术前沿论坛"上,有学者提出,日本学者的"唐宋变革论"已经完成了它的历史使命,唐宋史研究应当翻过这一页。当然也有学者反对,认为这一问题揭不过去。"唐宋变革论"到底应该揭过还是继续?

提到"唐宋变革"论(注:本文用"唐宋变革论"专指日本的相关论点。其余观点用"唐宋变革"称呼),大家往往首先想到的是日本内藤湖南、宫崎市定等人的"唐宋变革论"。对"唐宋变革"的研究,除了日本学者,还有欧美学者,更有中国古代、近代和现当代的学者。这些研究都有各自的观点或理论,本文统称为"唐宋变革"论。

一 20 世纪 50 年代之前

从唐到宋,当时的中国经历过许多重大的变化,唐宋史学界称其为"唐宋变革"。虽然这次变革是缓慢的,经历了很长时间,但仍凸显出其独特的以及承上启下的特点。

我国学者对从唐代到宋代的历史变革的认识始自南宋史学家、目录学家郑樵,明代史学家陈邦瞻也对此有过论说。他们只能称为观察到这一变化,但称不上对其有所研究。清代末期的思想家严复也曾指出,两宋是我

---

* 李成燕,中国社会科学院历史研究所。

国历史上"人心政俗之变"非常显著的时期，认为中国之所以会有当今之各种现象，主要还是源于两宋。

对"唐宋变革"较早且有深入研究的是 20 世纪初的日本学者内藤湖南。在 20 世纪一二十年代，他受到欧洲史学"上古（上世）—中古（中世）—近古（近世）"三分法的影响，因而提出了"上古—中世—近世"的中国史分期法，并提出"宋代近世说"，认为宋代进入了近世，而唐中期两税法改革之后至五代是由"中世"进入"近世"的过渡期。他从政治、经济、文化等各个方面论述了这一观点。其学说系统，在当时也是一种非常新颖而且有影响力的观点。他的观点很快影响到了欧美学界，并且得到了一定的认可。

20 世纪三四十年代至 50 年代，内藤的后继者又把日本对"唐宋变革"的研究推进了一步。其中的佼佼者是宫崎市定，其代表作《东洋的近世》。他对内藤湖南唐宋变革论学说进行阐述和发挥，继承了内藤湖南的时代区分论，把中国历史分为四个时期：古代（太古至汉代）—中世（三国至唐末）—近世（宋代以后至清朝灭亡）—最近世（民国以后）。除了政治、思想文化等方面的论述外，宫崎主要是在经济层面对唐宋之际的社会变革进行了阐释和发挥，建立了宋代作为世界史意义上的近世社会的学说体系，认为中国历史上的宋元时代，正好处在世界史意义上的"近世"社会的展开时期。经过几代人的努力，在日本形成了一套体系完整的"唐宋变革论"理论，其核心是"宋代近世说"。

内藤等人的"宋代近世说"（"唐宋变革论"）实际上贯穿着这样的主线：中国自宋代就进入了类似欧洲的近代，即进入了类似欧洲的资本主义，可是到清朝后期没落了。由于文化中心在此前已经移动了两次，还有一次移动，第三次文化中心会东移到日本东京。所以接下来便要由日本接管中国，必要时可以武力介入。20 世纪四五十年代，在宫崎等人继承发展内藤学说的同时，日本马克思主义学派的野原四郎、增渊龙夫、增井经夫等学者就对内藤《支那论》《新支那论》等及以"文化中心移动说"为代表的文化史观进行批评，认为其关于中国历史的言论服务于日本当时的对外政策。①

20 世纪前半期的中国，处于内忧外患之中，史学研究不及日本发达，

---

① ［日］野原四郎：《内藤湖南〈支那论〉批判》，《中国评论》第 1 卷第 4 号，1946 年 11 月。

而且很多史学研究的出发点是救亡图存，虽然二三十年代关于中国社会性质和中国社会史有诸多研究和论战，但对"唐宋变革"这样的问题没有特别的关注。所以，"唐宋变革"较日本内藤和宫崎等人的研究，无论深度、广度，还是系统性，都无法相比。夏曾佑、吕思勉、钱穆、柳诒徵、陈钟凡等人都对"唐宋变革"有所研究。柳诒徵《唐宋间社会之变迁》开门见山地论述了唐代和宋代几百年间中国社会变迁的大趋势。① 陈钟凡在《两宋思想述评》中述及中国近代思想发展的大趋势时，指出宋代正是中国近代学术思潮发端的时期。② 钱穆出版了一系列著作，这些论著对两宋时期社会发生的许多历史性的转折进行了考察，较多论及唐宋之际门阀贵族政治之瓦解及发生的社会流动。③ 这些研究观点，有的与日本内藤的观点有相近之处，有的则完全不同，但是肯定唐宋时期中国历史发生了较大变革这一点是相同的。

就历史分期而言，中日两国是完全不同的。

桑原骘藏《东洋史要》（后改名《支那史要》）分中国历史为四期：一为"上古"，从远古至秦始皇统一全国，称"汉族缔造时代"。二为"中古"，自秦始皇统一至唐朝灭亡，称"汉族极盛时代"。三为"近古"，自五代至明王朝灭亡，称"汉族渐衰，蒙古族代兴时代"。四为"近世"，整个清代，称"欧人东渐时代"。傅斯年以为，这种分期法是并不符合中国的实际情况，所以反对这种历史分期法。他以汉族的变化与升降为标准，将我国历史分为四期：（1）上世：远古至南北朝陈祯明三年（589）。（2）中世：589 年隋朝统一至南宋祥兴二年（1279）。（3）近世：自南宋祥兴二年（1279）至清宣统三年（1911）。（4）现世：民国建立（1912）以来。④

20 世纪 30 年代，雷海宗也有自己的分期方法，他把中国历史分作两大周："第一周，由最初至西元三八三年的淝水之战，大致是纯粹的华夏民族创造文化的时期，外来的血统与文化没有重要的地位。第一周的中国可称为古典的中国。第二周，由西元三八三年至今，是北方各种胡族屡次入侵，印度的佛教深刻地影响中国文化的时期。无论在血统上

---

① 柳诒征：《中国文化史》，钟山书局 1932 年版。
② 陈钟凡：《两宋思想述评》，商务印书馆 1938 年版。
③ 钱穆：《国史大纲》，国立编译馆 1930 年版。
④ 傅斯年：《中国历史分期之研究》，《史学方法导论》，中国人民大学出版社 2006 年版。

或文化上，都起了大的变化。第二周的中国已不是当初华夏族的古典中国，而是胡汉混合梵华同化的新中国，一个综合的中国。虽然无论在民族血统上或文化意识上，都可说中国的个性并没有丧失，外来的成分却占很重要的地位。"① 雷海宗把唐代和宋代划在了第二周，他认为南北朝到隋唐五代是过渡期，是一个综合与创造的时代，两宋时期则进行了整理和清算。

这一时期的历史分期研究掺杂了较多的政治因素。

二　20 世纪 50 年代至 80 年代初

中华人民共和国成立后，中国的史学研究有了较大的发展，论证新政权合理性的任务也同时落到了历史学的肩上，此期的历史学研究进入了以马克思主义史学理论为主导的时期。20 世纪 50—70 年代的三十年间，中国内地的"唐宋变革"有了自己的研究，史学研究虽然仍受到政治因素的影响，但是学术的成分比二三十年代要高得多。这个时期的历史研究有两个特点：（1）我国内地也出现了自己的"唐宋变革论"，其观点和研究方法与日本截然不同。20 世纪五六十年代，为了论证新政权的合理性，中国内地的史学界出现了"五朵金花"，其中的古史分期讨论中，出现了关于"唐宋变革"的讨论，也因此涌现出不少成果和专家，其中较突出的是侯外庐，他的相关研究很多。于是，"唐宋变革"被学界认可。1960 年，胡如雷发表《唐宋时期中国封建社会的巨大变革》，对唐宋时期发生的重大变化作了阐述和评论，主张把封建社会分为早期和盛期两个阶段，以 960 年北宋建立为分界点。② 后来，他又在《中国封建社会形态研究》中的《中国封建社会史的分期》一编中对其"唐宋变革"论作了进一步的阐释和论述。③ （2）这一时期宫崎等人的学说以内部参考资料的形式在学界传阅，中国内地组织了对"内藤假说"（即"宋代近世说"）的批判，而且火力相当猛烈。在这种批判过程中，中国

---

① 雷海宗：《断代问题与中国历史的分期》，《清华大学社会科学》第 2 卷第 1 期，1936 年。
② 胡如雷：《唐宋时期中国封建社会的巨大变革》，《史学月刊》1960 年第 7 期。
③ 胡如雷：《中国封建社会形态研究》，生活·读书·新知三联书店 1979 年版。另外，这一阶段的具体研究可以参考李华瑞《"唐宋变革"论的由来与发展》上、下，《河北学刊》2010 年第 4、5 期。

内地的"唐宋变革"研究有所推进。

　　这一时期，关于封建社会内部分期的争论较多，其中许多研究涉及"唐宋变革"，但更多的是在社会分期和社会形态研究及通史研究中涉及，专门进行"唐宋变革"研究的较少，所以无论深度、广度，还是系统性，都难与日本的相关研究媲美。

　　20世纪50—70年代，中国内地的史学研究普遍采用马克思主义的阶级分析方法，以阶级斗争为主线研究历史，或以生产方式进行分析，唐宋史的研究也是如此。在这一阶段出现了中国自己的"唐宋变革"论，这是伴随着中国封建社会内部分期的讨论才出现的，也可以说是一种副产品。五六十年代，中国古代史学界开展了一场中国历史分期问题的大讨论，虽然学者们提出了不同的观点，但最后还是基本统一了中国历史的分期：即1840年以前为古代，1840—1949年为近代，其后为现代。又与五个社会形态划分融合在一起，认定原始社会、奴隶社会和封建社会（1840年前）都属于古代。对于封建社会的起点尚有争议，但其结束点没有任何分歧，那就是1840年鸦片战争。对唐宋历史也进行了定性：1. 唐代是封建社会的前期，宋代是封建社会后期的开始。虽然尚有宋代是封建社会中期说，但声音较少。2. 唐宋之际的变化是封建社会内部的变化。3. 宋代进入了长期停滞期，中国社会开始走下坡路。虽然还有宋代持续发展说存在，但这种停滞说似乎占了上风，这个论调一直持续到80年代中期，其后宋代持续发展说慢慢占了上风。

　　20世纪五六十年代，中国社会分期及社会性质的定性，其背后贯穿着一条看不见的主线，即中国的封建社会从宋朝就开始日渐没落，明清出现了资本主义萌芽，但是被封建制度束缚和扼杀，鸦片战争后中国进入了半殖民地半封建社会，先是洋务运动，后来是戊戌变法及清末"宪政改革"，接下来是以孙中山为代表的资产阶级革命，他们都进行了救亡图存的努力，但都失败了。只有中国共产党才能救中国，中国走不通资本主义，只有社会主义才是出路。这是我们直到今天仍贯穿其中的历史书写逻辑。宋代非"近世"，非类似欧洲的"资本主义"。

　　日本这一时期由于马克思主义的传播，也出现了马列主义理论指导下的"唐宋变革"论。以新生"历史学研究会"为代表的东京派（历研派），依然承认唐宋之间发生了中国历史上划时代的重大转变，但否定内藤湖南的宋代近世说，不认可宫崎等人的"唐宋变革论"，提出了"宋代中世"说。这一时期以宫崎等人为代表的京都学派与以"历史学研究会"为代表东京学派（属马克思主义学派）的论战比较激烈。

20 世纪五六十年代，欧美学界对于日本"唐宋变革论"的具体论述虽然不完全认同，但对其所勾画的大体轮廓及宋代近世说却普遍认可，如法国汉学家白乐日和谢和耐基本认同宋代是中国的近世或近代的开端。70 年代以后，欧美学界对于日本"唐宋变革论"出现了反对声音；同时受社会学地方与精英理论的影响而研究宋代的士人阶层，提出了"两宋之际变革说"；也有学者重视经济研究，提倡"宋代经济革命说"。20 世纪 70 年代以后，日本和欧美的唐宋史研究已经发生了转向，不再过度纠缠于宏观的理论，而是转向具体，如地域社会、士人、区域经济、文化信仰等方面，从中观或微观层面来研究唐宋之际的变革。

这一时期的历史分期和"唐宋变革"研究有较强的意识形态影响。

三　20 世纪 80 年代以后

20 世纪 80 年代以后，中国内地的"唐宋变革"研究进入了另一个阶段。国门打开后，一些新兴的西方史学理论传入中国，学者眼界变宽。同时，一些后起的研究者对马克思主义理论几十年的约束隐约抵触，刻意回避一些敏感概念。与此同时，旧的范式理论在新时代下暴露出了自己的弱点，学界也在反思旧范式的不足。另外，随着历史研究的深入，学界发现宋代并非五六十年代定性的那样，属于"长期停滞"，而是仍在发展，而且与唐代相比发生了许多重大变化。在这种情况下，学界不约而同地又想到了几十年前日本内藤、宫崎等人的"唐宋变革论"，"唐宋变革论"再一次热起来。

从 20 世纪 80 年代至今，中国内地"唐宋变革"经历了三十七八年的研究，这些研究可以分成四大块：一是对日本"唐宋变革论"的介绍和研究。其中包括对内藤本人及其宋代近世说的介绍、研究与批判；对宫崎所持理论的介绍与研究。二是对欧美"唐宋变革论"的介绍、研究和借鉴。三是在"唐宋变革论"的启发或引导下，唐史和宋史各领域就"唐宋变革"进行的研究。这是这些年"唐宋变革"研究的主体，内容涉及政治、经济、思想、文化、社会，甚至城市、地理、环境、医疗等各个领域，都放在"唐宋变革"的视野或框架下进行考察。中国内地的"唐宋变革"论严格说尚称不上"论",只能说是对"唐宋变革"的研究。四是由"唐宋变革论"引发的"宋元变革论"和"元明变革论"的讨论。2010年,李华瑞撰文《"唐宋变革"论的由来与发展》对中国学者对这一问题的认识,日美学者的观点以及中日学者对"唐宋变革"的分歧都有详细梳理,对此本文不再赘述。①

首先,对内藤和宫崎及其学说,学界进行了详尽的研究,学界对其内容和理论框架进行了介绍和探讨。② 对其分期理论和"宋代近世"说,由于与我国20世纪五六十年代基本确定下来的历史分期和社会性质不同,中国学界有两种情况:一是不明确表态,只是客观介绍,并梳理中国已有的分期理论;二是明确批判,如汪晖于2004年出版的《近代中国思想的兴起》一书的总体框架,就是在批判宫崎"宋朝近世"论的基础之上展开自己的观点。③ 还有的认为内藤站在世界史的范围,主张中国的宋元时期与西亚、南亚、东亚及欧洲的近世化过程相同步,是欧洲史学理论的亚洲版,也是欧洲中心观的反映。三是肯定"宋朝近世论",这种接受是普遍现象④。有的不明确使用宋代近世的说法;也有的论著明确借用日本学界对宋代的定位,即宋代"是中国近世开端",持这一论断的如陈来的《中国近世思想史研究》⑤、朱鸿林的《中国近世儒学实质的思辨与习学》⑥、葛金芳的《中国近世农村经济制度史论》⑦。

对于内藤本人,除了全面研究外,也有了批判的声音。有的学者指内

---

① 李华瑞:《"唐宋变革"论的由来与发展》上、下,《河北学刊》2010年第4、5期。

② 这类研究数量非常多,可以参考如下论著:夏应元:《内藤湖南的中国史研究》,《中国史研究动态》1981年第2期。钱婉约:《内藤湖南及其"内藤史学"》,《日本学刊》1999年第3期。张其凡:《关于"唐宋变革期"学说的介绍与思考》,《暨南学报》2001年第1期。钱婉约:《内藤湖南研究》,中华书局2004年版。张广达:《内藤湖南的唐宋变革说及其影响》,《唐研究》第11卷,2005年。柳立言:《何谓"唐宋变革"?》,《中华文史论丛》2006年第1辑(总第81辑),上海古籍出版社2006年版,第125—171页。李庆:《关于内藤湖南的"唐宋变革论"》,《学术月刊》2006年第10期。李华瑞《"唐宋变革"论的由来与发展》(上、下),《河北学刊》2010年第4、5期。胡宝华:《从内藤湖南到谷川道雄——日本中国学发展带来的启示》,《文史哲》2014年第5期。

③ 汪晖:《近代中国思想的兴起》,生活·读书·新知三联书店2004年版。

④ 关于这一点,李济沧在《"宋朝近世论"与中国历史的逻辑把握》(《中国经济史研究》2017年第5期)中作了说明。

⑤ 陈来:《中国近世思想史研究》,商务印书馆2003年版。

⑥ 朱鸿林:《中国近世儒学实质的思辨与习学》,北京大学出版社2005年版。

⑦ 葛金芳:《中国近世农村经济制度史论》,商务印书馆2013年版。

藤首先是一个政论家，其对中国史的研究及相关理论是为日本的对外政策和武力介入中国做理论基础。① 当然，内藤关于唐宋史的研究，除了上述批评之外，中国学界对其理论的具体论述还是认可的，而且其论说也启发了中国学界。不同于 20 世纪四五十年代的猛烈批判，这一时期中国学界对宫崎的介绍和研究比较平和客观，对其具体研究多所借鉴。

其次，对欧美"唐宋变革论"的介绍、研究和借鉴。自 20 世纪八九十年代起，欧美学者的"唐宋变革论"被介绍到中国内地，对中国内地的唐宋史研究领域的青年学者产生了较大影响，他们多从以士人为主的社会精英阶层来探讨宋代国家与地方社会之间的互动。近些年来，唐宋变革视野下的地域社会、区域文化信仰、社会秩序都是年轻一代学者关注的焦点问题。而上述方面的许多研究也往往框在"唐宋变革"视野下。许多博士论文在这几个方面选题较多，但其对欧美史学或社会学理论的运用多限于表象，很难较好地运用，在其论文中理论就像浮于水面的那层油而非水乳交融。

再次，在对日本"唐宋变革论"介绍和借鉴的基础上，中国学界以"唐宋变革"为视野展开了自己的研究，其内容非常广泛，涉及唐史和宋史研究的各个领域，既包括传统的政治、经济、思想、文化，又包括 20 世纪 80 年代后新兴的城市、环境、医疗、日常生活、地方行政、地域社会、社会经济等领域。这些研究既有对日本和欧美的"唐宋变革"理论的借鉴，又有自己的创新，是 20 世纪 80 年代以后中国内地"唐宋变革"研究的主体。其内容繁杂，数量众多，当然也良莠不齐。而这一块如果细分，又可以分成两种情况：有些是打通断代史，研究唐宋两代的划时代变化，如《江汉论坛》2006 年第 3 期以"唐宋变革"为主题的 5 篇文章就是属于打通断代的研究，这 5 篇文章包括张国刚的《论唐宋变革的时代特征》、孙继民的《唐宋兵制变化与唐宋社会变化》、杜文玉的《唐宋时期社会阶层内部结构的变化》、严耀中的《唐宋变革中的道德至上倾向》。打通断代的专著如戴建国的《唐宋变革时期的法律与社会》②、林文勋的

---

① 持这种观点的学者不少，论证最充分的是李华瑞《唐宋史研究应当翻过这一页》（《古代文明》2018 年第 1 期）。

② 戴建国：《唐宋变革时期的法律与社会》，上海古籍出版社 2010 年版。

《唐宋社会变革论纲》① 等，相关论著较多，恕不能一一列举。② 另一种情况是，有些研究只是装进了"唐宋变革"的框，其内容与"唐宋变革"论没有多少直接的关系。③

近年来，学界又从国家与社会关系的视角④，或从农商和富民、社会阶层变动的视角来构建中国古代史研究的主线，当然也包括"唐宋变革"研究。⑤

《史学集刊》2017 年第 5 期组织了一组"唐宋变革"论笔谈：张邦炜《体系意识：以唐宋变革与南宋认知为例》、葛金芳《略说中国本土的唐宋经济变革论》、魏明孔《长时段视阈下的唐宋变革——从隋代对唐宋的直接影响说起》。这组笔谈中，张邦炜主张研究要有体系意识；葛金芳指出，日本学者内藤湖南首倡的"唐宋变革假说"，体现了对历史变化与长时段研究的重视。但应看到，此后中国学者对"唐宋变革"论的推进，亦有贡献。魏明孔认为，唐宋变革似乎只是反映一个历史时段的基本变化，而非变革规律；就"唐宋变革"概念的提出，似乎有就唐宋讨论唐宋之嫌，没有将其纳入长时段的大背景下进行考察，实际上没有逃脱"五百年必有王者兴"的窠臼。这一批评很犀利。

最后，随着研究的进展，"唐宋变革论"引发了"宋元变革论"和"元明变革论"，甚至"宋元明变迁"说。

---

① 林文勋：《唐宋社会变革论纲》，人民出版社 2011 年版。

② 这一块的研究成果最多，限于篇幅，不能一一介绍，大家可以参考一些研究综述。关于唐宋赋役制度变革、城市社会变革、政治制度变革的研究可以参阅《中国史研究》2010 年第 1 期的唐宋变革论与宋史研究的一组文章，如包伟民《唐宋转折视野下的赋役制度研究》、宁欣和陈涛《唐宋城市社会变革研究的缘起与思考》、王化雨《唐宋变革与政治制度史研究》。黄纯艳：《唐宋变革论与宋代经济史研究》，载于林文勋、黄纯艳主编《中国经济史研究的理论与方法》，中国社会科学出版社 2017 年版。

③ 高德步：《唐宋变革：齐民地主经济与齐民社会的兴起》，《学术研究》2015 年第 7 期。李健：《唐宋时期科技发展与唐宋变革》，《中州学刊》2010 年第 6 期。邰鹏飞：《唐宋变革视野下的唐西州、沙州的乡村制度演变》，《许昌学院学报》2010 年第 1 期。孙小迪：《基于唐宋变革论的音乐思想史研究反思》，《当代音乐》2016 年第 24 期。毕巍明：《"唐宋变革论"及其对法律史研究的意义》，《上海政法学院学报》（法治论丛）2011 年第 4 期。张楷祥：《唐宋变革视角下绘画艺术的嬗变》，《美术教育研究》2016 年第 1 期。

④ 郑国、李书峰：《唐宋里坊制演变及其对当前的启示——国家与社会关系的视角》，《城市发展研究》2017 年第 3 期。

⑤ 薛政超：《构建中国古代史主线与体系的新视角——以王权、地主、农商和富民诸话语为中心》，《史学理论研究》2017 年第 4 期。宁欣：《变革视野下的唐宋社会阶层及其变动》，《历史教学》（下半月刊）2017 年第 7 期。

　　王瑞来认为，宋元变革论看上去是与唐宋变革论针锋相对的命题，其实，两者并非二元对立，都是从不同视角对中国历史走向的观察，根据一定的时代特征，把历史划分为若干时段观察，自然是一种具有逻辑意识的方式。①《思想战线》2017 年第 6 期组织了一组"宋元变革论"笔谈，刊发了 4 篇文章：王瑞来《向下看历史——宋元变革论略说》、李治安《"唐宋变革"前后的江南角色与元明江南嬗变》、林文勋《富民与宋元社会的新发展》、黄纯艳《宋元海洋意识的新变与海洋贸易时代的确立》。这组笔谈多视角展开新的尝试，试图探索中国历史如何经历宋和元，步入明和清，一直走到今天。

　　在唐宋变革的讨论带动下，元史学界将这种变革推到了元明之际。如李治安对元明之间的继承关系进行了全面、系统的论证，认为在蒙汉二元体制下，元代中国社会在政治、经济、疆域、地缘和文化五个方面均出现了巨大的变动，"多数直接遗留到明前期甚至以后"。②

　　20 世纪 90 年代之后的中国内地的"唐宋变革"研究，把宏观研究与中观甚至微观研究结合在一起，既有宏观理论的提出，又有中观、微观层面的探讨，统一都归到了"唐宋变革"论的名下，所以这三十几年成果不是一般得多，而也因此导致这一领域的成果良莠不齐，乱象丛生。是该反思和整理的时候了，因为这样才能更好地开展下一步的研究。

四　结语

　　《古代文明》2018 年第 1 期发表了李华瑞《唐宋史研究应当翻过这一页——从多视角看"宋代近世说"（唐宋变革论）》长文，该文从范式来源、政治背景、中西历史走向比较、被支离的多民族国家历史、国际宋史学界对唐宋史分期认识的变化以及国内唐宋史研究的实践等六个方面论证，认为唐宋史研究应当翻过纠缠于"宋代近世说（唐宋变革论）"这一页，去追寻符合时代发展的新范式。当然他并非主张"唐宋变革"不研究了。该文论证有力，值得学界深思。

　　李华瑞对"唐宋变革"论有"破"，尚未有"立"，如果只破不立，

---

①　王瑞来：《从近世走向近代——宋元变革论述要》，《史学集刊》2015 年第 4 期。
②　李治安：《元代及明前期社会变动初探》，《中国史研究》2005 年增刊。

时间长了，旧的东西仍然会延续。张邦炜近年来多次呼吁要看到并重视中国学者自己的"唐宋变革"论，中国社会科学网 2017 年 11 月 3 日发表文章，也提出"建构中国学者的唐宋变革理论"。近些年，林文勋提出了"富民社会"的理论，葛金芳提出"农商社会"理论，① 包伟民等主张"唐宋会通"，这些理论的许多地方还有待完善。

17—18 世纪，随着欧洲资本主义在全世界的扩展，欧洲的史学家们也建立起了自己解释世界的方法和观点，即世界史观。世界史观是随着资本主义在全世界的胜利和推广，史学家根据欧洲历史发展的道路而建立起来的一种历史观，是文艺复兴以来以西方为主导的世界整体化进程的反映，是"西方中心论"的。在这种历史观的指导下，西方学者根据欧洲的历史发展，将人类历史分为"古代—中古—近（现）代"三个阶段，用这种分期法阐释人类历史的进程。随着资本主义在全球的胜利，这种对历史的阐释方式也具有了普遍性。日本和欧美的"唐宋变革"理论无疑是源于这种历史阐释方式。内藤湖南把宋到 20 世纪初看作一个时期，即近世，在当时那个时代似乎也无不可。只是后来时代继续发展，发生了许多重大变化，这已是内藤身后之事了。20 世纪四五十年代，内藤的后继者们或许不愿承认 1949 年以后中国发生的变化，而仍将其视为一个时期，故而仍持"宋代近世"说。如果抛开政治因素，只就其理论本身而谈，我们不能不承认，日本内藤、宫崎等人的"唐宋变革"理论体系是非常强大的，从学术上而言，中国现阶段的研究水平还不能忽视其存在。因此，中国内地学者要构建自己的"唐宋变革"理论，只能从日本的"唐宋变革论"与五个社会形态理论之外寻求发展。无论是"富民社会"理论，还是"农商社会"理论，都是从经济或社会角度提出的，都巧妙地绕开了传统世界史观下的社会性质这一敏感问题。这些理论已经取得了不小的成绩，但同时也存在很大的缺陷，它们更侧重经济和社会层面，对政治层面的重大变革阐释起来存在一些困难。

要建构中国学者的新"范式"或理论，不只是说说而已，恐怕需要几代学人的不懈努力，当然更离不开思想的解放，只有解放思想，才有可能创新。从中日不同的历史书写来看，日本的"唐宋变革论"的确应该揭过

---

① 关于林文勋的"富民社会"理论和葛金芳的"农商社会说"可以参见林文勋、黄纯艳主编《中国经济史研究的理论与方法》，中国社会科学出版社 2017 年版。

去了。可是从今天中国内地对唐宋两代七百年间的重大变化研究的系统性而言，却似乎揭不过去。中国内地的"唐宋变革"研究发展到 2017 年，也算是一个节点，中国学界需要有人牵头整理乱象，将薄弱的子课题研究加强，在此基础上开创或完善自己的"唐宋变革"理论，争取从广度、深度和系统性上超越日本的"唐宋变革论"，只有这样，日本的"唐宋变革论"才能真正地揭过去。

《节序同风录》中的"邪"

——对时令风俗的思想史分析

解　扬*

　　《节序同风录》是清初文学家孔尚任（1648—1718）编纂的时令书。全书不分卷，按照十二月排列。每月下少者二条，多者十条，全书五十条。各条之下，叙述普通百姓在年内的各种时令节气里，所当遵行的各种风俗。在内容和风格上，《节序同风录》大体延续了记录中国岁时节令的著作传统，是与南北朝时期成书的《荆楚岁时记》和南宋时成书的《岁时广记》一脉相承的时令书，与关系国家纪纲政事的月令类著作不同。① 书中主要以北地风俗为主，或涉及吴楚南中等地。辑录各种风俗，目的是让百姓近善远恶，生活平和美好，因此实践的过程都不复杂，也不会给普通百姓之家在经济上和劳作上增添新的困难。书中只说应该如何做，并不解释缘由，因此文字精练，例如，正月初一下有关吃柿子一条，仅有"吞鲜柿，曰'事事是'"② 七个字。

　　但这部书除了记录应当依照风俗尊奉的行止以外，还在思想史上，有一些澄清模糊概念的意义。对于"邪"这个我们既熟悉，又说不清，而且缺乏明确界定的概念，《节序同风录》中的线索尤其值得留意。邪与正对。《广韵·平声·麻韵》谓"邪，不正也"。《孟子·滕文公下》以"息邪

---

　　* 解扬，中国社会科学院历史研究所。

　　① 这类著作很多，晚明的著名月令类著作是冯应京著《月令广义》，收录于《四库全书存目丛书》史部第165册，齐鲁书社1996年版。

　　② 孔尚任撰、马斯定点校："正月·初一"，《节序同风录》，浙江人民美术出版社2016年版，第5页。

说"与"正人心"对应。这说明"邪"与"正"一样,属于传统道德范畴内的描述性判定,它基于经验性的社会共识,超越于个人之上。或许正因为此,"邪"在界定上理应伴随着一定的随意性或解释上的不确定性,甚至影响到人们产生畏惧的不同程度。但《节序同风录》却提示我们需要谨慎地审视这种看法。在《节序同风录》中,孔尚任对"邪"有十分明确的界定,它不同于传统医学中的风邪,也丝毫不会与名目繁多的各种鬼怪妖祟混淆。

这提示了一个思想史上的新视角,即通过时令书这类与百姓日常生活紧密相关的文献,可以厘清人们观念中针对非具象性对象的神秘意识。下文即从思想史角度,借助分析"邪"与鬼怪等的区别,从侧面理解其概念。循此,对非具象化的重要概念的研究,提出些方法论意义上的思考。

为了让关注的议题更为集中,我们需要在研究视角和范畴上做一些限定。首先,对于传统中国的节庆问题,早在 20 世纪 20 年代,就有前辈学者开展研究。1925 年,由顾颉刚、容庚等先生启动的妙峰山香会风俗研究为代表和发端,掀起了中国本土民俗学研究的热潮。[①] 但引起顾先生等人注意的,是香会的会启这类史学家眼中可以作为研究对象的文献。后续的研究议题围绕神灵祭祀和信仰,直至"遍地神灵",并不出此范畴。[②] 例外的是在顾先生等筚路蓝缕之后不久,1936 年美国学者卜德(Derk Bodde)将记录北京节令民俗的《燕京岁时记》译成英文出版。[③] 此后,卜德从研究汉代世界观与节令关系的角度,分析相关文本,只是视角仍然与民俗学更接近。[④] 这给我们从思想史角度研究中国近世节令,留下了足够的空白。其次,杨联陞先生的名作《帝制中国的作息时间表》(*Schedules of Work and Rest in Imperial China*)为研究者打开了一扇可以通过固定的时间序列探讨古人日常生活问题的窗口,[⑤] 类似的问题,虽然属于制度史范畴,却

---

① 参见顾潮编著《顾颉刚年谱(增订本)》,1924 年条、1925 年条,中华书局,第 101、117—120 页。

② 参见张广智、高有鹏《遍地神灵》,生活书店出版有限公司 2015 年版。

③ Derk Bodde, *Annual Customs and Festivals in Peking as Record in the Yen – ching Sui – shi chi*, Peiping : Henri Vetch, 1936.

④ Derk Bodde, *Festivals in classical Chin : New Year and Other Annual Observances during the Han Dynasty*, 206 *B. C. – A. D.* 220, Princeton : N. J. : Princeton University Press, 1975. 此书中译本,卜德(Derk Bodde):《古代中国的节日》,学苑出版社 2017 年版。

⑤ Lien – Sheng Yang, *Studies in Chinese Institutional History*, Cambridge, Mass. : Harvard Univ. Press, 1961. 中文译本见杨联陞:《中国制度史研究》,江苏人民出版社 1998 年版。

又有别于传统制度史所关注的制度运作，因此从思想史角度未尝不是有益的尝试。①

一　"邪"之辨

通过《节序同风录》来理解古人的节令风俗与除邪扶正的关系，有其合理性。据《周礼·春官·女巫》，"女巫掌岁时祓除，衅浴"。即每年到了一定时节，需要举行相应的仪式，除去邪疾。这是年节与"邪"发生关联的重要依据。之后，历代记录风俗文献认定了这一传统的权威性，在《风俗通》《岁时广记》中都能找到相关的记载。

在《节序同风录》中，邪有多寡之别。孔尚任说，在五月初五，要"悬圆镜于中堂，曰'轩辕'，以驱众邪。"② 当天还可以用大镜子对着太阳晃照，"取大镜对日晃耀，光烛暗室，百邪远遁"③。类似的做法，在年底十二月三十日也有，"房中设穿衣大镜，照邪"④。但这种镜不同于照妖镜。孔尚任也提到了在五月初五这天可用镜照妖，"江心铸镜，作葵花样，背蟠双龙，曰'神鉴'，能照妖"⑤。

江心铸镜的典故发生在唐天宝年间，且出于皇家。南宋陈元靓《岁时广记》据唐传奇小说《异闻集》，记载了如下的事情。

> 《异闻集》："唐天宝中，扬州进水心镜一面。青莹耀日，背有盘龙，势如飞动。玄宗览而异之，进镜官扬州参军李守泰白：铸镜时，有老人自称姓龙名护，鬓须皓白，眉垂肩，衣白衣。有小童衣黑衣，呼为玄冥。至镜所，谓镜匠吕晖曰：老人解造真龙镜，为汝铸之。将惬帝意。遂令玄冥入炉所，扃户三日，户开，吕晖等搜觅，已失龙护及玄冥所在。炉前获素书一纸，云：开元皇帝圣通神灵，吾遂降祉，斯镜可辟众邪、鉴万物。秦皇之镜，无以加焉。歌曰：盘龙盘龙，隐

---

① 参看葛兆光《古代中国关于白天与夜晚观念的思想史分析》，《台大历史学报》第 32 期，2003 年 12 月。

② 孔尚任撰、马斯定点校："五月·初五"，《节序同风录》，第 68 页。

③ 同上。

④ 孔尚任撰、马斯定点校："十二月·三十日"，《节序同风录》，第 129 页。

⑤ 孔尚任撰、马斯定点校："五月·初五"，《节序同风录》，第 68 页。

于镜中。分野有象，变化无穷。兴云吐雾，行雨生风，上清仙子，来献圣聪。吕晖等移炉，以五月五日于扬子江心铸之。"①

对于水心镜的功用，《异闻集》和《岁时广记》都认为是"辟众邪、鉴万物"，但《节序同风录》记录此镜可照妖，而非辟邪。对孔氏记载于《异闻集》《岁时广记》的不同之处，可以有两种解释。其一，当然是以之为信手记录，并未深究，妖、邪不分。因为在清代四库馆臣看来，《节序同风录》所载风俗事宜虽然"颇为详备"，但也有欠周详，"人事今古不同，方隅各异，尚任不分其时其地，比而同之，又不著其所出，未免失之混淆，不足以为典据也"②。其二，在孔尚任记录的北方民俗中③，水心镜的功用除了辟邪，更可照妖，或者根本在去妖，而非辟邪。如果取前者，读者自不必深究；若取后者，我们便需要些旁证，来支持孔尚任改换之前的认识，确实是出于其对邪的界定使然。

首先记录"轩辕镜"的是《节序同风录》五月初五日下的第 82 条；江心铸镜是在第 83 条。两条文字前后衔接，可见作者的本意，已然视二者自有区隔了。其次，据《岁时广记》记载，水心镜在唐代出现后，除了辟邪，还在祈雨上有特殊的灵通；隐于镜中的盘龙，成了水心镜的主角。也即，无论是水心镜本身，还是它的功能，都具象化而有所指，并非针对"邪"这一无实指的对象。再次，据《酉阳杂俎》记载，水心镜产生神奇功用的场合，出自唐玄宗治下的皇家，与百姓无涉，跟日常节令风俗更无关系。基于此，我们若视孔尚任以水心镜照妖为有意之举，便可以这样解释：有具象者为妖，无具象者为邪；水心镜等中古时代的皇家神奇，到了清初，已经可以为普通百姓所用，驱辟日常生活中的害人之物了。这反映出自宋代以来，人们对邪和妖之间的区分，已经有了明确的界定。对于百姓而言，可以借助来趋利避害的资源更多了。

在《节序同风录》中，对付妖的是重明鸟，也叫"重睛鸟"。这是一

_____

① 陈元靓："端午·进龙镜"条，《岁时广记》卷 23，《续修四库全书》史部时令类，上海古籍出版社 1995 年版，第 330—331 页。

② 永瑢等撰：《四库全书总目》史部时令类，《节序同风录》提要，中华书局 1965 年版，第594 页。

③ 《节序同风录》记录的大抵是北地风俗，采旧籍陈说，也有以吴楚南中的风俗。参看孔尚任撰、马斯定点校：《节序同风录》书前"点校说明"，第 1 页。

种被画或刻在堂门上，"状似鸡，声如凤，解落羽毛，肉翩能飞，辟一切妖恶"①。据明代的博物类书《广博物志》，重明鸟的最早记载出自东晋的《拾遗记》："有祗支之国，献重明之鸟。一名双睛。言双睛在目，状如鸡，鸣似凤，时解落毛羽，以肉翩而飞。能搏逐猛兽虎狼，使妖灾群恶不能为害。饴以琼膏，或一岁数来，或数岁不至，国人莫不扫洒门户，以望重明之集。"如若重明鸟不来，"国人或刻木，或铸金，为此鸟之状，置于户牖之间，则魑魅丑类自然退伏"②。这就是重明鸟要画或刻在堂门上的缘由。重明鸟其形可睹，其迹可寻，对付的是虎狼和妖灾群恶，并不涉及人们意识中无形的"邪"。

回到邪的多寡问题上，《节序同风录》说十二月三十日这天要贴门神，"左曰'门丞'，右曰'户尉'，或甲胄，或袍笏，或番蛮，或狰狞恶状，以去众邪。又有子孙、爵鹿、蝠蟾、宝马、瓶鞍等状，以迓吉祥"③。这里的"众"非指数量，而是说的种类。邪的种类多，需要甲胄、袍笏这类正式的文武官服或狰狞的表情来制服，既有正能胜邪的意思，也有魔高一尺道高一丈、以恶制恶的隐喻。这里提到"吉祥"的多样化，也正可为邪有多种的佐证。类似地，还有在十二月三十日，"取长炭二条，腰束红纸，倚门两旁曰'将军炭'，能镇诸邪；或以炭塑为将军像"④。"以一条木横门外，曰'阑门杠'，禁邪"⑤。

按照孔尚任的记录，邪不是鬼。孔尚任提到，在正月初一，要煎煮药汤沐浴，用来驱邪；五月初五，要张贴天师骑虎像，也是为了辟邪。但这两种方法对鬼无效。对付鬼，有另外的做法。正月初一这天对付鬼，要用"却鬼丸"。这是一种用雄黄、丹砂各一两，和蜡为丸，弹子大小，男女佩戴在身上的东西。⑥ 却鬼丸的原型是"弹鬼丸"。在南宋时就有记载，用法也是元旦这天，男女左右佩戴。陈元靓在《岁时广记》中称："刘氏方弹鬼丸。武都、雄黄、丹砂二两，合前五药为末，镕蜡五两，和圆如弹大。正旦，男左女右佩之，大辟邪气。"⑦ 这则记载，还为我们理解邪、鬼的差

① 孔尚任撰、马斯定点校："正月·初一"，《节序同风录》，第 2 页。
② 王嘉撰、萧绮录："唐尧"，《拾遗记校注》卷 1，中华书局 1981 年版，第 24 页。
③ 孔尚任撰、马斯定点校："十二月·三十日"，《节序同风录》，第 130 页。
④ 同上书，第 133 页。
⑤ 同上书，第 135 页。
⑥ 孔尚任撰、马斯定点校："正月·初一"，《节序同风录》，第 1 页。
⑦ 陈元靓："弹鬼丸"条，《岁时广记》卷 5，《续修四库全书》史部第 885 册，第 184—185 页。

异提供了时间线索。这里提到的弹鬼丹，方子来自"刘氏"，陈元靓称名为弹鬼，实则辟邪。这与上文分析的妖、邪在宋代以前不分的情形一致，说明宋代人并不太在意邪和鬼的区分，两者可能混用。但孔尚任却能明确"却鬼丸"和"弹鬼丸"的区别，说明在清初，鬼和邪已经区隔明显了。五月初五这天，也有对付鬼的办法，即"贴罗池庙柳侯碑于壁，避疟鬼"①，所针对的应该是引发疟疾一类疾病的鬼。此外，孔尚任还提到了专门对付针对幼童的鬼的"鬼见愁"。这是一种以五色丝做成的圈，上"系缅茄、甸豆"②。这说明，对于鬼和邪，不仅百姓的节令活动有明确的区分和不同的应付方法，也得到了孔尚任的认可。

在《节序同风录》中，邪与祟不同。十二月三十日，以一条木横门外，叫"阑门杠"，可以用来"禁邪"，同日"中庭设火山，焚松柏枝叶、香木根，谓之伛祟"③。对付邪和祟，在使用的材料和方法上，都见不同，可见二者并非一物。

此书中，邪与恶也不同。孔尚任提到，在五月初五，"用朱索连五色刚卯，为门户饰，以止恶气"④。对付邪和恶，都可以用桃树，但取材于不同的部分。辟邪可以用桃叶五片，缀成"桃叶符"，戴在钗头上。⑤但桃木却可以制成高六寸、方三寸的印，"朱画五岳真形，系以彩缯，置屏幛间"，能止恶气。⑥类似桃树功能的还有核桃，在九月"刻核桃或桃核，为各种物像，佩之，亦谓之'桃符'，可以骇邪"⑦。对付邪，桃树和核桃不单可以通用，制作的专门器物也比止恶的简单。由此可以初步判断，邪给人们带来的负面影响，并不比恶要严重。

邪和毒也不同。在五月初五这天，"煮熏肉、盐蛋、炸鱼、腊鸡，食之解毒"⑧。最能说明邪和毒的区别之处，是《节序同风录》中五月初五日下的第 52 条和第 53 条，这两条在点校本的工作底本即现藏于大连市图书馆的清抄本中，分别为："分给家人解毒扇，又名辟瘟扇。上画五毒物，

① 孔尚任撰、马斯定点校："五月初五"，《节序同风录》，第 62 页。
② 孔尚任："五月·初五"，《节序同风录》，第 66 页。
③ 孔尚任撰、马斯定点校："十二月·三十日"，《节序同风录》，第 135 页。
④ 孔尚任撰、马斯定点校："五月·初五"，《节序同风录》，第 63 页。
⑤ 同上。
⑥ 同上。
⑦ 孔尚任撰、马斯定点校："九月·"
⑧ 孔尚任撰、马斯定点校："五月·初五"，《节序同风录》，第 67 页。

曰猛虎、虺蛇、蜈蚣、蜂虿，又画天师、鹤鸡、蟾蜍、守宫能制五毒者"，以及"以古玉刚卯为扇坠，已疾疢。又琢玉为虎符，或五岳真形，佩之辟邪"①。这两条记录的"解毒扇"和"玉虎符"，并非同一事物，各自对付的也是毒和邪。但点校本却将这两条合并，就容易引起读者解毒和辟邪是同一问题的误解。②

与邪接近的是瘟。《节序同风录》提到了祛除邪气，可以煎煮药汤，用之沐浴。汤药指的"五香汤""苍术汤"。这两种药剂，前者"可令发黑，兼除邪气"；后者可以"却病，辟邪，无疮"。③ 五香即青木香，但孔尚任没说苍术汤的成分。不过，他在正月初一提到的"辟邪丹"中，透露了一些对苍术的用法。正月初一焚辟邪丹，"其方出太仓公，苍术一觔，台芎、黄连、白术、蒐活各八两，川芎、草乌、细辛、柴胡、防风、独活、甘草、稿本、白芷、香附、当归、荆芥、天麻、官桂、甘松、干姜、三奈、麻黄、牙皂、芍药各四两，右为末。煮红枣肉，为丸如弹子大。每焚一丸，辟瘟远邪"④。这是此书中瘟邪并提的唯一例子。这也有传统。"辟邪丹"的方子来自《千金方》。《岁时广记》记元旦日有焚辟瘟丹的传统，即"《千金方·辟瘟丹》皂角、苍术、降真香为末，水圆如龙眼大，朱砂为衣。正旦五更，当门焚之，禳灭瘟气。"⑤ 可见，瘟和邪有类似之处。

苍术在《节序同风录》中并不少见，是节庆风俗中常用的中药。《节序同风录》记录了在五月初五，有一种"辟瘟丹"，也是以苍术为主要成分。这个方子源于《道藏》。孔尚任说："用苍术一觔，雌黄、硫黄、硝石各一两，柏叶八两，雄黄、朱砂、大黄、羌活、独活、仙茅、雄狐粪、商陆根、赤小豆、藿香各二两，白芷、菖蒲根、蕲艾、降香、桃头前端午午时取者各四两，唵叭香少许。右廿四味按廿四气为末，米糊为丸，弹子大，火上烧一丸，辟时气，与元旦辟瘟丹不同。"⑥

---

① 孔尚任："五月·初五"，《节序同风录》，《四库全书存目丛书》史部时令类，第165册，齐鲁书社1996年版，第834页上。
② 孔尚任撰、马斯定点校："五月·初五"，《节序同风录》，第66页。
③ 孔尚任撰、马斯定点校："正月·初一"，《节序同风录》，浙江人民美术出版社2016年版，第1页。
④ 孔尚任撰、马斯定点校："正月初一·初一"，《节序同风录》，第2—3页。
⑤ 陈元靓："辟瘟丹"，《岁时广记》卷5。
⑥ 孔尚任撰、马斯定点校："五月·初五"，《节序同风录》，第71—72页。

二　辟邪

正因为"邪"并非具象的实指,《节序同风录》提到可以辟邪的方法,也提示了我们界定邪的思路。辟邪主要借助实物的力量,包括植物及其果实。桃树是百姓日常生活中重要的辟邪之物。元旦这天,可以喝桃仁汤:"饮桃仁汤。磨桃仁为粉,入糖霜熬为酪,如杏酪法,亦曰'桃酪',食以辟百邪"①。五月初五这天,还可以"摘桃叶五片,叠缀成花,曰'桃叶符',戴之钗头,辟邪"②。

元旦喝桃汤的传统,《岁时广记》解释了原因:"《荆楚岁时记·元旦服桃汤》:桃者,五行之精,能厌伏邪气,制御百鬼。又《风俗通》云:元日饮桃汤及柏叶酒。"③ 这句话说明,《岁时广记》是依据《荆楚岁时记》,认定桃可以伏邪气,制百鬼,但是将邪和鬼并提,且两者并无分别。这句出自《荆楚岁时记》的话,原文是"桃者,五行之精,厌伏邪气,制百鬼也"④。检核原书,这是这部著名的节令书中,唯一一次提到"邪气"的地方,此外都是谈鬼不谈邪。由此可见,"邪"的概念在历史上发生了一些变化,看似是邪与鬼相比,占有的份额越来越大,但实际上反映了百姓对邪的认定越来越准确。而且,这一趋势,符合上文谈到的邪是非具象性的,鬼却是有实指的规律。

桦树皮也能用来祛邪。可以在正月初一这天,"焚桦皮于中庭,以辟邪气"⑤。椿树皮也可用,在正月初一这天,"削椿树皮寸许,戴之髻上,辟百邪"。⑥ 同日,还可以往井里撒麻子和赤小豆:"麻子三七粒,赤小豆七粒,共撒井中,辟疫邪"⑦。此外,用纸也可以祛邪。在元旦这天,"早开门,纸爆三响,惊百祟不敢入。其烧残爆头,拾置床下,辟邪"⑧。辛辣的佐料,也可以用来驱除邪气。"收芥子,碾为细末,临用以热水浸之,

---

① 孔尚任撰、马斯定点校:"正月·初一",《节序同风录》,第 4 页。
② 孔尚任撰、马斯定点校:"五月·初五",《节序同风录》,第 63 页。
③ 陈元靓:"服桃汤"条,《岁时广记》卷 5,《续修四库全书》史部时令类,第 185 页。
④ 宗懔:《荆楚岁时记》,元文二年刊本,第 1 页。
⑤ 孔尚任撰、马斯定点校:"正月·初一",《节序同风录》,第 3 页。
⑥ 同上书,第 10 页。
⑦ 同上书,第 3 页。
⑧ 同上书,第 6 页。

闭其气，令极辣，分贮碟内，蘸馄饨食，曰'介眉碟'，辟邪气。"① "献五辛盘，葱、姜、椒、蒜、芥攒之一盘，食以辟邪气，又曰'五辛盘'，用大蒜、小蒜、云苔、胡荽、韭，以通五脏之气，佐馄饨食。"②

此外，《节序同风录》提到，能用来辟邪的还有画像。五月初五这天，可以"悬天师、五雷、星官等像于中堂，贴天师符于各门楣。又泥塑天师像，以艾为须，蒜为拳，置于门上镇邪。"置于天师像是什么形象，孔尚任又补充了一句："泥塑天师骑虎像，供之中堂，或以彩绮制之"③。与之同类的是植物做成的象形之物，例如，五月初五，"镂菖蒲根为小人子或葫芦形，戴之辟邪"④。同日，还有"粽叶扇，谓之'蒲葵扇'，摇之辟蚊蝇，柄系八宝，曰'八面威风'，制邪"⑤。同类的扇坠，还有"以古王刚卯为扇坠，已疾疢。又琢玉为虎符，或五岳真形，佩之辟邪"⑥。

三 "邪"的非具象化

《节序同风录》提到的节令期间应当遵行的做法，有学者认为属于禁忌性巫术。⑦ 由于它们缺乏具象化的神祇，也没有严格的仪式和文本；虽然在家庭内代代相传，但也不存在师徒授受关系，因此这些与普通百姓息息相关的各种神秘体验，被西方基督教拒绝视为宗教，而被冠以民间宗教（popular religion）一词，来表示在民间定时实践的类似宗教皈依性的群体行为及其认同。这类行为并不必然或绝对与官方对立，但它囊括了物质世界和精神世界无法论证、无以言说或不便澄清的各种神秘意识与行为，与宗教有高度的相似性，因此有了与民间文化（popular culture）不同的表述。对于中国社会普遍存在的各种类似宗教的文化现象，社会学家杨庆堃的观察提供了准确的描述，为我们提供了进行拓展性深入研究的有益借鉴。他说：

---

① 孔尚任撰、马斯定点校："正月·初一"，《节序同风录》，第 4 页。
② 同上书，第 5 页。
③ 孔尚任撰、马斯定点校："五月·初五"，《节序同风录》，第 62 页。
④ 同上书，第 64 页。
⑤ 同上书，第 65 页。
⑥ 同上书，第 66 页。
⑦ 对禁忌性巫术和放蛊巫术的区别，参看宋兆麟《巫与祭司》，商务印书馆 2013 年版，第 203—204、207—219 页。

（在中国）除了到处可见的被西方基督教拒绝承认作为宗教一部分的巫术势力，还有令一些令人费解的现象。那就是，处于社会和政治主导地位的不是宗教教义和强大的神职势力，而是那种似乎是持不可知论的儒家世俗传统——处于社会主导地位的文人官僚阶层遵循的正是这样的传统。[①]

杨庆堃凭借经验事实和社会学观察，发现了中国无处不在的寺院、祠堂、神坛以及这些实体在中国社会中广泛存在并且发生作用的事实。因此，杨氏认为中国普遍存在宗教。进而，他针对中国宗教在理论上和解释框架上的困境，借用社会学中弥散性和特殊性的概念，提出中国社会中的宗教存在弥散性和制度性这两种类型的区分。

针对杨庆堃认为中国宗教的模糊性来自"缺乏显著性结构"的观点，历史学家从地方宗族的结构性入手，研究民间宗教与基层社会、亲族系统结合的现象。首先突破的是地域问题，尤其是在特定地域上的宗教活动及其与日常生活的关系，成为研究的重点。这种关联集中表现在宗族组织、神祇结构和地方文化特色的结合，借此突出宗教在地域上的特点。[②] 可以说，无论是从社会学还是人类学视角切入中国古代普通人的生活，结构功能与地域的结合是一个非常有效并且科学的视角。

但这一宗教性价值体系，却有几个因特点过于鲜明而存在的局限。第一，研究往往以具象化的神祇为依托，非具象化、存在于人们思想观念中的各种善恶力量之源，很难成为研究的对象；第二，地域成为研究者观察的视角，也提供了史料丰富、内容集中的研究平台，但也同时产生了研究个案缺乏能放大到诠释其他地域各类复杂问题的足够解释力。第三，由于地域的特殊性成为研究重点，导致了研究者在关注空间的同时，忽视了时

---

① 参见金耀基、范丽珠《研究中国宗教的社会学范式——杨庆堃眼中的中国社会宗教》，载杨庆堃《中国社会中的宗教》代序，四川人民出版社 2016 年版，第 II 页。
② 例如，科大卫《宗教与地域的表征》，《诸神嘉年华：香港宗教研究》，香港：牛津大学出版社 2002 年版，第 140—162 页。Stephan Feuchtwang, *Popular Religion in China: the Imperial Metaphor*, Richmond: Curzon, 2001. 2001 年的是第二版，中文译本为《帝国的隐喻：中国民间宗教》，江苏人民出版社 2009 年版。

间的重要性。① 提出这几点观察的理据，是基于历史研究者不可忽视的两个重要因素：与普通人日常生活息息相关的时间序列以及在实体神祇和相关建筑所形成的"结构性组织"之外，普通人意识中对无形却强力存在的皈依式认同。同时，这一诠释体系的困境也在于，对中国社会中不以具象化的神祇为依托、超越地域，伴随特定时间产生的类似皈依性认同的行为，在解释上存在困难。

但本文从思想史角度初步分析的"邪"，却对研究这类中国节令风俗中一部分依存在观念之中，与具象化神祇有所不同的对象，提出了另一种可能。由于超脱了具象化神祇的局限，这一思路与王斯福（Stephan Feuchtwang）结合地域崇拜与节庆的研究，也便有了不同。②

赵翼在《陔余丛考》中说："鬼神之享血食，其盛衰久暂，亦若有运数而不可意料者。"③ 与"邪"的观念发生关系的有进食的举动，却并非仪式性的宴饮，更不牵涉血食，这与上文的辨析结果一致，"邪"并不涉及鬼神。在中国中世纪以降最常见的巫术中，灵媒游历冥间并用俗语对旁人讲述其经历，于是研究者认为巫沟通的多不只是鬼或神，而是与听众有亲缘的祖灵。④ 很显然，"邪"不涉及祖灵，也不需要人为媒介，因此"邪"也不涉及"巫"的领域，更不关涉信仰的各种复杂问题。

四　余论

从《节序同风录》的记载来看，至少在被清初士人所接受的百姓时令风俗中，"邪"是一种可以用明确的举措来规避的对象，虽然我们对"邪"能产生的终极恶果仍然不能揣测。但普通百姓在意识中，对"邪"有明确的认识，规避的手段也有隐含的规律和延续的文化系统，只是均未被言明。用来辟邪的器物，既不复杂，也不昂贵，大体上是普通民众的经济能力承受得起的。它是家庭生活的一部分，却与家庭的构成、规制和亲

---

① 萧凤霞在研究中对时间的把握，值得留意。Helen Siu, *Agents and Victims in South China: Accomplices in Rural Revolution*, New Haven, Conn.: Yale University Press, 1989.

② 王斯福是以特定地域上有形的实体神灵崇拜为研究对象。参见 Haar, B. J. ter, "Review on The Imperial Metaphor: Popular Religion in China," *T'oung Pao*, 85, (1999): 243 – 247.

③ 赵翼:《陔余丛考》卷35，"关壮缪"条，河北人民出版社1990年版，第722页。

④ ［美］太史文（Stephen F. Teiser）:《中国中世纪的鬼节》，侯旭东译，上海人民出版社2016年版，第108页。

族运作无关，也不包含祭祀活动，更不牵涉国家制度。它在年内特殊的时节被明确提到需要规避，却不限于时令，因此辟邪也不止于"风俗"现象，而是与普通人的思想意识息息相关。

但古人对"邪"的认识明晰却并不明显，限于此，我们从时令角度的分析初步探讨，只能从侧面辨析"邪"与其他容易混淆的概念之间的差异，尚不易深入从正面讨论"邪"在百姓日常生活中的意义。这提示我们，对于具象化的神祇的研究，需要在研究视角和思路上有所突破。从思想史角度分析百姓必须面对却不太明白的角落，未尝不是合理的切入点。《节序同风录》便是这样一个合适的例子。至于书中的"邪"多集中在上半年，且以元月和五月为多，对此作何解释以及这种现象在古代中国是否有地域性的差别，是否属于禁忌性巫术的范畴①，则留待后续的研究。

---

① 对禁忌性巫术和放蛊巫术的区别，参看宋兆麟《巫与祭司》，商务印书馆 2013 年版，第203—204、207—219 页。

朝鲜时代两班主要宗族人才地域分布格局差异性比较研究初探

——以京畿地区、岭南地区为例

姚诗聪 *

今天韩国的经济、文化中心，除了以首尔为中心的首都圈之外，便是自古以来就人才辈出的岭南地区，而此二元并立的文化地理格局在朝鲜时代便已形成。韩国俗语有云"朝鲜（时代）人才一半出于岭南"，岭南地区曾是朝鲜时代的人才中心，文风鼎盛、人物显赫。今天岭南出身的众多杰出人才依然活跃在韩国社会的各个领域中，拥有着举足轻重的地位。本贯对于韩国宗族的发展具有极其重要的本源意义，本贯观念深刻影响韩国社会至今。随着宗族的繁衍发展，势必会出现家族成员的迁徙分化以及新贯与本贯的分离。由于"同姓同本，百代之亲"观念的深刻影响使得对于本贯的血缘意识和地域认同感深入人心，并不会因为本贯与出生地、世居地的分离而有丝毫的弱化。故对于朝鲜时代两班主要宗族的主要人才在京畿地区和岭南地区地域分布格局的差异性比较研究，这一韩国历史地理研究中的重要课题无疑极具研究价值与意义。历史地理学研究在当下中国内地学界方兴未艾，蔚然成风，毫无疑问已经成为中国内地历史研究中的显学。中韩建交已走过25个年头，然而中国内地学界对于韩国历史地理的研究却极不理想，仅有涉及朝鲜时代政区

---

* 姚诗聪，韩国岭南大学韩国汉文学专业硕士研究生。

建置沿革①、韩国地名②、韩国历史地理文献《新增东国舆地胜览》③、首尔人口地理④等零星学术成果，总体而言中国内地学界的韩国历史地理研究仍处于刚起步阶段，这当然是与韩国学研究在中国内地学界的学术地位不尽如人意密切相关。参照中国内地学界对于中国内地的历史地理研究内容，韩国历史地理值得研究的内容同样多如牛毛，是韩国学研究的重要组成部分，意义重大，亟待开拓。韩国学研究对于中国内地学人责无旁贷，期待韩国历史地理研究成为中国内地历史地理学界新的重要学术增长点。

一　相关选取标准的说明

两班是韩国高丽—朝鲜时代的贵族阶层，是文班和武班的合称，集贵族性与官僚性于一身。他们都享受国家赐予的山林田地，免交赋税，并可以收纳奴婢来伺候家人。源自王宫朝会时国王坐北向南，以国王为中心，文官排列在东边，武官排列在西边，因此而得名。两班制度在朝鲜时代完全确立，一般能够建构宗族的姓氏都属于官僚阶层的两班集团，朝鲜时代的宗族化过程大多数由两班贵族集团来加以完成⑤。朝鲜时代社会身份等级界限明显，王族之外的臣民共分成四个阶级，即两班贵族（亦称士大夫）、中人（官员的良妾所生的儿子，良妾是平民百姓嫁给官员作为妾侍的称呼）、平民和贱民。两班贵族阶层基本垄断了朝鲜时代各个领域的杰出人才，是朝鲜时代社会的精英阶层。两班贵族出身的各个领域的杰出人才是朝鲜时代的文化精英，在朝鲜时代文化史上占有重要地位，代表了朝鲜时代文化的最高水准，也可以说是代表了韩国古代文化的最高水准。入选本文的两班宗族的排序理由大致是按照其家族的

---

①　魏嵩山：《三千里江山回顾——朝鲜王朝政区建置沿革》，上海人民出版社 1997 年版；《朝鲜八道建置沿革考》，韩国研究论丛（半年刊），1996 年。

②　华林甫：《中国传统地名学对朝鲜——韩国半岛的影响》，《中国文化研究》2001 年第 4 期；张慧荣：《汉语原创词与韩国地名文化——以首尔的地名为例》，《求索》2007 年第 6 期；何元元：《韩国地名通名浅析》，《中国地名》2012 年第 8 期；冯倩：《韩国地名的文化意义考察》，四川外国语大学 2012 年硕士学位论文。

③　梁英华：《〈新增东国舆地胜览〉述论》，《中国地方志》2011 年第 4 期。

④　康斗洙：《首尔市人口移动与居住地分布变迁史研究》，延边大学 2012 年博士学位论文。

⑤　杨渝东：《韩国的政治化宗族》，《读书》2016 年第 6 期。

人才质量高低作为标准，而不是按照宗族人口数量的多少以及政治地位的高低、政治影响力的大小排列。人才的入选理由则是以其在韩国文化史上的成就以及地位高低作为标准，涉及政治、军事、儒学、礼学、宗教、史学、地理学、文字学、音韵学、文学、音乐、书画、民俗学、科技、商业等诸多领域，主要是涉及儒学、史学、地理学、文学、书画等领域，兼顾政治、军事、礼学、宗教、文字学、音韵学、音乐、民俗学、科技、商业领域。所选人才主要都是出身两班阶层，个别是出自中人阶层。所选两班宗族基本上囊括了韩国朝鲜时代所有主要的两班宗族，所选人才可以说是比较全面地反映了韩国朝鲜时代文化繁荣、人才辈出的盛况。

本贯又称贯籍、本籍、姓贯、本、贯乡、籍贯，对于韩国宗族的发展具有极其重要的本源意义，本贯观念深刻影响韩国社会至今。韩国的本贯制度自统一新罗时代末期开始实行，虽有地域差异，但据推测应在高丽时代的成宗十四年（995）便在全国得以通行。伴随着宗族的繁衍发展，自会有人才的出现。家族的家声与门望即是依靠人才的出现而得以建立与维系。家族人才的出现无疑既是家族教育的成果，是门风的体现，更是地域经济社会发展水平的反映，与地域文化密不可分，具有鲜明的地域性。本贯作为姓氏的籍贯，随着宗族的繁衍发展，势必会出现家族成员的迁徙分化以及新贯与本贯的分离，但本贯赋予了宗族发展最传统也最深刻的文化基因，是后世新贯所不能比拟和替代的。朝鲜时代开始出现姓贯合并现象，即宗族势力弱小的姓贯向同姓宗族势力强盛的本贯改贯的现象。由于"同姓同本，百代之亲"观念的深刻影响使得对于本贯的血缘意识和地域认同感深入人心，尤其是在朝鲜时代后期，并不会因为本贯与出生地、世居地的分离而有丝毫的弱化。故本文中的两班人才的入选地理标准是以本贯所属为依据而非出生地、世居地。

朝鲜时代地方政区建置长期以八道分统府州郡县，即京畿、庆尚、全罗、忠清、黄海、江原、平安、咸镜八道，故直到现在韩国和朝鲜都习惯用"朝鲜八道"来代指朝鲜半岛。今天韩国的行政区划分为1个特别市（首尔）、1个特别自治市（世宗）、6个广域市（釜山、仁川、大邱、光州、大田、蔚山）、8个道（京畿道、庆尚北道、庆尚南道、全罗北道、全罗南道、忠清北道、忠清南道、江原道）、1个特别自治道（济州道），在政区建置上分属于朝鲜时代的京畿、庆尚、全罗、忠清、黄海、江原六道。朝鲜八道也被习惯上划分为京畿、岭南、湖南、湖西、海西、关东、关西、关北等八大文化地理区域，今天的韩国在文化区域上分属于朝鲜时代的京畿、岭南、湖南、湖西、海西、关东六大文化地理区域。因为朝鲜时代的黄海道中只有沿海少量岛屿属于今天韩国的仁川广域市，所以习惯上将今天的韩国划分为京畿、岭南、湖南、湖西、关东五大文化地理区域。朝鲜时代的京畿道绝大部分属于今天韩国的京畿道，江原道大部分属于今天韩国的江原道，庆尚、全罗、忠清三道全部位于今天的韩国，但庆尚道与今天韩国的庆尚北道、庆尚南道，全罗道与今天韩国的全罗北道、全罗南道，忠清道与今天韩国的忠清北道、忠清南道的统辖范围并不完全一致。另外，今天韩国的济州特别自治道属于朝鲜时代的全罗道。入选本文的两班宗族本贯即是按照朝鲜时代京畿、岭南两大文化地理区域进行分类。本文中所涉及的朝鲜时代各政区范围是以朝鲜高宗三十一年（1894）的政区范围为基准。朝鲜时代京畿地区的统辖范围大致是今天韩国京畿道（除平泽市之外）、首尔特别市、仁川广域市、江原道春川市以及朝鲜黄海北道开城市、开丰郡、长丰郡的面积之和，岭南地区的统辖范围就是今天韩国庆尚北道、庆尚南道、釜山广域市、大邱广域市、蔚山广域市的面积之和。

二　朝鲜时代京畿地区两班宗族人才地域分布格局研究

朝鲜时代京畿地区两班主要宗族及代表人才相关情况一览表①

本贯所在地别	家族	始祖/中始祖	代表人物（朝鲜时代）	备注
德水（黄海北道开丰郡）	德水李氏	李敦守（高丽）	李芑　李荇　李珥 李舜臣　李安讷　李植	十大文化名门
阳川（首尔特别市）	阳川许氏	许宣文（高丽）	许琮　许浚　许穆 许兰雪轩　许筠　许链	十大文化名门
骊州（京畿道骊州市）	骊州李氏	高丽	李彦迪　李瀷　李重焕	
南阳（京畿道水原市）	南阳洪氏 （土洪系）	洪先幸（高丽）	洪彦弼　洪翼汉 洪大容	

①　该表整理自뿌리를 찾아서: 네이버통합검색. http://www.rootsinfo.co.kr/.

本贯所在地别	家族	始祖/中始祖	代表人物（朝鲜时代）	备注
幸州（京畿道高阳市）	幸州奇氏	奇友诚（三国）	奇大升　奇正镇	
汉阳（首尔特别市）	汉阳赵氏	赵之寿（高丽）	赵光祖　赵秀三	
唐城（京畿道华城市）	唐城徐氏	徐得富（朝鲜）	徐敬德	
广州（首尔特别市）	广州安氏	安邦杰（高丽）	安鼎福	
德水（黄海北道开丰郡）	德水张氏	张舜龙（高丽）	张维	
朔宁（京畿道涟川郡）	朔宁崔氏	崔天老（高丽）	崔恒　崔汉绮	
交河（京畿道坡州市）	交河卢氏	卢坞（高丽）	卢思慎	
坡平（京畿道坡州市）	坡平尹氏	尹莘达（高丽）	尹弼商　尹任　尹元衡　尹春年　文定王后	
南阳（京畿道水原市）	南阳洪氏（唐洪系）	洪殷悦（新罗）	洪景舟　洪启禧　洪景来	
骊兴（京畿道骊州市）	骊兴闵氏	闵称道（高丽）	闵泳翊　闵泳焕　元敬王后　仁显王后　明成皇后	
丰壤（京畿道扬州市）	丰壤赵氏	赵孟（高丽）	赵翼　赵涑　赵相愚　赵万永	
广州（京畿道广州市）	广州李氏	李唐（高丽）	李尔瞻　李德馨	

　　两班主要宗族的本贯即是两班主要宗族人才的本贯。从两班主要宗族本贯的地域分布上来看，除德水李氏、张氏的本贯是在今天朝鲜黄海北道开丰郡境内之外，其余14个两班主要宗族的本贯都位于今天韩国境内，地理分布上自然是以都城汉城府为中心，但是汉城府并不是朝鲜时代京畿地区两班主要宗族的分布中心。朝鲜时代京畿地区16个两班主要宗族中只有汉阳赵氏一族的本贯是在汉城府。本贯位于汉城府北部的两班主要宗族最多，有幸州奇氏、朔宁崔氏、交河卢氏、坡平尹氏、丰壤赵氏等5个宗族，本贯位于汉城府南部的两班主要宗族有阳川许氏、南阳洪氏（土洪系）、唐城徐氏、南阳洪氏（唐洪系）等4个宗族，本贯位于汉城府东部的两班主要宗族有骊州李氏、广州安氏、骊兴闵氏、广州李氏等四个宗族，而本贯位于汉城府西部的两班主要宗族最少，有德水李氏、德水张氏等两个宗族。同一本贯分布着不止一个两班主要宗族的有德水、南阳、骊

兴、广州四处，即朝鲜时代京畿地区两班主要宗族的四大分布中心，各分布着两个两班主要宗族。

从两班主要宗族的分布密度上来看，朝鲜时代京畿地区 16 个两班主要宗族的本贯所在涉及 13 个地名。在朝鲜高宗三十一年（1894）之前，其中的德水（县）便已革入海丰县（后来的丰德府），丰壤（县）便已革入扬州府，幸州便已革入高阳郡，骊州为骊兴古称，故截至朝鲜高宗三十一年（1894）朝鲜时代京畿地区两班主要宗族的本贯所在涉及 12 个府州郡，约占当时京畿地区府州郡县总数（39 个）的 31%[①]。朝鲜时代京畿地区的面积约是 14100 平方公里，分布着 16 个两班主要宗族，即每 900 平方公里的范围内分布着 1 个两班主要宗族。朝鲜时代京畿地区的 39 个府州郡县分布着 16 个两班主要宗族，即大约每 2.4 个府州郡县分布着 1 个两班主要宗族。为统一起见，本文中的各道人口数据皆采用距离朝鲜时代很近的 1925 年的人口数据作为参考。1925 年韩国京畿道人口为 1889899 名，首尔特别市人口约为 34 万名，仁川广域市人口约为 10 万名，今天属于朝鲜的朝鲜时代京畿道区域的 1925 年人口数最多 10 万名左右，曾属于朝鲜时代京畿道的春川 1925 年人口数也应与仁川情况类似，即可以得出朝鲜时代京畿道地区平均大约每 15.8 万的人口基数中产生一个两班主要宗族。

从两班主要宗族的开宗时间上来看，朝鲜时代京畿地区的 16 个两班主要宗族只有唐城徐氏一族始自朝鲜时代，其他宗族全部始自朝鲜时代之前。

从两班主要宗族的人才质量来看，朝鲜时代京畿地区人才质量最高的两班主要宗族非德水李氏莫属。德水李氏一门凭借李珥、李舜臣这对韩国文化史上双子星座式的伟人便足以跻身朝鲜时代十大文化名门之一，何况还有著名文臣李芑，著名诗人李荇、李安讷，著名文章家李植。李荇是"海东江西诗派"领袖，评诗者推为国朝第一。不仅如此，李荇还参与编纂了韩国古代最重要的历史地理文献之一的《新增东国舆地胜览》。李安讷诗与朝鲜时代杰出诗人权韠齐名，难分优劣。李植文章与李廷龟、申钦、张维等并称朝鲜时代文章"月象溪泽"四大家。李荇、李珥、李舜臣、李

---

① 魏嵩山：《三千里江山回顾——朝鲜王朝政区建置沿革》，上海人民出版社 1997 年版，第 149—151 页。

安讷、李植五人诗作皆入选《箕雅》①。德水李氏世出文章，擅文并且诗作入选《箕雅》者并不仅限于此。韩国德水李氏的本贯人口不过才50486名（2000），无论是在韩国李氏各本贯人口中还是韩国各姓氏的本贯人口中其实都并不能算作大族，所以其人才质量不能不说极高，以不多的宗族人口数却拥有极高的人才质量，不能不堪称奇迹，而这与其成功的家族教育及良好的门风密不可分。德水李氏宗族人才涉及政治、军事、儒学、地理学、文学等诸多领域，且在每个领域的成就都较为突出，尤其是在军事和儒学领域，堪称朝鲜时代最一流，对韩国文化的发展作出了不可磨灭的巨大贡献。毫无疑问，就是置于整个朝鲜时代的所有两班宗族中，结合宗族人口数考量，其人才质量都是最高的，堪称朝鲜时代第一文化名门。朝鲜时代京畿地区人才质量最高的第二大文化名门是阳川许氏。阳川许氏一门凭借许兰雪轩、许筠以及许筬、许篈伯仲叔季便已是享誉海外的著名文学世家，许兰雪轩是韩国文学史上最杰出的女诗人，许筠更是韩国文学史上意义堪比明代李贽、袁宏道的杰出文学家，作为实学启蒙派，思想深受阳明学影响，在韩国儒学史上亦有一定的地位。四人中许篈、许兰雪轩、许筠三人诗作入选《箕雅》。除此之外，阳川许氏还有文臣许琮、许琛、许楠、许穆四人的诗作入选《箕雅》，故不仅是李朝文学史上更是韩国文学史上数一数二的文学世家。文学之外，在其他方面的成就同样十分巨大，尤其是医学。许浚所编著的《东医宝鉴》是韩国最负盛名的医学著作，堪称韩国医学的百科全书。《东医宝鉴》在韩国医学史上的地位，相当于中国明朝李时珍的《本草纲目》，两书同为记载当时医学发展和各类草药的医书集大成之作。《东医宝鉴》初刊完整版于2009年7月被联合国教科文组织评定为世界记忆遗产。在书画方面，许链是朝鲜时代的代表文人画家，与赵熙龙、田琦同属金正喜一派。儒学上，许穆是17世纪朝鲜实践性理学的代表人物，主要表现在心法之学方面②。朝鲜时代京畿地区人才涉及领域最广、成就最大、质量最高的两班主要宗族便是阳川许氏，同样

---

　　① 《箕雅》是韩国文学史上汉诗规模最大的一部诗歌总集，最著名的三部汉诗总集之一。《箕雅》的编选者是朝鲜时代肃宗时期的文臣南龙翼（1628—1692），收入自韩国汉文学鼻祖——新罗杰出诗人崔致远（857—?）至朝鲜王朝肃宗时代诗人金锡胄（1634—1684）八百年间共计五百位诗人的2253首汉诗作品，几乎囊括了韩国文学史上全部的优秀汉诗作品，向以规模宏大而采择全面著称，是韩国古典文学研究以及汉文学研究的必备书籍。

　　② 李甦平：《韩国儒学史》，人民出版社2009年版，第12页。

足以跻身朝鲜时代十大文化名门。骊州李氏以儒学闻名，李彦迪是朝鲜时代著名的性理学家，影响李滉思想颇多，且有诗作入选《箕雅》。李瀷更是韩国儒学史上最重要的儒学家之一，是朝鲜时代五大实学学派之一的"星湖实学派"的创立者，也是朝鲜时代实学进入鼎盛时期的主要代表人物①。还有实学家李重焕，作为李瀷门人，深受其实事求是的学风影响，在实地考察了朝鲜八道后著有韩国古代重要历史地理文献——《择里志》。骊州李氏的宗族人才涉及儒学、实学、地理学、文学等领域，在前三个领域的成就较大，人才质量较高，是朝鲜时代京畿地区重要的文化名门。南阳洪氏（土洪系）也是朝鲜时代京畿地区重要的文化名门，主要是因为洪大容。洪大容是韩国儒学史上最重要的儒学家之一，是朝鲜时代五大实学学派之一的"北学实学派"实学的奠基者②。朝鲜中期文臣洪彦弼在中宗二十五年（1530）和文臣李荇、尹殷辅、申公济、李思均等人一起编纂了韩国古代最重要的历史地理文献之一的《新增东国舆地胜览》。丙子胡乱（1636—1637）时因反对和议而被清军逮捕入狱、处死于沈阳的文臣洪翼汉和吴达济、尹集一起被称为反和主战的"三学士"，并有诗作入选《箕雅》。除洪翼汉之外，南阳洪氏（土洪系）还有洪暹、洪庆臣等人的诗作入选《箕雅》，亦可算作是一文学世家，但是成就并不突出。南阳洪氏（土洪系）的宗族人才虽涉及儒学、实学、地理学、文学等领域，但最主要的成就便是儒学、实学，后两个方面表现一般。总体而言南阳洪氏（土洪系）的人才质量不如骊州李氏。韩国幸州奇氏的本贯人口不过才 21536 名（2000），故其在朝鲜时代只能算是宗族势力很弱小的宗族，但人才质量并不低，同样是朝鲜时代京畿地区重要的文化名门，主要以儒学闻名。作为李滉之后韩国儒学史上的又一位最重要的儒学家之一，奇大升一生最主要的业绩是与李滉关于"四端七情"的论辩。"四端七情"不仅是韩国儒学史上的重要论战，更是东亚儒学史上具有里程碑式意义的著名论争。这场论辩的持续时间之久、涉及理论之深、参与学者之广，在东亚儒学史上都属罕见。在这一论辩中形成了韩国儒学的"主理派（退溪学派）"和"主气派（栗谷学派）"，而此两大学派的形成则标志着有别于中国儒学的韩国儒学——朝鲜朝性理学的形成，这场重要论辩有两次高潮，第一次便

---

① 李甦平：《韩国儒学史》，人民出版社 2009 年版，第 497 页。
② 同上书，第 514 页。

是李滉和奇大升的论辩①，由此足见奇大升在韩国儒学史上的重要地位。奇大升也有诗作入选《箕雅》，其诗典重平雅。幸州奇氏还有奇遵诗作入选《箕雅》，其诗悲惋气怆。幸州奇氏因为奇大升便足以成为朝鲜时代最具代表性的儒学名门之一，然其儒学人才并不止于此，还有李朝后期著名的性理学者奇正镇也参与了"四端七情"这场持续近五百年之久的重要论辩。幸州奇氏的人才质量和南阳洪氏（土洪系）难分伯仲。汉阳赵氏是韩国朝鲜时代汉城府地区唯——个重要的文化名门，在儒学、文学方面都有较大成就，人才质量较高。朝鲜中期著名文臣、性理学者赵光祖和之前的郑梦周、金宏弼以及之后的李滉、李珥一起被朝鲜时代礼学集大成者金长生视为朝鲜朝性理学血脉，即东方的道学学统，这一支脉在朝鲜朝儒学史上被称为正统儒学或节义派②，故赵光祖在韩国儒学史上拥有重要地位。赵光祖有诗作入选《箕雅》，其诗慷慨愤激。委巷诗人赵秀三是朝鲜时代后期重要的汉文诗人。赵秀三的诗中弥漫着生活气息，含有浓厚的民间情调，既是一位重要的委巷诗人，更是一位卓越的乡土诗人③。韩国唐城徐氏的本贯人口只有 4978 名（2000），在朝鲜时代是比幸州奇氏宗族势力还要弱小许多的小族，并且是朝鲜时代京畿地区唯——个开宗时间在朝鲜时代的两班主要宗族，但却凭借徐敬德一人便足以跻身朝鲜时代京畿地区重要的文化名门，可谓是韩国文化史上的奇迹，其在朝鲜时代可以列举出的人才其实也就仅有徐敬德一人而已，故不能不说其人才质量委实很高，只是限于人才数量太少。徐敬德是韩国儒学史上最重要的儒学家之一，也是朝鲜时代五百年儒学史上第一位重要的儒学家，并有诗作入选《箕雅》，其诗富于理趣。

从广州安氏开始的两班宗族都只能算是朝鲜时代京畿地区比较重要的文化名门。和唐城徐氏一样，广州安氏也是凭借一人的儒学闻名而成为文化名门。朝鲜时代广州安氏比较杰出的人才也就仅有安鼎福一人而已。"星湖实学派"作为朝鲜时代五大实学学派之一，以"穷经致用"的经学观和"经世致用"的实学思想为其特征，此学派的主要人物有李瀷——安鼎福——丁若镛（朝鲜实学的集大成者）。作为李瀷门人，安鼎福便起着

---

① 李甦平：《韩国儒学史》，人民出版社 2009 年版，第 598—599 页。
② 同上书，第 399 页。
③ 韦旭升：《韩国文学史》，北京大学出版社 2008 年版，第 418 页。

上承李瀷、下启丁若镛的重要作用①。德水张氏乃中亚回族后裔，是韩国历史上少有的异域少数民族移民后裔，凭借张维一人跻身文化名门行列。张维是朝鲜孝宗仁宣王妃之父，金长生门人，文章出众，与李廷龟、申钦、李植等并称朝鲜时代文章"月象溪泽"四大家，并有诗作入选《箕雅》，其诗圆畅驯熟。文学之外，张维在韩国儒学史上亦拥有一定的地位，是朝鲜时代阳明学的奠基者，其阳明学的代表著作为《溪谷漫笔》。朝鲜时代阳明学集大成者郑齐斗就是通过《溪谷漫笔》受到启发而潜心钻研阳明学②。朔宁崔氏凭借崔恒、崔汉绮跻身文化名门行列。崔恒作为朝鲜时代初期文臣，和申叔舟、成三问、朴彭年一起参与了朝鲜民族文字——训民正音的创制，并有诗作入选《箕雅》，其诗雄浑峻壮，沉郁渊顾，用事奇特。"气学实学派"作为朝鲜时代五大实学学派之一，出现在 19 世纪后半期，即向开化的转折期，故此学派讲究"气"学，并将"气"的思想与西方的科学技术结合在一起，由此提倡学习西方的科学技术，具有鲜明的"近代指向"。此学派的重要代表者便是崔汉绮③。但该学派在朝鲜时代五大实学学派中的影响力最弱，所以朔宁崔氏在儒学领域的人才质量一般。交河卢氏凭借卢思慎跻身文化名门行列。卢思慎参与编纂了《三国史节要》《经国大典》中的《中典》以及韩国古代最重要的历史地理文献之一的《东国舆地胜览》，并有诗作入选《箕雅》，其诗多佛家空幻之思。其子卢公弼也有诗作入选《箕雅》，其诗熟练平实。坡平尹氏是朝鲜时代颇负盛名的仕宦望族，光是王后便出了四位，特别是在朝鲜中期的中宗—明宗时期，凭借尹任、尹元衡、文定王后三人在政坛极具影响力。文学上有尹铉、尹继先、尹淳、尹忠源、尹安性、尹元举等六人诗作入选《箕雅》，还有学者尹春年，亦算得上一文学世家。南阳洪氏（唐洪系）以文臣洪景舟、洪启禧和领导了朝鲜纯组十一年（1811）平安道大规模农民起义的没落两班——洪景来最为出名，且有洪裕孙、洪春卿、洪迪、洪瑞凤、洪命元、洪处亮、洪锡箕、洪锡龟等八人诗作《箕雅》，称得上是文学世家，但成就一般。骊兴闵氏、丰壤赵氏两族是朝鲜时代后期著名的"势道政治"中的两大权势豪门中的两大家族，都是权势煊赫的仕宦望族而非文化

---

① 李甦平：《韩国儒学史》，人民出版社 2009 年版，第 497 页。
② 同上书，第 471 页。
③ 同上书，第 499 页。

名门，在文化上建树很少，人才质量不高。朝鲜时代京畿地区两班主要宗族中人才质量最差的便是广州李氏。广州李氏虽也是朝鲜时代京畿地区表现不凡的仕宦望族，光是丞相就出了五名，其家族中以文臣李尔瞻、李德馨最为出名，但也只有李德馨在文化上能有些许建树，李德馨有诗作入选《箕雅》，其诗格调清婉。

从人才分布领域来看，朝鲜时代京畿地区两班主要宗族人才主要分布于儒学和文学两大领域，也成就最大，且在儒学领域的成就明显远远高于文学领域。在儒学领域出现了李彦迪、李瀷、洪大容、奇大升、赵光祖、徐敬德等一批在韩国儒学史上拥有重要地位的儒学家，其他一般儒学家还有奇正镇、安鼎福、张维、崔汉绮等人。多性理学者、实学家，兼有阳明学者，并形成了"主气"学派——畿湖学派，是继岭南地区之后朝鲜时代重要儒学家分布最多的区域，并可与之相媲美。在文学领域也出现了许兰雪轩、许筠、赵秀三等韩国文学史上的代表性文学家，汉文文学、国语文学成就皆不凡，具有近世文学的重要意义；还有李荇、李舜臣、李安讷、李植、张维等韩国文学史上的著名文学家。儒学、文学之外，成就最大的领域便是军事、医学。军事上有李舜臣、洪景来。医学领域虽仅有许浚一人，但凭借其享誉世界的影响力便足以傲视整部韩国科技史和整个朝鲜八道。再者在地理学、书画、史学方面也较有成就，地理学有李重焕、李荇、洪彦弼、卢思慎，书画有许链，史学有卢思慎。除此之外，朝鲜时代京畿地区还孕育了朝鲜时代十大文化名门之一的德水李氏、阳川许氏，都是韩国文化史上数一数二的文化名门。除了在文化诸领域的人才辈出外，韩国朝鲜时代京畿地区两班主要宗族及人才的另一个显著特征便是多权势豪门及权臣，有坡平尹氏、骊兴闵氏、丰壤赵氏（朝鲜时代后期六大门阀世族之一）三大豪门和尹任、尹元衡、闵泳翊、闵泳焕、赵万永等一批权臣，是继岭南地区之后，朝鲜时代权势豪门和权臣分布最多的区域。朝鲜时代京畿地区文风鼎盛、人才辈出，自是经济发达、文教繁荣的结果和体现。而其多权势豪门及权臣，则是与京畿地区自高丽时代作为朝鲜半岛首善之区、政治中心的资源优势密不可分。

从人才地域分布来看，朝鲜时代京畿地区两班主要宗族的主要人才主要集中分布在汉城府及距其极近的幸州、扬州、坡州、广州、南阳，呈西北—东南走向的线性地域分布，即今韩国的首尔特别市及京畿道的高阳市、扬州市、坡州市、广州市、水原市。朝鲜时代有洪大容、奇大升、奇正镇、赵光祖、安鼎福、许兰雪轩、许筠、赵秀三、许浚、洪彦弼、卢思慎、许链、尹任、尹元衡、文定王后、赵万永等主要人才，占到朝鲜时代京畿地区两班主要宗族主要人才总数的大约 47%，其中阳川许氏的本贯所在今天已属于首尔特别市范围。除此之外的主要人才分布在距离汉城府较远的德水、朔宁、骊州（骊兴）、唐城，四点分别位于汉城府的西北方、正北方、东南方和正南方，即今朝鲜黄海北道开丰郡及韩国京畿道的涟川郡、骊州郡、华城市。开丰郡南滨黄海，距朝韩边境很近，涟川郡是今天韩朝边境线上的市郡之一，在韩国京畿道的最北方，骊州郡和忠清北道接壤，华城市西滨黄海。朝鲜时代有李荇、李珥、李舜臣、李安讷、李植、李彦迪、李溪、徐敬德、张维、崔恒、崔汉绮、李重焕、洪彦弼、洪景来、闵泳翊、闵泳焕、仁显王后、明成皇后等主要人才，占到朝鲜时代京畿地区两班主要宗族主要人才总数的大约 53%。

三　朝鲜时代岭南地区两班宗族人才地域分布格局研究

朝鲜时代岭南地区两班主要宗族及代表人才相关情况一览表①

本贯所在地别	家族	始祖/中始祖	代表人物（朝鲜时代）	备注
高灵（庆尚北道高灵郡）	高灵申氏	申成用（高丽）	申檣　申叔舟　申用溉　申公济 申翼相　申光汉　申光洙　申景溏 申润福　申采浩	十大文化名门
昌宁（庆尚南道昌宁郡）	昌宁成氏	成仁辅（高丽）	成三问　成任　成伣　成希颜 成守琛　成汝学　成浑	十大文化名门
密阳（庆尚南道密阳市）	密阳朴氏	朴彦枕（新罗）	朴堧　朴仁老　朴齐家　朴殷植	十大文化名门
安东（庆尚北道安东市）	安东权氏	权幸（新罗、高丽）	权近　权轸　权栗　权铧　权应仁 权尚夏　权日身　懿嫔权氏 显德王后	十大文化名门

---

① 该表整理自뿌리를 찾아서: 네이버통합검색. http://www.rootsinfo.co.kr.

续表

本贯所在地别	家族	始祖/中始祖	代表人物（朝鲜时代）	备注
延日（庆尚北道浦项市延日邑）	延日郑氏	郑宗殷（新罗）	郑澈	十大文化名门
迎日（庆尚北道浦项市迎日邑）	迎日郑氏	郑宗殷（新罗）	郑齐斗	
宜宁（庆尚南道宜宁郡）	宜宁南氏	南君甫（高丽）	南在　南怡　南孝温　南衮　南彦经　南龙翼　南九万　南公辙　南永鲁	
晋州（庆尚南道晋州市）	晋州姜氏	姜以式（三国）	姜希颜　姜希孟　姜沆　姜弘立　姜世晃　姜玮	
丰山（庆尚北道安东市）	丰山洪氏	洪之庆（高丽）	洪万宗　洪凤汉　洪良浩　洪国荣　洪锡谟　惠庆宫洪氏	
庆州（庆尚北道庆州市）	庆州崔氏	崔致远（新罗）	崔济愚　崔时亨　崔益铉	
善山（庆尚北道龟尾市）	善山金氏（一善）	金宣弓（高丽）	金宗直　金孝元	
庆州（庆尚北道庆州市）	庆州金氏	新罗	金净　金正喜　金弘集　贞纯王后	
金海（庆尚南道金海市）	金海金氏（驾洛）	金首露（三国）	金驲孙　金弘道	
晋州（庆尚南道晋州市）	晋州河氏	河拱辰（高丽）	河崙　河演　河纬地　河应临	
河东（庆尚南道河东郡）	河东郑氏	高丽	郑麟趾　郑汝昌	
仁同（庆尚北道龟尾市）	仁同张氏	张金用（高丽）	张顺孙　张显光　张志渊　禧嫔张氏	
大丘（大邱广域市）	大丘徐氏	徐闬（高丽）	徐居正	
安东（庆尚北道安东市）	安东金氏（新）	金宣平（新罗、高丽）	金尚容　金尚宪　金昌集　金昌协　金昌业　金元行　金祖淳　金炳渊　金炳始　金玉均	四大阀阅名门

续表

本贯所在地别	家族	始祖/中始祖	代表人物（朝鲜时代）	备注
青松（庆尚北道青松郡）	青松沈氏	沈洪孚（高丽）	沈德符　沈师正　沈义谦　沈远悦 沈大允　昭宪王后	四大阀阅名门
真宝（庆尚北道青松郡）	真宝李氏	李硕（高丽）	李滉	
昌宁（庆尚南道昌宁郡）	昌宁曹氏	曹继龙（三国）	曹植	
礼安（庆尚北道安东市）	礼安李氏	李混（高丽）	李柬	
清道（庆尚北道清道郡）	清道金氏	金之岱（高丽）	金正浩	
丰山（庆尚北道安东市）	丰山柳氏	柳节（高丽）	柳成龙	

　　岭南地区作为韩国文化的主源——新罗文化的发祥地，在韩国文化史上拥有无与伦比的重要地位。岭南地区是新罗建国初期的统治区域，位于岭南地区的庆州是韩国姓氏最早最主要的发祥地。得姓于新罗建国初期的韩国前五大姓氏金李朴崔郑全部发源于庆州，除此之外，发源于岭南地区的韩国姓氏还有不少。所以发源于岭南地区的姓氏本贯宗族大多历史悠久、规模较大，如以庆州作为本贯地的辰韩六部姓氏——李崔郑孙裴薛以及新罗王族金氏都是韩国历史最悠久的宗族，因此庆州以及岭南地区真可谓是"韩国姓氏的故乡""韩国宗族的故乡"。源于岭南地区的姓氏本贯宗族中有不少都发展为朝鲜时代的两班主要宗族。本贯在岭南地区的两班宗族数量十分众多，远远多于其他区域，密度极高，岭南地区的面积约占韩国总面积的30%，本贯在岭南地区的韩国朝鲜时代两班主要宗族数约占韩国朝鲜时代两班主要宗族总数的36%。有不少都留下历史遗迹至今，其中以安东河回村最为著名，类似于徽州对于中国宗族研究的意义，堪称韩国宗族研究的宝库、活化石和博物馆。

　　从两班主要宗族本贯的地域分布上来看，朝鲜时代岭南地区两班主要宗族的分布基本上遍及全域各大方位，对应今天的韩国版图，形成了安东

（丰山、礼安）一个中心，青松、昌宁、晋州、庆州四个副中心。安东一个中心和青松、庆州两个副中心都在今天韩国庆尚北道境内，足见朝鲜时代岭南地区两班主要宗族的分布重心是在今天韩国的庆尚北道。而岭南地区的面积约占韩国总面积的30%，本贯在岭南地区的朝鲜时代两班主要宗族数约占韩国朝鲜时代两班主要宗族总数的34%，故也可以说韩国朝鲜时代两班主要宗族的分布中心是在今天韩国的庆尚北道。庆州是韩国历史最悠久的宗族本贯所在，至朝鲜时代依然是比较重要的宗族本贯地，故可以说庆州及庆北地区是韩国宗族的大本营和摇篮。安东、青松、浦项（延日、迎日）呈一字形向东南方向依次排开，浦项（延日、迎日）、清道与庆州相邻，共同组成朝鲜时代岭南地区两班主要宗族分布的北部组团，也是最大的组团。昌宁、宜宁、晋州、河东呈"一"字形向西南方向依次排开，昌宁与密阳相邻和金海、东莱呈"人"字形排开，共同组成朝鲜时代岭南地区两班主要宗族分布的南部组团。昌宁、清道、庆州呈一字形向东北方向依次排开，由此南北两大组团得以实现联合。大邱（大丘）、高灵形成中部组团，高灵又通过与昌宁相连从而使得中南两大组团实现联合，足见昌宁在朝鲜时代岭南地区两班主要宗族的地域分布联合方面起着十分重要的连接与枢纽作用。

　　从两班主要宗族的分布密度上来看，朝鲜时代岭南地区23个两班主要宗族的本贯所在涉及19个地名。丰山属于安东，大丘为大邱旧称，迎日为延日旧称，故截至朝鲜高宗三十一年（1894）朝鲜时代岭南地区主要宗族的本贯所在涉及16个府州郡县，约占当时岭南地区府州郡县总数（72个）的22%[①]。朝鲜时代岭南地区的72个府州郡县分布着23个两班主要宗族，即大约每3个府州郡县分布着1个两班主要宗族。朝鲜时代岭南地区的面积约是32000平方公里，分布着23个两班主要宗族，即每1400平方公里的范围内分布着1个两班主要宗族。1925年韩国庆尚北道人口为2293285名，庆尚南道人口为1938001名，釜山广域市人口为116853名，大邱广域市人口为76534名。关于蔚山广域市的人口数据目前所见到的最早的统计资料是211735名（1962），结合蔚山的城市地位及其人口增长率可以推测1925年的人口数最多10万名左右，故可以推测朝鲜

---

　　① 魏嵩山：《三千里江山回顾——朝鲜王朝政区建置沿革》，上海人民出版社1997年版，第154—157页。

时代末期岭南地区的人口约为 450 万名，即可以得出朝鲜时代岭南地区平均大约每 19.6 万的人口基数中产生一个两班主要宗族。

从两班主要宗族的开宗时间上来看，朝鲜时代岭南地区的 23 个两班主要宗族中有不少都是历史悠久的宗族，其中有 4 个主要宗族开宗于统一新罗时期，即密阳朴氏、延日郑氏、庆州崔氏、庆州金氏；3 个主要宗族开宗于更早的三国时期，即金海金氏、晋州姜氏、昌宁曹氏，其他宗族全部开宗于高丽时代，都在朝鲜时代之前，岭南地区无愧于"韩国宗族的故乡"的赞誉。

朝鲜时代岭南地区文风鼎盛、人物显赫。人才数量众多，韩国俗语有云"朝鲜（时代）人才一半出于岭南"，多文艺才俊，且多雄才，涌现出了一大批杰出的的儒学家、文人学者，人才质量极高，位居朝鲜八道之首，在李朝文化史以及韩国文化史上占有无与伦比的重要地位，堪称朝鲜时代的人才中心。

从两班主要宗族的人才质量来看，朝鲜时代岭南地区人才质量最高的两班主要宗族实在难以抉择，颇感棘手，只为两班主要宗族数量众多，在韩国文化史上地位重要的文化名门同样不少，但若以人才涉及领域最广且在各个领域皆成就较大为维度综合考量后非高灵申氏莫属。高灵申氏是朝鲜时代岭南地区人才涉及领域最广且在各个领域皆有较大成就的两班主要宗族，人才主要涉及有政治、儒学、礼学、史学、文字学、音韵学、文学、地理学、书画等诸多领域，完全足以跻身朝鲜时代十大文化名门之一，除朝鲜王室——全州李氏之外，人才涉及领域最广且在各个领域皆有较大成就，堪称朝鲜时代第一文化名门。不仅限于朝鲜时代，就是置于整部韩国文化史，也毫无疑问是数一数二的文化名门。其最负盛名的宗族人才莫过于申叔舟、申润福、申采浩三人，都是韩国文化史上十分重要的杰出人物。申叔舟是韩国历史上意义与明代姚广孝相仿的百科全书式的千古全才，就连才能涉及领域、人生功业都惊人地相似，韩国文化史上足以与之媲美的唯有郑麟趾、丁若镛二人，2017 年正好是申叔舟诞辰 600 周年。他是兼质文武的一代名臣，杰出的政治家，曾作为通信使出使日本，也曾率军与女真部落交战获胜，更凭借在"癸酉靖难"中辅佐首阳大君夺取政权而在朝鲜世祖—成宗时代大放异彩，被世祖比作魏征，终任领议政（宰相），配享成宗庙庭，在政治方面追随雄主开创朝鲜时代的盛世局面的显赫功业与姚广孝何其相似，而姚广孝是中国历史上三大著名的"缁衣宰相"中的殿军人物，死后也得以配享明成祖庙庭。在文化方面，亦是文化全才，与成三问、朴彭年一起协同世宗大王创制朝鲜民族文字——训民正音，在历史纪录上留下厚重的一笔，训民正音之于韩国文化史的意义堪比《永乐大典》之于中华文明的意义，又与监修《永乐大典》姚广孝何其相似，并留下重要地理文献《海东诸国记》，又参与编撰《世祖实录》《睿宗实录》，撰修《国朝五礼仪》《东国正韵》《东国通鉴》等，而姚广孝也曾主持《太祖实录》三修。文学上，有诗作入选《箕雅》，其诗浑涵壮阔，尤善长篇古风。而姚广孝在文学上也较有作为，是明代第一诗人——高启"北郭十友"之一，高启、宋濂都对他推奖好评有加①。申叔舟亦善书，尤其是松雪体，而姚广孝也是明初著名的书法家。申叔舟之后，高灵申氏最负盛名的人才便是申润福。申润福作为朝鲜时代后期的风俗画家，与金弘道、金得臣合称朝鲜时代三大风俗画家，称其是韩国古代画坛独步天下、最著名的画家也不为过，在韩国文化史上足以独当一面的杰出人物。申采浩则是韩国朝鲜时代末期、日本殖民时期杰出的历史学家、小说家、思想家、独立运动家。作为朝鲜时代末期代表性的抗日民族主义者，主张运用自强主义思想谋求朝鲜民族独立，这一思想成为韩国近代主体性思想的杰出代表②，故申采浩在韩国儒学史上亦拥有一定的地位。此三人之外，高灵申氏也为韩国地理学的发展作出了重要贡献，堪称朝鲜时代第一地理学世家。申樯在朝鲜世宗十四年（1432）和文臣卞季良、孟思诚、权轸、尹淮等人一起编纂了韩国古代最重要的历史地理文献之一的《新撰八道地理志》，原书虽已失传，但却奠定了朝鲜时代地理志编撰的基础，建立了朝鲜时代人文地理学研究的系统，在韩国历史地理学研究史上占有不可替代的重要地位。申公济在中宗二十五年（1530）和文臣李荇、尹殷辅、洪彦弼、李思均等人一起编纂了韩国古代最重要的历史地理文献之一的《新增东国舆地胜览》。申景濬更是在英祖时期主持监修《舆地胜览》《东国舆地图》，并参与了《文献备考》中《舆地考》的编纂。地理学之外，高灵申氏在文学方面的表现同样不凡。朝鲜时代高灵申氏共有九人诗作入选《箕雅》，高灵申氏是姓氏单一本贯中入选诗人人数最多的家族之一，足见其世家文学之盛。高灵申氏文学世家在朝鲜时代

---

① 郑永华：《姚广孝史事研究》，人民出版社 2011 年版，第 67—76 页。
② 李甦平：《韩国儒学史》，人民出版社 2009 年版，第 573 页。

传承绵延前后至少三百余年，著名诗人共计 15 位，更是出现了如世祖朝重要诗人申叔舟、诗坛四杰之一的申光汉这样的杰出诗人，故高灵申氏堪称朝鲜时代数一数二的文学世家①。高灵申氏之后，朝鲜时代岭南地区人才涉及领域最广且在各个领域皆有较大成就的两班主要宗族便是昌宁成氏，人才主要涉及有儒学、文学、文字学、音韵学、地理学、礼学、书画等诸多领域，足以跻身朝鲜时代十大文化名门之一。昌宁成氏一门最著名的人才莫过于成三问、成浑。"死六臣"之一的成三问在世宗朝与申叔舟、朴彭年一起协同世宗大王创制朝鲜民族文字——训民正音，在历史纪录上留下厚重的一笔，并奉命编撰《礼记大文谚读》。世祖朝因反对世祖篡位与朴彭年等人谋复鲁山君（端宗），事觉被诛。有诗作入选《箕雅》，其诗思敏捷，大义凛然。成浑是韩国儒学史上最重要的儒学家之一，在关于"四端七情"与"理气"关系的论述上，支持李滉"理气互发说"，反驳李珥"气发理乘一途说"，主张"理气一发说"②，并有诗作入选《箕雅》，其诗富于理趣。昌宁成氏文学世家以成任、成侃、成俔三兄弟最为著名。成任参编《经国大典》《东国舆地胜览》，改修《五礼仪》，有诗作入选《箕雅》，其诗华赡。成侃身为集贤殿博士文名卓越，擅长书法、尤善诗赋，却因读书过于勤奋，身体孱弱，三十而夭，被朝鲜时代杰出的诗评家徐居正称誉为东方（朝鲜）的天才③。有诗作入选《箕雅》，其诗高古冲淡、温厚雅赡。成俔为"诗坛"四杰之一，有诗作入选《箕雅》，其诗泓涵纯粹，豪健雄赡。朝鲜时代还有成石磷、成重淹、成聃寿、成世昌（成俔子）、成梦井、成运、成守琛（成浑父）、成守琮、成孝元、成辂、成以敏、成汝学等十二人，昌宁成氏一门总计 17 人诗作入选《箕雅》，是姓氏单一本贯中入选诗人人数最多的家族。成氏也是入选《箕雅》诗人人数最多的姓氏之一，居李（87 人）、金（42 人）、郑（35 人）、朴（26 人）、崔（24 人）、洪（18 人）六姓之后第七位④，且此六姓在朝鲜时代之前都有诗人入选，而成氏入选诗人皆出于朝鲜时代。成氏在韩国并不算大姓，姓氏人口不过 184555 名（2000），姓氏排名第 38 名，而金李朴崔郑五姓自古以来便是朝鲜半岛五大姓，人口至少十一倍甚至几十倍于

---

① 参见拙文《朝鲜王朝时期高灵申氏文学世家考》，《黑龙江史志》2016 年第 2 期。
② 赵季、张景昆：《〈箕雅〉五百诗人本事辑考》，人民文学出版社 2011 年版，第 603 页。
③ 同上书，第 264—267 页。
④ 同上书，第 1207—1212 页。

成氏，就是排在第六名的洪氏的姓氏人口也是成氏人口的近三倍。成氏诗人诗作入选《箕雅》者皆出于昌宁成氏一本，昌宁成氏本贯人口不过167903名（2000），故足见其人才质量之高与文学世家之盛，堪称朝鲜时代数一数二的文学世家。昌宁成氏之后，朝鲜时代岭南地区人才涉及领域最广且在各个领域皆有较大成就的两班主要宗族便是密阳朴氏，人才主要涉及有儒学、文学、音乐、史学等领域。虽领域不算多，但人才质量很高，代表人物有朴堧、朴仁老、朴齐家、朴殷植，足以跻身朝鲜时代十大文化名门之一。国乐泰斗朴堧是朝鲜时代世宗时期杰出的音乐理论家，协助世宗实现"以礼乐治国"的理想，与高句丽王山岳、新罗于勒并称为"韩国三大乐圣"，是韩国文化史上足以独当一面的人物。现在在他的故乡——忠清北道永同郡，每年十月都会举行兰溪国乐节以纪念朴堧（号兰溪）。爱国诗人朴仁老是朝鲜时代中期继郑澈之后最著名的歌辞（韩国文学史上的国语长诗体裁）大家。朴仁老才思敏捷，诗歌内涵丰富、语言平易可喜。他的歌辞吸收了民间口语，显得浅淡自然。其问答式的表现手法，上承李奎报的一些汉文诗笔法，对后世的辞说时调（韩国文学史上的国语短诗体裁）产生了一定影响。此外，他的歌辞对说唱文学也有一定的影响①。与洪大容、朴趾源并称的朴齐家是朝鲜时代五大实学学派之一的"北学实学派"实学的主要代表人物。此派学者因主张向北边的清朝学习，故称之为"北学派"，此派的特点是主张利用厚生。洪大容、朴趾源、朴齐家三人以自主意识，对当时朝鲜排清自大的狭隘民族主义进行攻击。他们提倡北学于清朝，发展工商业，加强朝鲜同外国的贸易往来，形成了朝鲜时代实学史上同星湖学派争艳的北学派②。19世纪末20世纪初韩国爱国文化启蒙运动的主要代表之一的朴殷植在韩国儒学史上同样占有比较重要的地位，他也是韩国近代史学的创立者。朴氏的思想特点在于通过"儒教求新"的道路，创立了以阳明学为基础的"大同思想"，使韩国阳明学成为民族抵抗时代的主流哲学思想，其"大同思想"就是为了恢复国权而进行的爱国运动的实践思想③。

　　密阳朴氏往下，朝鲜时代岭南地区重要的两班文化名门是安东权氏。

---

① 韦旭升：《韩国文学史》，北京大学出版社2008年版，第244页。
② 李甦平：《韩国儒学史》，人民出版社2009年版，第498页。
③ 同上书，第587—597页。

人才主要涉及有军事、儒学、文学、地理学等领域，人才质量较高。代表人物有权近、权轸、权栗、权铧、权尚夏，足以跻身朝鲜时代十大文化名门之一。其中权近、权铧在韩国文化史上最为著名。权近是名儒重臣"丽末三隐"之一李穑的门人，作为丽末鲜初杰出的性理学者，权氏一生都致力于对性理学的发展，其性理学思想在韩国儒学史上具有重大的价值和影响。权氏关于"四端"和"七情"的论述，开启韩国儒学史上著名的两大论战之一的"四七论辩"之先河。权氏在《中庸首章分释之图》中写的"性之理，人物同"成为韩国儒学史上"人物性同异论"的滥觞。"人物性同异论"是继"四七"论之后的又一次关于心性问题的大论争，即"湖洛论争"。权氏的性理学思想更是为朝鲜时代指明了以儒治国的方向，他强调儒家主张的"主敬"思想，对朝鲜时代初期的统治者颇有启示，其不骄奢淫逸、体恤民情的思想成为朝鲜时代初期以儒治国的指导理念①。权近也有诗作入选《箕雅》，其诗温醇典严，平淡温厚。权铧诗才出众，为同时第一。安东权氏的杰出儒学家还有权尚夏，在韩国儒学史中，由于对朱熹学说中"理"与"气"关系的不同理解，通过"四七"论辩形成了"主理"派（岭南学派）和"主气"派（畿湖学派）。其中"主气"派谱系的主要代表学者有李珥、金长生、宋时烈、权尚夏、韩元震、李柬。权氏门徒众多，其中最杰出者为韩元震、李柬。韩李二人对于"未发心体善恶"问题、"人性物性同异"问题进行了深入探讨，作出了具有启发性的结论。韩李二人的探讨就是韩国儒学史上著名的两大论战之一的"湖洛论争"②。文学上权铧诗才出众，为同时第一。在朝鲜时代中期的汉文诗人中，权氏的成就比较突出。权氏的诗文均享盛誉，挚友张维曾在他的文集《石洲集》序文中称赞说："石洲之诗。谈者谓百年来所未有，此只以诗论也。"还曾因作诗有名，被推荐任制述官。此外，他还能写小说。其短篇小说《周生传》的主人公是一位到朝鲜参加壬辰倭乱的中国文人，作品叙述了他的恋爱故事③。权铧其诗和平淡雅，自然可爱，有诗作入选《箕雅》。除此之外，安东权氏还有 12 人诗作入选《箕雅》，无疑是一大文学世家，是继昌宁成氏之后姓氏单一本贯中入选诗人人数最多的家族。军事

---

① 李甦平：《韩国儒学史》，人民出版社 2009 年版，第 190—213 页。

② 同上书，第 9 页。

③ 韦旭升：《韩国文学史》，北京大学出版社 2008 年版，第 264 页。

上权栗指挥了壬辰倭乱中著名的以少胜多的幸州大捷而跻身韩国古代名将行列。地理学上权轸在朝鲜世宗十四年（1432）参与编纂了韩国古代最重要的历史地理文献之一的《新撰八道地理志》。

安东权氏往下，朝鲜时代岭南地区重要的两班文化名门是延日郑氏。延日郑氏和迎日郑氏实为一门，迎日是延日旧称。人才主要涉及有儒学、文学等领域。领域很少，但人才质量较高，综合人才质量不及安东权氏，代表人物有郑澈、郑齐斗，也足以跻身朝鲜时代十大文化名门之一。朝鲜时代是汉文诗歌及汉文学的全盛时期，但由于李朝中期和后期国语文学的兴起与繁荣，汉文诗在韩国文学史上的地位已逐渐为国语文学所取代①。郑澈作为韩国文学史上最卓越的歌辞大家、朝鲜时代最杰出的国语文学家之一，也是韩国文化史上足以独当一面的人物。郑氏最大的贡献是把国语诗歌大大推进了一步。他歌辞中的优美诗句向世人证明：国语具有完美的表现力，国语诗歌及国语文学拥有广阔的前途。他是鼓舞后代文人创作国语文学的榜样。朝鲜时代后期以国语写成了《谢氏南征记》等皇皇巨著的杰出国语文学家金万重认为郑氏《关东别曲》前后、《思美人曲》这三篇歌辞是"我东之离骚，自古海左之真文章"。其实金氏以国语创作小说，也是受郑氏优秀歌辞影响和启发的结果②。郑氏同样擅长汉文诗，风格豪放，不受腐儒思想的束缚，被誉为"清新警拔"，有诗作入选《箕雅》，其诗不事雕琢而隽爽飞动，尤善绝句。

作为朝鲜时代最具代表性的阳明学学者，郑齐斗的阳明学思想一方面是对南彦经、张维、李晬光等前期阳明学者的继承；另一方面则是对朝鲜性理学者对朝鲜阳明学攻击的反攻，并在朝鲜的性理学残酷打击传入朝鲜的阳明学这一背景下创建了韩国的阳明学——霞谷学（郑氏号霞谷）③。

延日郑氏往下，朝鲜时代岭南地区重要的两班文化名门是宜宁南氏。人才主要涉及有政治、儒学、文学等领域，代表人物有南在、南孝温、南彦经、南龙翼、南九万，人才质量较高。南在是朝鲜太祖李成桂潜邸时故人，开国有功，官至领议政（宰相），配享太祖庙庭。有诗作入选《箕雅》，其诗不事绘饰，忠厚和远。南孝温是南在五代孙，金宗直门人，与

---

① 韦旭升：《韩国文学史》，北京大学出版社 2008 年版，第 220 页。
② 同上书，第 201 页。
③ 李甦平：《韩国儒学史》，人民出版社 2009 年版，第 479 页。

金时习相友，因效忠端宗、不事世祖而辞官退隐，与金时习、元昊、李孟专、赵旅、成聃寿合称"生六臣"，有诗作入选《箕雅》，其诗悲愤恻坦。南彦经是阳明学传入朝鲜后的早期学者。南氏的"一气长存"说和"理气合一即为良知"的观点，表明了他对于理气问题的关心及对气的重视，这一思想演变为朝鲜阳明学的主气说①，在韩国儒学史拥有一定的地位。

南龙翼即《箕雅》编选者，不必赘述。宜宁南氏在韩国文化史上声名最为卓著、成就最为显赫者非南九万莫属。南氏创作了朝鲜时代小说中流传最广的文人小说——《玉楼梦》，是在金万重《九云梦》《谢氏南征记》的影响下创作出来的，也综合地反映出朝鲜时代后半期各类小说的内容，成了这类作品的集大成之作。从《玉楼梦》中可以看到这一时期朝鲜小说在内容和形式上的种种情形②。

从晋州姜氏开始，宗族代表人物也不止一位，但只能算是朝鲜时代岭南地区比较重要的文化名门。晋州为姜氏最重要的本贯，姜氏素为晋州第一大姓。晋州姜氏人才主要涉及有文学、书画、儒学等领域，代表人物有姜希颜、姜希孟、姜沆、姜世晃、姜玮。姜希颜善诗书画，世称"三绝"，是朝鲜时代著名的文学家和代表书画家。有诗作入选《箕雅》，其诗清逸。曾书写世宗时代金印昭信之宝、世祖时代乙亥字。著有"稗说体"作品集《养花小录》，图画有《桥头烟树图》《山水人物图》，书法有《姜知敦宁硕德墓表》等③。

希颜弟希孟亦有诗作入选《箕雅》，其诗简洁闲雅。成浑门人姜沆在韩国儒学史上占有一定的地位，通晓经史百家，丁酉倭乱时被俘于倭，传播性理学于日本，培养甚多名儒，最终全节生还。著有《看羊录》，亦有诗作入选《箕雅》，其诗雄深敏妙，正气凛然。

作为朝鲜时代后期"艺苑领袖"姜世晃是当时最具代表性的文人书画家，擅长山水、花鸟各种题材的绘画，传世作品有南宗画风的山水及真景山水。姜玮与黄玹、金泽荣、李建昌并称为李朝末期汉诗四大家，他们用汉诗表现了教化民众的思想和批判现实的精神④。

丰山洪氏是朝鲜时代后期著名的门阀世族，与安东金氏、大邱徐氏、

---

① 李甦平：《韩国儒学史》，人民出版社 2009 年版，第 471 页。
② 韦旭升：《韩国文学史》，北京大学出版社 2008 年版，第 361 页。
③ 赵季、张景昆：《〈箕雅〉五百诗人本事辑考》，人民文学出版社 2011 年版，第 239 页。
④ 金英今编著：《韩国文学简史》，南开大学出版社 2009 年版，第 91 页。

丰壤赵氏、延安李氏、潘南朴氏并称六大门阀，人才主要涉及有政治、文学、经学、史学、民俗学等领域，代表人物有洪万宗、洪良浩、洪国荣、洪锡谟、惠庆宫洪氏。朝鲜时代后期著名的"势道政治"① 即始于正祖时期外戚洪国荣。洪万宗是韩国文学史上杰出的诗评家，也是朝鲜时代后期学富五车、百科全书式的学者，著作涉及文学、史学、地理学、音乐等诸多领域，有《海东异迹》《小华诗评》《旬五志》《诗评补遗》《东国历代总目》《增补历代总目》《诗话丛林》《东国乐谱》《蓂叶志谐》《东国地志略》等十种。其中《诗话丛林》是韩国古代诗话的集大成之作，在韩国诗话史上具有极其重要的价值。共辑录24种笔记中的诗话820余则，涉及韩国各个历史时期的诗人数百名，引诗千百首，较为全面地反映了韩国古代汉诗和诗话的风貌。

耳溪洪良浩是朝鲜时代中后期著名诗人，其汉诗结集为《耳溪集》，内容丰富，题材多样，诗歌中引经据典，艺术特色鲜明。《耳溪集》之外，洪良浩传世的著述还有很多，如《六书经纬》《群书发排》《格物解》《七情辨》《海东名将传》《高丽大事记》《北塞记略》等。

朝鲜时代最著名的国语记事文作品便是《恨中录》，作者是朝鲜英祖次子思悼世子的嫔妃——惠庆宫洪氏。世子于十五岁时摄政，二十八岁时以图谋不轨的罪名被赐死。此后，洪氏就在郁郁寡欢的心情中度过了余生。《恨中录》是她在晚年应晚辈要求写成的回忆录，其中记载了与思悼世子被赐死相关的某些党争的复杂背景以及她所亲身经历的惨变。文笔生动，情调凄切，是宫廷文学中最具有代表性的作品，也是国语记事散文中的上乘之作②。

洪锡谟是洪良浩之孙，因著有《东国岁时记》而闻名。《东国岁时记》在韩国民俗学研究史上占有极其重要的地位，按月别严谨地记录了当时朝鲜的岁时风俗，具有很高的学术价值。

庆州崔氏在统一新罗时代是数一数二的文化名门，诗作入选《箕雅》的新罗诗人仅有四人，三人都出自庆州崔氏，出现了崔致远、崔承祐、崔匡裕等著名诗人③，其中被誉为"东国儒宗"的崔致远更是"韩国古代三大诗人"之一，是韩国古代历史文化名人中在中国最负盛名的一位。高丽

---

① "势道"，又称"世道"，本意为"治世之道"，亦即杰出的政界精英辅佐国王的情形。但是随着朝鲜政治的日益腐败，势道的本意被扭曲，渐渐蜕变为权臣垄断国政的寡头政治。

② 韦旭升：《韩国文学史》，北京大学出版社2008年版，第376页。

③ 赵季、张景昆：《〈箕雅〉五百诗人本事辑考》，人民文学出版社2011年版，第1页。

时代尚且还有崔承老、崔瀣①，但朝鲜时代长期衰落，文化名门地位坠落，盛名不复，直到崔济愚、崔时亨的出现。崔济愚于 1860 年创立东学，并由弟子崔时亨、孙秉熙作为信仰接受下来，传承于世。以后，李敦化又将东学作为一种哲学思想加以深化发展。在韩国近代史上，东学成为甲辰（1904）革新运动和己未（1919）"三一运动"的主导思想。在日本殖民时代，东学思想为了反抗日本帝国主义的殖民统治思想，在播种民族之魂，提倡民族的主体意识方面，进行了不懈的努力。可以说，东学成了朝鲜民族的精神支柱，主导了韩国近代民族史②。

善山金氏（一善）人才主要涉及有文学、儒学、地理学、政治等领域，代表人物有金宗直、金孝元。金宗直学问渊博，以经术文章为一代儒宗，是岭南学派的宗祖。弟子金驲孙将其指责朝鲜世祖篡夺王位而写的《吊义帝文》编入草章，引发戊午史祸，剖棺戮尸。曾为总裁官增修《东国舆地胜览》，还编有《青丘风雅》《东文粹》③，有诗作入选《箕雅》，其诗典雅，诗中有画。

东人、西人作为朝鲜时代延续数百年的士大夫党争的两大始祖，其中东人派领袖便是名士金孝元，西人派领袖是外戚沈义谦，两派形成的历史可追溯到明宗时期。权相尹元衡当道之时，世人竞相趋附，当时还是一介贫寒书生的金孝元也寄食在尹氏门下。同样在日后声名鹊起的沈义谦一次造访相府，尹氏家人将其延入屋内。路过食客房间，心血来潮的沈义谦指着寝席逐一询问食客姓名。当问及金孝元时，家人介绍说："此人虽未及第，却颇有文名。"沈氏听罢，露出不屑的神色："果真是豪杰之士，又岂会与权门无识的食客为伍？"一句有意无意的评头品足，成为金沈二人私怨的肇端，也成为朝鲜时代党争的导火索。庆州金氏的本贯人口在韩国姓氏单一本贯的人口排名中位列第四，2000 年人口数为 1736798 名，在韩国金氏单一本贯的人口排名中位列第二，却人才质量很低，朝鲜时代名人很少，代表人物仅有朝鲜时代"书圣"金正喜一人而已，人才主要涉及有书画、儒学等领域。金氏是韩国文化史上足以独当一面的杰出人物，曾随其任冬至副使的父亲来中国朝贡，在北京与中国学者、书家交游，使其大开

① 赵季、张景昆：《〈箕雅〉五百诗人本事辑考》，人民文学出版社 2011 年版，第 1—2 页。
② 李甦平：《韩国儒学史》，人民出版社 2009 年版，第 574—575 页。
③ 赵季、张景昆：《〈箕雅〉五百诗人本事辑考》，人民文学出版社 2011 年版，第 277 页。

眼界，搜集了大量中国历代拓本和法帖，并拜翁方纲、阮元为师，得到不少教益，最终创造出了格调高古的"秋史体"，特别是在隶书、行书方面达到了新境界。金正喜在韩国儒学史也拥有一定的地位，是朝鲜时代五大实学学派之一的"考据实学派"实学的主要代表人物。金氏在继承实证的研究方法的同时，注意通过发掘与研究本民族文化，以高扬民族主体意识。金氏对金石、典故等有着精深的造诣，其对客观事物求实的研究方法又丰富和发展了实学所一贯主张的实事求是的学风①。

金海金氏（驾洛）的本贯人口更是在韩国姓氏单一本贯的人口排名中位列第一，2000 年人口数为 4124934 名，约占韩国金氏人口的 40%，约占韩国人口的 9%，但是人才质量却比庆州金氏更低，代表人物仅有金驲孙、金弘道两人而已，人才主要涉及有书画、文学等领域。金驲孙是金宗直门人，朝鲜燕山君四年（1498）戊午史祸时被祸，中宗反正时申冤，追赠都承旨，有诗作入选《箕雅》，其诗古朴无华。金弘道作为朝鲜时代后期的画坛巨匠，与申润福、金得臣合称朝鲜时代三大风俗画家，与申润福并驾齐驱、难分伯仲，是韩国古代画坛最著名的画家，在韩国文化史上足以独当一面的杰出人物。他以现实和生动的风俗画表现出朝鲜时代人们丰富的生活场景，并形成了独特的画风。

晋州为河氏最重要的本贯。晋州河氏人才主要涉及文学、地理学、礼学等领域，代表人物有河演、河纬地、河应临。庆尚道观察使河演于朝鲜世宗七年（1425）与大丘郡事琴柔、仁同县监金镔一起编撰了韩国古代早期的地理志文献《庆尚道地理志》。"死六臣"之一的河纬地是世宗朝的文科状元，世宗二十六年（1444）为集贤殿校理，参与商定《五礼仪注》，有诗作入选《箕雅》，其诗感慨伤时。河应临善文，与宋翼弼、李山海、崔庆昌、白光弘、崔岦、李纯仁、尹卓然等号为"八文章"，还有诗作入选《箕雅》，其诗笔法豪健。

仁同张氏是韩国张氏第一大本贯，人才主要涉及有文学、政治等领域，代表人物有张志渊、禧嫔张氏。张志渊是韩国近代历史传记小说代表作家。朝鲜肃宗宠妃禧嫔张氏是李朝历史上最具争议的女性，她美貌绝伦，聪明机敏，专宠于后宫，赢尽君王之心；她广植党羽，排除异己，被称为"朝鲜三大妖女"之首。她从宫女到王妃，几度荣辱波折，却最终在

---

① 李甦平：《韩国儒学史》，人民出版社 2009 年版，第 498—499 页。

宫斗中付出了生命的代价。

朝鲜时代岭南地区除文风鼎盛、多文艺才俊外，还有一个显著的文化现象便是多仕宦豪门。全州李氏、青松沈氏、安东金氏、东莱郑氏并称朝鲜时代四大阀阅名门①，后三大家族皆是出自岭南地区。除此之外，朝鲜时代岭南地区的世家大族还有丰山洪氏、大邱徐氏。丰山洪氏前文已介绍，其余四家的人才质量皆不及洪氏。按人才质量排列依次为，大邱徐氏有徐居正，安东金氏有金炳渊，青松沈氏有沈师正。东莱郑氏最差，没有杰出人才可言，故不配跻身文化名门行列。

徐居正是权近外孙，参编《经国大典》《东国通鉴》《东国舆地胜览》《东文选》，还翻译了《乡药集成方》。徐氏精通性理学、天文、地理、医药，是韩国历史上不可多得的百科全书式的杰出学者，也是诗坛"四杰"之一②，有诗作入选《箕雅》，其诗春容富艳，为韩国汉文学发展做出了巨大贡献。作为一代文豪的徐居正在韩国汉文学史上的地位足以与韩国古代三大诗人——崔致远、李奎报、李齐贤相媲美。

金炳渊即流浪诗人金笠，金笠之所以特殊，是因为他虽然出身于两班士大夫家庭，却丝毫没有享受到这种出身的益处。他不是在书斋中吟风弄月，而是在朝鲜八道村镇的四处流浪中，度过他抑郁苦闷的一生。他在长期漂泊不定的生活中创作了不少诗歌，其一生坎坷的经历和他誓不为官、与朝鲜王朝统治者对立决裂的立场，形成了他的讽刺诗和怪诞的破格诗。在朝鲜王朝封建统治渐趋解体的情况下，金笠诗歌标志着两千年来盛行于韩国文人中的汉文诗的发展也已进入尾声，即将来到的将是韩国近代社会的国语文学兴盛的时代③。

而沈师正是朝鲜时代"南宗画"代表文人画家。

其余的两班主要宗族都是以单独人物闻名的文化名门。真宝李氏有李滉、昌宁曹氏有曹植、礼安李氏有李柬、清道金氏有金正浩、丰山柳氏有柳成龙。

海东理学之宗李滉"集大成于群儒，上以继绝绪，下以开来学，使孔孟程朱焕然复明于世"。李珥称他是儒宗，赵穆、金诚一称他是东方第一

---

① 李永勋编著：《朝鲜族姓氏漫谈》，辽宁民族出版社1998年版，第218页。
② 赵季、张景昆：《〈箕雅〉五百诗人本事辑考》，人民文学出版社2011年版，第250页。
③ 韦旭升：《韩国文学史》，北京大学出版社2008年版，第423—427页。

人，张志渊称他是阐明正学、启导后学、弘扬程朱之道的唯一者，文一平称他说，如果佛宗是元晓，那么儒宗便是李滉。李滉是朝鲜朱子学的集大成者，发展朱子理气二元论，阐述理气互发说、四七论，确立性理学体系。创设陶山书院，专心培养后辈、研究学问，对东方理学产生巨大影响。李滉辞世时，其门下弟子已人才辈出。其中历任政丞、大提学者皆超过 10 人、得到谥号者有 30 人，配享书院祠宇者更是多达 74 人。追赠领议政，配享宣祖庙庭，奉享陶山书院等全国数十个书院。他的儒学思想不仅对韩国学术界影响至深，还引起了日本、中国学术界的关注。可以说，李滉的儒学思想是东亚儒学史上的一块瑰宝①。李滉在文学上也较有成就，有诗作入选《箕雅》，其诗写理义真境，不烦绳削，铿锵可诵，李滉还与李珥、尹善道并为朝鲜时代国语诗歌——时调的代表作家②。

曹植是韩国儒学史上的一代大家，与李滉同年生而后卒 14 个月，曹、李均为朝鲜时代儒学之宗师，但贡献不尽相同。李滉主要是在性理学方面深化、发展了中国的朱子学说，奠定了他在韩国儒学史上的显赫地位。而曹植则强调原典儒学的"敬义"和"实践"精神，故有"自成一家之学""自有成法"之说③。曹植有诗作入选《箕雅》，其诗奇伟卓绝，语高旨深。

"湖洛"论争是李朝 18 世纪的一场重要儒学论辩。从韩国儒学史的角度审视，"湖洛"论争和"四七"论辩并为韩国儒学史上的两大论战，是"四七"论辩的延续和深化。李柬和韩元震作为"湖洛"学派的主要代表者，也是以李珥为首的"畿湖"学派的重要学者。李珥学说的特点是强调"理气妙合"。在李珥学问的这一传统思想指导下，深入研究理气关系，便产生了"未发"时"心"的整体是怎样的（即"未发心体"论）问题，产生了人性和物性是相同的，还是相异的（即"五常"论）问题等。故李柬和韩元震围绕着诸如此类问题，进行了又一次性理学大论战④。

金正浩是韩国地理学史上最重要的地理学家，在韩国历史地理学史上占有极其重要的地位。金正浩作为向世界展现朝鲜民族智慧与才能的爱国地理学家，他绘制的《大东舆地图》（1861）是研究当时朝鲜地理、军事、自然、经济、文化的极具价值的宝贵文化遗产。金正浩还著有韩国古

---

① 李甦平：《韩国儒学史》，人民出版社 2009 年版，第 254 页。
② 韦旭升：《韩国文学史》，北京大学出版社 2008 年版，第 175 页。
③ 李甦平：《韩国儒学史》，人民出版社 2009 年版，第 371—372 页。
④ 同上书，第 688 页。

代最重要历史地理文献之一的《大东地志》。

柳成龙是李滉门人，官至领相。道学、文章、德行、书法、声名显赫①，著作颇丰，以《惩毖录》最为出名。该书专门记述朝鲜壬辰卫国战争，并检讨朝鲜在战争中得到的教训，是研究壬辰倭乱以及中日朝关系史的重要参考文献。柳成龙有诗作入选《箕雅》，其诗雅洁冲淡。

从人才分布领域来看，朝鲜时代岭南地区两班主要宗族无论是在众多领域的人才数量还是人才质量及其成就都处于朝鲜八道第一流的地位，毋庸置疑，就是综合考量亦如此，无愧于"朝鲜（时代）人才一半出于岭南"的美誉，因此岭南地区堪称朝鲜时代的人才中心。朝鲜时代岭南地区两班主要宗族人才最主要的分布领域是儒学，成就最大。朝鲜时代最重要的儒学家有将近一半都是出自岭南地区，人才质量位居朝鲜八道第一，出现了权近、李滉、曹植、成浑、李栻、郑齐斗、崔济愚、朴齐家、朴殷植等一大批在韩国儒学史上拥有重要地位的儒学家，以性理学者为主，兼有实学家、阳明学者，并形成了"主理"学派——岭南学派。其他一般儒学家还有权尚夏、南彦经、姜沆、崔时亨、金正喜、柳成龙等人。岭南地区两班主要宗族在文学领域的人才质量同样不凡，出现了郑澈、朴仁老、南九万、惠庆宫洪氏等韩国文学史上的代表国语文学家、作家，成就显赫。还有权韠、金笠等韩国汉文学史上的杰出诗人，其他著名汉文学家更是人才辈出、灿若星河，徐居正、洪万宗、金宗直、南龙翼等都是韩国文学批评史、诗学史上的卓然大家。

和国语文学成就巨大相对应的是，在世宗大王倡导和主持下的于 1446年发布的国语文字"训民正音"，在其创制者之中，除朴彭年、崔恒外，申叔舟、成三问、郑麟趾三人均是出自本贯在岭南地区的两班主要宗族，足见朝鲜时代岭南地区的两班主要宗族人才对于韩国国语文字的创制以及国语文学的发展作出了无与伦比的贡献。

文学之外，岭南地区两班主要宗族在地理学领域的人才质量也位居朝鲜八道第一，涌现出了申橚、权轸、申公济、申景濬、河演、金正浩等一批在韩国历史地理学史上拥有重要地位的杰出地理学家，其中尤以高灵申氏一门最为显赫。地理学之外，岭南地区两班主要宗族在书画领域的人才质量亦是位居朝鲜八道第一，申润福、金弘道都是韩国文化史上第一流的

---

① 赵季、张景昆：《〈箕雅〉五百诗人本事辑考》，人民文学出版社 2011 年版，第 647 页。

画家，还有姜希颜、姜世晃、金正喜、沈师正等杰出书画家。

　　朝鲜时代岭南地区两班主要宗族在其他方面的人才质量及成就亦堪称一流，如史学有郑麟趾、柳成龙，音乐有朴堧，在军事方面的人才质量及成就虽不及京畿地区，但亦有名将权栗，两班一般宗族中还有名将金时敏，壬辰卫国战争三大名将有其二。另外在礼学、民俗学、医学等方面，岭南地区两班主要宗族人才的成就同样不凡。

　　除了在文化诸领域文风鼎盛、人物显赫外，和京畿地区两班主要宗族及人才的显著特征相似的是，朝鲜时代岭南地区亦多权势豪门及权臣，但权势煊赫度明显甚于前者。朝鲜时代四大阀阅名门有其三——青松沈氏、安东金氏、东莱郑氏，朝鲜时代后期六大门阀世族占其三——安东金氏、丰山洪氏、大邱徐氏。还有申叔舟、柳成龙、金祖淳、金炳始、金玉均、洪国荣、金孝元、沈义谦、禧嫔张氏等一大批杰出政治家、权臣、著名政客，其中朝鲜时代后期著名的"势道政治"即始于正祖时期外戚洪国荣。

　　从人才地域分布来看，按数量以及重要性依次排列，朝鲜时代岭南地区两班主要宗族的主要人才主要分布在安东以及密阳、昌宁、高灵、庆州、浦项、宜宁、晋州，即今韩国庆尚北道安东市、高灵郡、庆州市、浦项市以及庆尚南道密阳市、昌宁郡、宜宁郡、晋州市。其中安东主要人才最多，多于后七地主要人才数之和的一半，是主要人才分布的中心，密阳、昌宁、高灵、庆州、浦项、宜宁、晋州为主要人才分布的副中心，密阳、昌宁、宜宁、晋州形成人才群组团，主要人才的分布中心与朝鲜时代岭南地区两班主要宗族的各个分布中心并不完全一致，可见今天韩国的庆尚北道不仅是韩国朝鲜时代两班主要宗族的分布中心，更是朝鲜时代岭南地区两班主要宗族的主要人才的分布中心，其中安东又是重中之重。朝鲜时代有权近、权栗、权鞸、洪万宗、洪国荣、洪锡谟、惠庆宫洪氏、金炳渊、李柬、柳成龙、朴堧、朴仁老、朴齐家、朴殷植、成三问、成浑、曹植、申叔舟、申润福、申采浩、崔济愚、金正喜、郑澈、郑齐斗、南龙翼、南九万、姜希颜、姜世晃等主要人才，占到朝鲜时代岭南地区两班主要宗族主要人才总数的大约80%，其中安东的两班主要宗族主要人才占到朝鲜时代岭南地区两班主要宗族主要人才总数的大约28%，足见朝鲜时代安东之文风鼎盛、人物显赫，无愧于"朝鲜（时代）人才一半出于岭南，岭南人才一半出于安东"[①] 的赞

---

　　①　吴荣水编著：《日本韩国之旅》，广东旅游出版社 2007 年版，第 290 页。

誉。岭南地区是朝鲜时代的人才中心，安东是朝鲜时代岭南地区的人才中心，进而是朝鲜时代盛产人才的摇篮。朝鲜岭南地区的重要及一般儒学家中，安东是权近、权尚夏、李瑱、柳成龙的本贯所在，更是退溪李滉的生地，因此被誉为"韩国儒学的故乡"①。除此之外的主要人才分布在青松、龟尾、金海、清道、大邱，即今韩国庆尚北道龟尾市、青松郡、清道郡以及庆尚南道金海市还有大邱广域市。朝鲜时代有李滉、沈师正、金宗直、禧嫔张氏、金弘道、金正浩、徐居正等主要人才，仅占到朝鲜时代岭南地区两班主要宗族主要人才总数的大约 20%。

四 朝鲜时代岭南地区、京畿地区两班宗族人才地域分布格局比较研究初探

从人才分布领域来看，朝鲜时代岭南地区和京畿地区的两班主要宗族人才最主要的分布领域都是儒学和文学。在儒学领域，岭南地区与京畿地区基本平分秋色。一部韩国朝鲜时代儒学史基本就是岭南地区和京畿地区的儒学家创造的历史。岭南地区的重要儒学家数量多于京畿地区的重要儒学家数量，岭南地区的一般儒学家更多。岭南地区儒学家以性理学者为主，兼有实学家、阳明学者，并形成了"主理"学派——岭南学派。京畿地区儒学家多性理学者、实学家，兼有阳明学者，并形成了"主气"学派——畿湖学派。岭南地区儒学家数量上虽占优势，但从"主理"学派整体的作用和影响来看，它在韩国儒学史上的地位远不如"主气"学派。在文学领域，岭南地区与京畿地区也都表现不凡。岭南地区出现了郑澈、朴仁老、南九万、惠庆宫洪氏等韩国文学史上的代表性国语文学家、作家，成就显赫，人才质量位居朝鲜八道第一。还有权鞸、金笠等韩国汉文学史上的杰出诗人，其他著名汉文学家更是人才辈出、灿若星河，以及徐居正、洪万宗、金宗直、南龙翼等韩国文学批评史、诗学史上的卓然大家。京畿地区出现了许兰雪轩、许筠、赵秀三等韩国文学史上的代表性文学家，汉文文学、国语文学成就皆不凡，具有近世文学的重要意义，还有李荇、李舜臣、李安讷、李植、张维等韩国文学史上的著名文学家。总体而言，朝鲜时代岭南地区两班主要宗族人才在文学领域的人才质量与成就要

---

① 吴荣水编著：《日本韩国之旅》，广东旅游出版社 2007 年版，第 290 页。

高于京畿地区；岭南地区两班主要宗族人才的文学成就主要是在国语文学领域和文学批评领域，京畿地区两班主要宗族人才的文学成就主要是在汉文文学领域。岭南地区两班主要宗族人才在文学领域之所以在国语文学领域成就巨大、人才质量位居朝鲜八道第一，应是与朝鲜民族的国语文字——"训民正音"的主要创制者是岭南地区的两班主要宗族人才（即申叔舟、成三问、郑麟趾三人）密切相关。儒学、文学之外，在作为传统人文社科领域的史学领域，朝鲜时代岭南地区两班主要宗族的人才质量及成就也无疑是朝鲜八道第一。

岭南地区自古以来便是韩国史学的重镇，韩国史学史上最重要的历史学文献——《三国史记》《三国遗事》的作者金富轼、僧一然皆出自庆州金氏，都是岭南地区出身。朝鲜时代岭南地区史学有官修正史——《高丽史》的修撰者郑麟趾、《惩毖录》的作者柳成龙。而朝鲜时代京畿地区史学人才只有卢思慎可以举例，与岭南地区的史学人才质量及成就不能比拟。

文史哲之外的地理学领域，在朝鲜时代可以说是岭南地区两班主要宗族人才的天下。朝鲜时代岭南地区地理学人才有申樯、权轸、申公济、申景濬、河演、金正浩，其中尤以高灵申氏一门最为显赫，申景濬是高灵申氏最杰出的地理学家，金正浩更是韩国古代地理学史上的集大成者。京畿地区地理学有李重焕、李荇、洪彦弼、卢思慎，其中只有李重焕是韩国历史地理学史上的杰出地理学家。

艺术领域无论书画还是音乐也都是岭南地区拔得头筹。岭南地区在书画领域除了申润福、金弘道等都是韩国文化史上最一流的画家，还有姜希颜、姜世晃、金正喜、沈师正等杰出书画家，音乐领域则有"韩国三大乐圣"之一的朴堧。而朝鲜时代京畿地区书画领域却只有许链，音乐领域更是无杰出人才可言。岭南地区在艺术领域无疑是以压倒性优势稳居朝鲜八道第一的地位。

在科技领域，朝鲜时代岭南地区两班主要宗族人才却只得把执牛耳的地位让给京畿地区的两班主要宗族人才。京畿地区有许浚这位韩国科技史上堪比明朝李时珍的伟大医学家，而岭南地区却没有可与之比拟的科技人才。所以从科技领域可以看出，京畿地区两班主要宗族人才的分布领域更为全面，无论是人文社科领域，还是自然科学领域都有杰出人才分布。

朝鲜时代岭南地区除了文风鼎盛、在文化诸领域人才辈出、多文艺才俊外，还有一个显著的文化现象便是多仕宦豪门及权臣，京畿地区也具有此特征，但程度明显要逊色得多。朝鲜时代四大阀阅名门岭南地区有其三——青松沈氏、安东金氏、东莱郑氏，朝鲜时代后期六大门阀世族岭南地区占其三——安东金氏、丰山洪氏、大邱徐氏。还有申叔舟、柳成龙、金祖淳、金炳始、金玉均、洪国荣、金孝元、沈义谦、禧嫔张氏等一大批杰出政治家、权臣、著名政客，其中朝鲜时代后期著名的"势道政治"即始于正祖时期外戚洪国荣。而京畿地区在朝鲜时代后期六大门阀世族却仅有其一——丰壤赵氏，还有坡平尹氏、骊兴闵氏等政治豪门以及尹任、尹元衡、闵泳翊、闵泳焕、赵万永等一批权臣。无论是就朝鲜时代后期的"势道政治"时期还是就朝鲜时代整体而言，岭南地区两班主要宗族的权势煊赫度明显远胜于京畿地区的两班主要宗族。在军事领域，就以改变了东亚历史进程的重要战争——壬辰倭乱为例。朝鲜方面的平乱首功当然是属于京畿地区出身的李舜臣，李舜臣堪称韩国最声名卓著、在海外知名度最高影响力最大的历史文化名人。壬辰倭乱中朝鲜方面三大名将中的其余两位——金时敏、权栗，还有义兵将领——郭再祐皆是岭南地区出身，故岭南地区两班主要宗族人才在壬辰倭乱中所起到的作用其实并不逊色于京畿地区的两班主要宗族人才。

在以上诸领域中，岭南地区两班主要宗族人才的分布数量普遍远多于京畿地区两班主要宗族人才的数量，且在除科技之外的各个领域的人才质量与成就，岭南地区两班主要宗族人才皆胜于京畿地区的两班主要宗族人才。朝鲜时代岭南地区两班主要宗族无论是在众多领域的人才数量还是人才质量及成就不仅远胜于京畿地区两班主要宗族，就是置于整个朝鲜八道，也都是处于第一流的地位，毋庸置疑，就是综合考量亦如此，无愧于"朝鲜（时代）人才一半出于岭南"的美誉，因此岭南地区堪称朝鲜时代的人才中心。

从人才地域分布来看，朝鲜时代主要人才是以两班主要宗族作为分布单位出现的。单一本贯地的两班主要宗族数量越多，也就意味着该地形成两班主要宗族主要人才群的可能性越大。若有越多两班主要宗族分布的越多本贯地在地域上相连成组团，也就意味着该组团区域成为两班主要宗族主要人才集中分布区域的可能性越大。岭南地区有多个本贯地的两班主要宗族的分布数量不止一个。安东有安东权氏、安东金氏（新）、丰山洪氏、丰山柳氏、礼安李氏五大两班主要宗族，是朝鲜时代两班主要宗族分布数量最多的本贯地，自然也就成为朝鲜时代所有本贯地中最大的两班主要宗族主要人才群所在地。昌宁有昌宁成氏、昌宁曹氏，庆州有庆州崔氏、庆州金氏，青松有青松李氏、青松沈氏，晋州有晋州姜氏、晋州河氏，因此昌宁、庆州、青松、晋州都是两班主要宗族主要人才群分布地，但各地的人才群规模都要比安东人才群规模小许多，其中青松的人才群规模最小。其余本贯地如高灵、密阳、延日、善山、金海、河东、仁同、大丘、清道都只有单一两班主要宗族分布，其中只有高灵、密阳称得上是两班主要宗族主要人才群分布地，剩下的本贯地因为两班主要宗族主要人才的分布数量太少，故不能被称为是两班主要宗族主要人才群分布地。也就是说，朝鲜时代岭南地区有七大两班主要宗族主要人才群分布地，即安东、昌宁、庆州、青松、晋州、高灵、密阳，可分为三个层次。其中安东与青松相连，昌宁与密阳、高灵相连，故此两大组团区域是朝鲜时代岭南地区两大两班主要宗族主要人才集中分布区域，前者为主，后者为副。京畿地区两班主要宗族分布数量不止一个的本贯地数量略少于岭南地区。有德水、首尔、骊州、水原、广州、坡州六地，各地的两班主要宗族分布数量都是两个。德水有德水李氏、德水张氏，首尔有阳川许氏、汉阳赵氏，骊州有骊州李氏、骊兴闵氏，水原有南阳洪氏（土洪系）、南阳洪氏（唐洪系），广州有广州安氏、广州李氏，坡州有交河卢氏、坡平尹氏。京畿地区两班主要宗族分布数量不止一个的本贯地数虽有六个，但可与岭南地区相比拟的两班主要宗族主要人才群分布地却仅有开丰、首尔、骊州、水原四地，其中开丰作为两班主要宗族主要人才群分布地的人才群规模最大。广州、坡州难以被称为两班主要宗族主要人才群分布地。其余本贯地如高阳、华城、涟川、扬州都只有一个两班主要宗族分布，且主要人才也都各只有一个，故不能被称为两班主要宗族主要人才群分布地。所以京畿地区两班主要宗族主要人才群分布地只有开丰、首尔、骊州、水原四地，数量上比岭南地区的两班主要宗族主要人才群分布地少三个，人才数量上更是相差太多。无论是以开丰与安东相比，还是以京畿地区与岭南地区整体相比，皆是如此。人才群及人才质量上更是相去甚远。人才分布领域方面的人才质量差异前文已叙述，在此不赘述，只说明人才群方面的人才质量差异。整个朝鲜时代的所有两班宗族中，结合宗族人口数考量，德水李氏人才质量是最高的，堪称朝鲜时代第一文化名门。德水李氏虽出自京畿地区，且京畿地区还有朝鲜时代十大文化名门之一的阳川许氏，但与岭南地区相比无疑相形见绌。高灵申氏是朝鲜时代岭南地区人才涉及领域最广且在各个领域皆有较大成就的两班主要宗族，人才主要涉及有政治、儒学、礼学、史学、文字学、音韵学、文学、地理学、书画等诸多领域，完全足以跻身朝鲜时代十大文化名门之一，除朝鲜王室——全州李氏之外，人才涉及领域最广且在各个领域皆有较大成就，堪称朝鲜时代第一文化名门。不仅限于朝鲜时代，就是置于整部韩国文化史，也毫无疑问是数一数二的文化名门。高灵申氏在韩国文化史上的意义明显胜于德水李氏，人才涉及领域广阔得多。岭南地区除了高灵申氏，还有昌宁成氏、密阳朴氏、安东权氏、延日郑氏朝鲜时代十大文化名门占其五，而京畿地区朝鲜时代十大文化名门仅占其二。岭南地区的朝鲜时代文化名门的人才质量及成就总体而言是在京畿地区的朝鲜时代文化名门之上。开丰、首尔、骊州、水原四地在地域上并未相连，并未形成组团区域，也就是说京畿地区并未形成两班主要宗族主要人才集中分布区域。

　　岭南地区之所以能超越作为政治中心的京畿地区、成为朝鲜时代当之无愧、名副其实的人才中心，概括来说除了经济方面的自然地理条件优越（地处韩国面积最大的平原——洛东江平原、气候温暖湿润、韩国第一长河——洛东江发源于此并两面环海、靠近日本、海运便利）、开发较早所以经济发达以及文化方面作为新罗故地而文化底蕴深厚之外，最主要的原因莫过于书院数量位居朝鲜八道第一，故教育极其发达。当然，岭南地区在朝鲜时代之所以能教育极其发达自是与其经济发达、文化底蕴深厚密切相关。如果经济不发达、文化底蕴不深厚，自然也就不可能文教繁荣、人物显赫。从朝鲜时代岭南地区的书院数量位居朝鲜八道第一，占朝鲜八道书院总数的近 40%，韩国朝鲜时代五大书院——陶山书院（安东）、玉山书院（庆州）、绍修书院（荣州）、屏山书院（安东）、道东书院（大邱）全部位于岭南地区，且前四大书院都位于庆尚北道，便足以一窥岭南地区尤其是今天的庆尚北道地区在朝鲜时代教育之发达、文风之鼎盛乃至人物之显赫。相比而言，朝鲜时代京畿地区书院数却只有岭南地区的五分之一，且朝鲜时代五大书院没有一座是在京畿地区，足见朝鲜时代真正的教育中心其实是在岭南地区。书院最多、教育发达（主要是指性理学教育的发达）是朝鲜时代岭南地区性理学比别处都要发达的根本原因，因此朝鲜时代岭南地区的儒学家是以性理学者为主。而朝鲜时代岭南地区的性理学之所以发达其实是与士林派①紧密相关。

　　岭南地区作为朝鲜时代的教育中心，书院最多、教育发达、文风鼎盛、人物显赫，因此才能超越作为政治中心的京畿地区、成为朝鲜时代当之无愧、名副其实的人才中心。直到今天，岭南出身的众多杰出人才依然活跃在韩国社会的各个领域，拥有着举足轻重的地位。岭南地区在今天虽然依然与以首尔为中心的首都圈并为韩国的两大经济、文化中心，但此二元并立的文化地理格局的内部关系实则已在悄然改变。随着韩国的教育中心从岭南地区向以首尔为中心的首都圈地区转移的完成，昔日岭南地区拥有绝对优势、无限辉煌的人才中心地位正逐渐为首都圈地区所取代。关于自朝鲜时代以来韩国经济、文化两大中心二元并立的文化地理格局的内部关系变迁与差异性比较的进一步研究无疑会成为未来持续关注的重要课题。

附录

朝鲜时代书院分道统计表

道别	书院数
京畿道	56
庆尚道	251

---

　　①　一般认为，李氏朝鲜的朋党政治肇始于朝鲜宣祖（1567—1608 年在位）时期，因官职上任方式之争而引发的、以金孝元（1542—1590）为首的东人党与以沈义谦（1535—1587）为首西人党的分裂（东西两党的名字源于金、沈二人的家别分别位于汉城的东西两端）。不过，在两党分裂前，其实共享着同一个称谓——士林派。换言之，朋党政治的序曲，在士林派登上政治舞台之时，就已经悄然奏响了。"士林"一词在《高丽史》中已有所见，与"士族"或"士类"类似，仅按字面意思解释，是指习研儒学经术的儒士群体。高丽忠烈王（1274—1308 年在位）时期，文臣安珦（1243—1306）前往元朝誊写朱熹著作带回国内，被后人视为性理学（朱子学在朝鲜半岛的称呼）普及的开端。此后，通过学习性理学并参加科举进而涉足政治的士族开始涌现。"读书曰士，从政为大夫"（朴趾源，《燕岩集》卷八《两班传》），这一群体后被称为"新进士大夫"。他们基本来自于地方乡村，对彼时大地主等权门世家的专横跋扈十分不满。其中有一部分人力图改革，成为后来李氏朝鲜建国的主导力量之一。然而到了 15 世纪末，这部分掌权的士大夫已进入大地主行列，改革的意图日益弱化，权力腐败开始凸显，逐渐形成后世所谓的"勋旧派"。此种现象招致当时在野乡村士族（大部分是彼时并未参加李氏朝鲜建国，选择回到地方的新进士大夫及其后辈）的不满，他们逐渐开始参与到政治生活中，试图改变这种局面。其中首当其冲的，当属岭南地区的士族。岭南地区拥有较为先进的农业技术，为其经济发展提供了良好的基础，加之有前文所提的回到地方的新进士大夫隐居此处，彼时当地的性理学教育较之他处颇为扎实。可以说，朝鲜时代岭南地区之所以书院众多、教育发达、文风鼎盛、人才显赫便是此时打下的坚实基础。

续表

道别	书院数
全罗道	139
忠清道	94
江原道	34
黄海道	30
平安道	36
咸镜道	30
合计	670

朝鲜时代岭南地区、京畿地区两班宗族人才地域分布格局差异性比较简表

领域	岭南	京畿
儒学	"主理"学派——岭南学派阳明学	"主气"学派——畿湖学派实学
文学	国语文学　文学批评	汉文文学
文字学	训民正音——申叔舟　成三问　郑麟趾	
史学	郑麟趾　柳成龙	卢思慎
地理学	申橚　权轸　申公济　申景濬　河演　金正浩	李重焕　李荇　洪彦弼　卢思慎
音乐	朴堧	
书画	申润福　金弘道　姜希颜　姜世晃　金正喜　沈师正	许链
科技		许浚
政治	安东金氏　青松沈氏　丰山洪氏　达城徐氏　东莱郑氏	坡平尹氏　骊兴闵氏　丰壤赵氏
军事	金时敏　权栗　郭再祐	李舜臣
书院	陶山书院（安东）　玉山书院（庆州）　绍修书院（荣州）　屏山书院（安东）　道东书院（大邱）	

使命意识和创新精神[*]

——林甘泉《孔子与 20 世纪中国》一书的启示

陈其泰[**]

　　林甘泉先生主编的《孔子与 20 世纪中国》一书原先是以社科院科研项目立项和撰写的，在 2007 年前后书稿完成之际，我有幸是评阅人之一。当拿到厚厚的成果打印稿时，我确实颇感惊讶：林先生是古代史专家，尤以研究中国古代经济史、土地制度史著名，而他却承担了这样一个近现代思想史、学术史的项目，离他原先专擅的领域甚远，这岂不是迎接一场很大的挑战吗？等到我拜读完这部字数达 53 万余字之巨、质量上乘的书稿之后，我的心情也随之由惊讶转变为深深的敬佩！林先生选择承担这一课题之时，他当然知道，学术领域的转移必然意味着更多的付出，尤其是，《孔子与 20 世纪中国》这一题目问题复杂，意见分歧，又要涉及许多当代学者的见解，指陈得失，还有不少是与现实关联密切的问题，因而无论在史料掌握上或在理论驾驭能力上，都有很大的难度。正是出于一位正直学者强烈的社会责任感和使命担当意识，驱使他接受这一挑战。这在书中"绪论"有非常明确的交代，对于把握全书的撰著目的和认识其学术价值至关重要，特予引录："历史跨进 20 世纪之后，孔子这位'大成至圣先师'的命运可就走上多舛之途了。20 世纪对于中国来说是一个翻天覆地的世纪，无论是政治、经济或思想文化领域都经历了巨大而深刻的变化。随着政治风云的变幻和不同社会思潮的碰撞，对孔子及其思想的历史定位和

---

　　* 本文之部分曾在《中国史研究动态》2018 年第 3 期发表，本刊特刊布全文，以飨读者。
　　** 陈其泰，北京师范大学历史学院。

价值判断也毁誉交错,起伏不定,甚至出现了富有戏剧性的极大落差。尊孔与批孔的思想斗争,不仅演化成牵动全国上下的政治斗争,而且几乎贯穿 20 世纪大半个世纪的历史行程。时至今日,尊孔批孔的尘埃落定,孔子作为中国古代伟大的思想家、教育家和文化巨人的地位,基本上得到我国知识界和社会公众的认同。但对孔子及其思想的评价以及对孔子思想现代价值的认识,在知识界仍然存在差异。我们的后代将来在阅读 20 世纪中国的历史时,很可能不太理解为什么对孔子这样一位历史人物会有如此歧异的认识和评价;对 20 世纪中国为什么会引发尊孔、批孔这样全国性规模的文化冲突和社会运动,可能也会感觉不可思议和惊讶。从政治上、理论上和学术上梳理一下孔子及其思想在 20 世纪中国的历史遭遇,应该说是我们这些从 20 世纪生活过来的学人需要做的一项工作。"(林甘泉主编:《孔子与 20 世纪中国》,中国社会科学出版社 2008 年版,第 4 页。以下引文只注明页数)简言之,这种使命担当精神来自三方面的考虑,一是要更加全面和恰当地评价孔子这位文化巨人的思想学说和当代价值;二是要对几乎贯穿 20 世纪大半个历程尊孔与批孔的陡起陡落、毁誉交错的起伏变迁给予科学的评价;三是要对后代负责,因为作者亲身经历过数十年中跌宕起伏的社会思潮,有很多的切身感受,值得将自己的思考总结出来,帮助后人理解其中种种曲折复杂的变化。

实际上,除了使命意识、理论水平、学术功力以外,林先生还具备必要的学术积累。他曾对先秦诸子思想和两汉学术变迁作过专题研究。在 90 年代末,又撰写了《二十世纪的中国历史学》《新的起点:世纪之交的中国历史学》两篇名文(分别刊载于《历史研究》杂志 1996 年第 2 期和 1997 年第 4 期),对于 20 世纪中国史学的发展历程作了深刻的总结。这些表明他充分具备能够成功地接受这一挑战的条件。《孔子与 20 世纪中国》一书的完成,就是他和课题组成员开拓新的领域而取得的重要成果。值此林甘泉先生逝世一周年之际,重读这部著作,深感其既有宏大气魄又有思想深度,确是一部切合当前学术发展需要、具有重要理论创新价值的成功之作,值得我们给予高度的重视。以下从三个方面,对全书的开拓创新价值和启示意义作简要的评述。

一是立意高远,体制恢宏,纵横结合,史料网罗组织丰富。孔子是传统思想和文化的代表人物,几千年来对中国的政治、制度、文化等产生了无比深远的影响。但是,孔子的历史地位和价值判断,在 20 世纪中国经历了很富戏剧性的落差，尊孔与批孔的思想斗争几乎贯穿了大半个世纪。本书是第一次以此为专题研究对象，对孔子及其思想百余年来的历史命运，从多层面、多角度进行系统的梳理。孔子历史命运的陡升陡降，是由政治、社会和学术文化诸多方面的原因和代表不同阶级、阶层利益需要的理论主张互相影响和推演而造成的，本书在结构上气势恢宏，囊括广泛，纵向考察和横向分析相结合，作了全面系统的论述，因而大大推动了对孔子思想历史地位、当代价值的研究，同时有助于读者了解中国近现代思想史、学术史和政治史的发展历程。打开目录，全书就给我们以深刻的印象。上编共设十章。首章概述从孔子在世到戊戌以前孔子地位的变化和影响，作为全书正文中展开论述的背景。以后用三章篇幅，分别论述上一个"世纪之交"政治上大波迭起的形势下孔子地位的急剧变化：戊戌时期康有为为了推动变法求助于孔子亡灵，从而掀起晚清尊孔高潮；辛亥革命前，改良派和革命派在尊孔问题上的不同态度和无政府主义对孔子的抨击；民国初年孔教会和袁世凯的尊孔复辟闹剧。"五四"前后是因评价孔子论争更为激烈和思想极其活跃的时期，著者以下列四章为大纲目展开论述："五四新文化运动与批孔狂飙""东西文化论争中的孔子和孔子思想""第一次国共合作期间'尊孔'与'反尊孔'的激烈交锋""五四运动后若干研究孔子思想的论著"（此章之内即分别讨论了胡适、梁启超、冯友兰、周予同等名家的著作）。继其后有两章，讨论"南京国民政府与孔孟之道""抗日战争时期沦陷区尊孔活动"。上编最后用两章（分为上下）论述"抗日战争和解放战争期间关于孔子及其思想的评论和研究"，梳理、论述了许多重要问题，如国共两党对待历史文化遗产的不同态度；毛泽东、刘少奇、洛甫论孔孟思想；胡适、陈独秀对孔子及其思想价值的重估以及郭沫若、吕振羽、范文澜、侯外庐、蔡尚思论孔子思想等。中编集中讨论中华人民共和国成立后十七年对孔子思想的研究和"文化大革命"中的"批林批孔"运动。下编分为上下章，论述改革开放后对孔子及其思想的研究、讨论。著者具有开阔的视野，对于纷繁复杂的问题成功地梳理出三条线索：一是从政治史视角，考察由于孔子的亡灵被某种特定的政治需要所利用，在全国范围内制造尊孔或批孔的闹剧；二是从思想史视角，考察不同时期、不同学者评价孔子历史地位与历史评价的分歧和演变；三是从学术视角，考察不同学者对孔子生平、著作和思想所做的考辨工作及其得失。正是由于著者理论上站得高，研究方法得当，又有高度的概括能力，对全书框架体系做了如此精心的安排，因而纲举目张、层次清楚地展开系统、深入的论述。

系统、深入的论述必须以丰富、详确的史实为基础。著者恰恰在史料上下了极大的功夫，这是保证本书成功的重要条件。著者对史料作了大力搜集、梳理、考核，然后作阐释、联系、参照，以此为依据进行论述，这里仅举两例加以说明。首章第一节"孔子的形象是怎样被神化的"，论证从孔子所处的春秋时代到西汉时期地位、形象的变化，即引了《论语》（《颜渊》《述而》等篇）、《孟子》（《公孙丑》《尽心》）、《春秋公羊传》、《史记》（《孔子世家》《高祖本纪》《陆贾列传》《叔孙通列传》）《韩诗外传》《法言》《汉书》（《高帝纪》《儒林传》《董仲舒传》《元帝纪》）。论证孔子地位从三国以后至明清的变化，同样对史料广泛引用，包括：《后汉书》《晋书》《旧唐书》《宋史》《金史》《明史》《清史稿》《封建贵族大地主的典型——孔府研究》等。合起来这一节引用典籍文献即有 38 种（篇）之多。又如，第五章中"陈独秀对孔教和尊孔派的批判"一节，引用的著作、文章、书信就共计 17 种，其中包括《独秀文存》《青年杂志》《新青年》杂志、《东方杂志》《叶德辉评传》等。正因为著者做到详细占有材料，广泛、审慎地使用，才保证本书的论述切实可靠、恰当、全面，反映了历史的本来面目。

二是分析透彻，评价精当。在材料充分、事实确凿的基础上，对问题进行辩证分析，具体情况具体分析，是唯物史观的灵魂。这些原则在本书中得到充分的体现，这是其取得成功的又一关键，也是读者从中深受启发之处。例如，著者对郭沫若的孔子观作了深入的评析，提出了以下重要观点：（一）郭沫若认为孔子的"道"有进步意义。"孔子把老子的思想和殷周的传统思想加以融和，他避去了老子的'道'这一名称，而挹取了他的精神，对于向来的天另外加了一番解释。孔子说：'天何言哉？四时行焉，百物生焉。'这个'天'其实只是自然，或自然界中的理法，和旧时的有意想行识的天是不同的。这在天道观的历史上是一个进步"。（第 253 页）（二）郭沫若指出，孔子思想体系的核心是"仁"。仁的含义是克己而为人的一种利他的行为，简单一句话，就是"仁者爱人"。"和有些史学家认为'人'有等次性的理解不同，郭沫若强调孔子所说的'人'是人民大众。……郭沫若认为，'这种由内及外，由己及人的人道主义的过程，应该就是孔子所操持着的一贯之道。'"这种所谓人道，很显然的是顺应着奴隶解放的潮流的。这就是人的发现"。（第 255 页）（三）著者又认为：
"郭沫若青年时代就是孔子的一个崇拜者，他在接受了马克思主义唯物史
观之后，基本上并没有改变对孔子的崇拜态度。""从一个学者的学术研究
中应持有的独立精神和实事求是的态度来说，郭沫若上述表态应该说是无
可非议的。但在当时国民党统治区的政治环境和就马克思主义史学阵营中
的同志关系来说，要坚持自己与众不同的学术见解，却也是需要有一定理
论勇气的。……老一辈的马克思主义史学家，尽管在政治上和理论上'同
道'，但他们对一些重要的历史问题却常有不同的见解。正是这种不同学
术见解的争论，为中国马克思主义史学的发展提供了巨大的动力"。（第
256 页）

　　再如对钱穆思想主张的评析，同样突出地体现了著者实事求是地进行
辩证分析和以发展的观点看问题的评价尺度和方法。其要点也有三项。
（一）著者认为，钱穆《国史大纲》论析孔子思想的要点，可以归纳为：
孔子不仅懂得当时现行的一切礼，还注意礼的沿革和本原；认为孔子思想
的核心是礼，"原于人类之孝悌心，孝悌心之推广曰仁，曰忠恕，是为人
与人相处最要原理，即所以维持人类社会于永久不弊者"，"骤观孔子思
想，似有偏于复古之倾向，又似有偏于宗法封建阶级之倾向，其实孔子已
指出人类社会种种组织之最高原理"；"孔子实已超出当时狭义的国家与民
族之上，而贡献其理想于当时之所谓天下"；"孔子因抱改革天下之宏愿，
故政治活动之外更注意于教育……而孔子的教育事业却留下一个绝大的影
响"。著者称，钱穆这些论述"虽然简短，却是比较全面的"。（二）著者
认为，钱穆论孔子思想的核心包括"礼""仁"与"忠恕"的观点，"有
其理论特色，但未免失之肤浅。'礼'的内容包括社会等级秩序和人们行
为规范的方方面面，即使它'原于人类的孝悌心'，到了孔子生活的春秋
时代，它实际上已经超越基于血缘关系的亲情，而成为约束公共生活的一
种准则。至于孔子所说的'仁'，诚然也有'亲亲之杀'的等差性，但樊
迟问仁，'子曰爱人'。子贡问仁，孔子说：'夫仁者己欲立而立人，己欲
达而达人。'孔子还说：'巧言令色，鲜矣仁。''刚毅木讷近仁。''无求
生以害仁，有杀身以成仁。'可见在孔子的心目中，'仁'是一种'泛爱
众'的精神境界和为人的理想人格。把它仅仅看成是源于'孝悌'之心的
'礼'的推广，是过于简单化的。"（三）钱穆的看法也有变化，1947 年，
他在《中国文化史导论》中提出："孔子认为'礼由仁生'。礼虽是阶级

的，而仁则是平等的。礼虽是宗教的，而仁则是人道的。"显然，著者只有恰当地掌握了正确评价思想史上优绌得失的标准与方法，以客观态度全面地了解其学说主张，才能做到像上述那样，提出商榷意见，同时又看到其后来观点的发展，特地予以表彰。

本书前面各章对 20 世纪各个时期思潮的评述和对思想家学说主张的论析，有类于个案式研究。在此基础上，著者在全书最后的"结束语"中，则是提炼出"孔子与 20 世纪中国"课题中有全局意义的理论问题集中进行剖析和总结。结束语共包括五个问题：（一）尊孔、批孔与 20 世纪中国政治风云的关系；（二）怎样看待五四新文化运动批孔批儒的激进思潮；（三）"真孔子"与"假孔子"：研究孔子及其思想的方法论问题；（四）正确评价孔子思想遗产的当代价值；（五）孔子思想与 21 世纪的世界文明。著者对这五个关键问题的论述理论性更强，而且很有针对性，对近年来研究工作中存在的一些偏颇看法作出回应，因而是对于前面十六章论述的总结与提升，也更集中地体现出本书的独具风格。限于篇幅，这里仅以第二项略作评论。

五四新文化运动对封建旧思想、旧道德、旧文化的激烈批判是现代史上的重大事件，深刻地影响了 20 世纪中国的历史进程和文化方向。著者在本书第五章《五四新文化运动与批孔狂飙》中，即中肯地指出五四时期激烈批判封建旧道德、旧礼教的历史必然性："袁世凯复辟帝制失败之后，勾结帝国主义列强的北洋军阀和各省的封建势力仍然控制着中国的统治权，政治腐败、社会黑暗状况依然没有改变。以尊孔复古和提倡纲纪伦常为标志的封建旧思想、旧道德和旧文化，仍然在全国四处泛滥。原先以为推翻君主制、建立共和制以后中国就可以加速前进的知识界，突然发现许多阻碍中国近代化的绊脚石，实际上并没有被共和革命搬走。污浊的社会现实教育了知识界中一些知识分子，他们痛切地醒悟到，中国要进步，民族要复兴，必须进行一场思想文化革命。"（第 107 页）"五四新文化运动在辛亥革命推翻了帝制的基础上，为近代启蒙思想挣脱代表封建宗法制度和思想的四条绳索的进军吹响了号角。它的火力，首先集中在对封建礼教的批判上。"（第 108 页）正因为五四新文化运动猛烈地批判旧道德、旧礼教揭开了中国历史新的一页，它直接关系到对孔子思想、对中国文化传统作如何评价以及如何认识以此为起点的中国现代思潮的走向这些根本性问题，因此长期以来在许多人心目中存在着极为分歧的认识。本书著者反思五四新文化运动的历史，做到毫不回避尖锐的分歧，论述鞭辟入里。著者对分歧意见作了明确归纳，说："八十多年来中国社会发生了深刻的变化和动荡，对新文化运动的评价也一直存在着许多争议。意见归纳起来主要是：（一）认为新文化运动可以批判封建礼教，但不应该批判孔子。（二）认为传统道德如忠孝仁爱信义和平等，都有合理的因素，应该继承。（三）认为新文化运动引发的激进主义思潮使我国传统文化遭到了'断裂'，造成全民性价值观的混乱和社会失序。"（第477页）

　　著者的评析突出了以下两项指导思想。一是努力再现历史场景，评析五四时期各派人物的思想主张，都力求放在当时中国的政治、文化环境中来考量，依据是否符合当时中国社会进步的方向加以检验，和是否符合民众的利益、愿望来作评判，不作抽象的玄理式的演绎。二是贯穿辩证的、发展的眼光，既看到事情的正面，又看到事情的反面，全面分析，区分主次，评价功过得失。著者梳理出以下线索：《新青年》创刊之初，并没有把批判的矛头指向孔子。陈独秀发表《敬告青年》一文，主旨是宣传新陈代谢、适者生存的进化论，通篇并无贬低孔子思想。"可是随后国内局势的发展，表明代表封建旧思想、旧道德和旧文化的势力不但不会自动退出历史舞台，而且还以尊孔为名，竭力要把中国拉向倒退。陈独秀在1916年初发表的《吾人最后之觉悟》得出结论说：'吾人果欲于政治上采用共和立宪制，复欲于伦理上保守纲常阶级制，以收新旧调和之效，自家冲撞，此绝对不可能之事。'他因此提出：'伦理的觉悟，为吾人最后觉悟之最后觉悟。'表明陈独秀此时认识到，政治革命和思想革命是相辅相成的，不批判儒家的纲常伦理，共和政治是无法得到巩固而会被封建复辟势力所颠覆的。事实证明了他的判断。"张勋复辟的丑剧证明尊孔与反尊孔、复辟与反复辟的斗争仍然十分紧张。正是在此情况下，陈独秀连续发表《宪法与孔教》《复辟与尊孔》等一系列文章，"大力抨击以封建纲纪伦常为核心的儒家思想，并把批判的矛头指向了孔子。……正因为尊孔论和复辟论'相依为命'，要根除复辟论的基础就必须批判孔子和孔教。"（第478页）

　　再如，关于五四运动新文化的功过和是否造成中国文化"断裂"问题，著者强调必须依据事实作辩证的分析，并以百余年来为中国文化发展的大趋势加以验证。书中提出如下明确的论点：（一）必须充分肯定新文化运动的历史功绩："五四新文化运动为我国近代的文化革命和政治革命建立了伟大的功勋。没有新文化运动，孔教会要求定孔教为国教的政治诉求可能会得逞，继袁世凯、张勋之后中国可能还会出现第三次帝制复辟，妇女在贞节的名义下被剥夺生存权利的惨剧还会不断发生，中国社会进步不知道还要滞后多少年。"因此历史证明："五四新文化运动是中国人民思想解放和社会进步的光辉里程碑"（第 480 页），这一历史地位根本不容怀疑。（二）五四新文化确实存在批判过激和片面性的缺点。"陈独秀指出只有政治上的共和革命是不够的，还需要批判儒家的纲纪伦常，进行思想上的革命，这个认识并没有错。但是他认为两千多年的封建礼教皆本之'孔子之道'，因而把批判的火力集中对准孔子，这却是一种缺乏历史主义的思想方法。……孔子说：'君使臣以礼，臣事君以忠。'这与后世封建专制制度高度发展条件下所谓'君要臣死，臣不得不死'的观念就有很大的区别。"（第 478 页）片面性问题应当作为经验教训加以总结，但是，"不能因此而否定批判旧思想旧道德、旧文化的必要性和正当性"（第 479 页）。（三）著者又举出有力的证据，证明新文化运动没有造成中国文化的"断裂"。"20 世纪中国学术史的发展，恰恰说明正是五四新文化运动的兴起，使传统文化的整理和研究开创了前所未有的新局面。""20 年代和 30 年代，在新文化运动思潮的影响下，我国学术界关于儒家思想和先秦诸子的研究，摆脱传统经学和子学的僵化框架，开拓了新的视野，出版了一批至今仍为学界所称道的哲学史和文化史著作。与此同时，北京大学、清华大学和其他高等学府相继成立国学研究部门，开设有关传统文化的多门课程。继商务印书馆大型古籍丛书《四部丛刊》之后，中华书局出版了《四部备要》。商务印书馆不断出版了《四库全书珍本》《丛书集成》和面向广大读者的《国学基本丛书》和《国学小丛书》。有关国学的整理、研究和出版风气之盛，被有的学者赞叹为'国学之黄金时代'。这一时期学术界和文化界所展开的一些争论，如关于《古史辨》的讨论，关于东西文化的讨论，关于'中国本位的文化建设'的讨论，关于文学革命的讨论，关于整理国故的讨论，关于读经问题的讨论，可以说都与探讨传统文化的继承有关。讨论的参加者虽见仁见智，意见并不一致，但就连主张文化建设要'全盘西化'的人，也并没有完全否定传统文化的价值。"（第 479 页）而在中国马克思主义史学家中，郭沫若出版《中国古代社会研究》一书，在自序中就非常推崇王国维、罗振玉对中国文化的整理功夫，所以他做的工作"并没有否定'整理国故'的重要性，而是丰富了'国故'的内容"（第 480 页）。因此结论自然是：五四运动领导人在当时"不免犯片面性和绝对化的错误。但是新文化运动并非像有些人所说的'全盘化反传统'，更没有使中国的传统文化'断裂'"（第481页）。

对于一位海外学者认为"'五四'全盘化反传统""为中国知识分子接受中式乌托邦提供了结构上的可能"的指责，本书著者也依据历史事实作了明确的回答："把五四新文化运动的激进主义与乌托邦主义混为一谈是很牵强的，新文化运动的一些领导人，无论在当时或以后都不是乌托邦主义者。乌托邦主义在20世纪中国有什么影响可以研究，但20世纪中国的主要思潮是马克思主义、自由主义和文化保守主义，绝不是乌托邦主义。""中国广大知识分子选择马克思主义、毛泽东思想所指引的道路，是从百年中国的历史教训和自己的亲身经历中得出的结论，而不是什么五四'全盘化反传统'造成了'意识形态的真空'，给'中式乌托邦主义'带来了'强大的正当性或合法性资源'。"（第481页）简要言之，书中有关"怎样看待五四新文化运动批孔批儒的激进思潮"这一专题的论述很有代表性，著者抓住一百多年来政治思想和文化主张变迁中的关键问题作为反思的重点，努力回到历史场景，以历史的成效检验各种言论主张的实际效果，实事求是地进行辩证分析，然后审慎地得出结论，因而大大提高了论述的深度和对读者的说服力。

三是生动地体现了优良的学风。中国马克思主义史学在唯物史观理论指导下创立和发展，又大力继承了源远流长的传统史学的精华，因而形成了具有浓郁民族特色的优良学风，老一辈史学大师郭沫若、范文澜等是奠基者，继之又有众多的史学名家不断地将它丰富和向前推进，这种优良学风在《孔子与20世纪中国》书中就有着生动的展示。以个人浅见，中国马克思主义史学的优良学风尤其突出地表现在以下几项。

——难能可贵地做到将传统学术实事求是的精神，和"唯物史观基本原理与中国历史实际相结合"这一时代精髓互相结合，既重视广搜材料、审核材料，又重视理论分析、恰当阐释材料的价值，做到言必有据，力戒空泛之论。

——以辩证观点对问题进行分析，重视纵贯考察和横向联系，既要揭示出事物的本质、阐述其发展的内在规则性，又充分重视事物的复杂性、多方面性，不作简单化处理。力求开拓、创新，决不人云亦云、盲目套用现成结论。

——力求做到将内容的深入、精当，与论著外在形式的协调、完美二者相结合，做到论点明确、线索清晰、逻辑严密、主次分明，坚决摒弃材料的堆砌。

——在文字表述上发扬古代史学名家"文史兼通"的优良传统，达到准确、简练、流畅，尽可能生动。化烦琐为简明，不故作高深，雅俗共赏，充分体现学术为大众所用的群众观点。

林甘泉先生的论著一向重视展现这种具有浓郁民族特色的优良学风，而在他晚年撰成的这部《孔子与20世纪中国》书中体现得更加突出和成熟，可圈可点。关于理论运用、辩证分析和逻辑结构匠心运用这三项特点，本文前面的举证和分析已提供了许多有说服力的例证。这里要着重论述的是，林先生又十分重视发扬古代史家"文史兼通"的优良传统，做到文字表述的简洁流畅，本书作为一部严肃、厚重的学术专著，却一扫枯燥乏味或深奥难懂的气习，做到简洁、流畅和尽可能生动，许多段落读起来有如学术美文。这种风格对于广大读者一定更有吸引力，也应是学术界同人的共同追求。为了表达笔者这一区区悃诚，特从书中选录几处例证加以申论。

例如，第一章中这样论述所谓的康雍乾盛世实则仍然徘徊在近代大门之外的时代特点："明清易代，比起明后期的统治者来，清前期的几个皇帝及其谋臣显然要有作为得多。康熙、雍正、乾隆三朝，是清代国力最鼎盛时期，也是中国封建社会最后的繁荣期。但是就社会经济的发展来说，'死的拖住活的'的局面并没有改变，古老的中国仍然徘徊在近代的大门之外。而这时欧洲一些国家早已走出中世纪，经历了资产阶级革命和产业革命，开创了人类历史的一个新时代。……当西方殖民者以传教士、使节和商人为先驱来叩中华帝国大门时，中国皇帝曾经坚定地捍卫了国家的主权和利益，并使得西方殖民者在相继征服了印度尼西亚和印度等东方国家之后，始终无法在中国取得立足之地。但是康雍乾三朝鼎盛的国力，并不能说明中国这时仍然居于世界各国的领先地位。进步和落后是相对而言的；一个国家的总体实力首先取决于它的经济发展状况。把中国放在当时世界历史发展的范围内考察，它显然是大大落后了。而落后就要挨打，这是早晚必然发生的事情。"（第13页）

第二章中同样精彩地描述康有为宣传孔子"改制"的历史渊源和时代机缘："儒家的经学作为一种精神产品，有它相对独立的发展历史。它在不同的时期会随着物质资料生产和社会关系的发展变化而有所演变。但经学的传统思想体系又是一种巨大的保守力量，当人们企图进行某种政治改革或社会改革时，他们都不能不面对像梦魇一样纠缠着活人头脑的儒家思想传统。反对改革的人会请出儒家的亡灵来捍卫祖宗旧法，让死的拖住活的；主张改革的人也不得不借助儒家亡灵来为自己辩护，争取尊重传统的社会公众的同情。王莽想缓和西汉末年的社会危机，实行某些改革，不能不从《周礼》寻找历史根据。王安石变法，也不得不附会《周礼》经义'以钳儒者之口'。康有为要推动变法救亡图强，同样求助于孔子的亡灵和儒家经典。但是时代不同，他的理论设计已经带有近代改良主义思想的色彩，而且其历史作用也远非是王莽改制和王安石变法所能比拟的。"（第35 页）

　　又如，"结束语"中精当而深刻地论述传统文化在近代的历史命运："中国的传统文化曾经有过光辉灿烂的历史，但是当西方新兴的资本主义列强向亚洲实行武力扩张时，传统文化的余辉并没有能够使中国避免沦为半殖民地半封建社会的悲惨命运。只有在中国人民学会了马克思主义并且取得革命胜利之后，才结束了'近代世界历史上那种看不起中国人，看不起中国文化的时代'。也只有在这以后，中国的传统文化才像凤凰涅槃一样，有了在世界上重新展现其光辉的机会。"（第493 页）

　　还有著者评论近年来有些人鼓吹"儿童读经"的倒退实质："近几年来，传统文化的继承问题引起了国人的广泛注意，这是一个可喜的现象。但是也不能不看到，对传统文化不加分析地盲目推崇，鼓吹复古的思潮在某些人群中有所抬头。如有的人在弘扬传统文化的名义下，鼓吹在小学、中学都设置儒学基础课程。有的媒体热心宣传'少儿读经班'的'经验'。这种现象的出现，实际上是一种历史的倒退。袁世凯和北洋军阀控制的北京政府以及国民党的南京政府，都曾要求或提倡在中、小学设置读经课程，但都受到了广大知识界有识之士的批评和抵制。……正是由于受到学术界和知识界许多人的反对，20 世纪两次尊孔复古高潮所掀起的读经运动，在喧闹一阵之后终于都只能偃旗息鼓。在经过大半个世纪之后，在建设社会主义现代化的中国，有什么必要掀起一个读经运动，让少年儿童都来读经呢？"（第492 页）

　　书中这样的例子不胜枚举，都是用简洁、生动、优美的文字，将重要的史实、深刻的道理讲述出来。显然，只有长期受到优良学术传统的浸润熏陶，本人又多年积累、刻苦努力，临文以敬、树立了对读者高度负责的态度从事写作的名家，才能达到如此境界。总之，林甘泉先生晚年撰成的《孔子与 20 世纪中国》一书，突出地体现了其使命担当精神，勇于开拓新领域、担负为时代所需要的研究课题，其内容和风格具有体制恢宏、史料丰富，分析透彻、评价精当，组织严密、文字表述畅达优美等项特色，堪称是当代史坛一部不可多得的成功之作，其多方面的学术创新成就值得我们认真地总结。

明清史研究星空中的一颗恒星：
徐泓教授的明清史研究学与思[*]

何孝荣[**]

　　缕述当代明清史研究，徐泓教授无疑是一位大师级的人物。他的研究，无论是选题的前沿性，还是运用史学理论和方法的创新性，抑或搜罗古今中外史料的全面性，乃至结论的新颖性，都令人交口称誉，代表、反映和引领了海内外明清史研究水平。不仅如此，他还广筑杏坛，在海内外培育了一大批杰出的明清史研究人才，形成坚实的徐门师弟子群，学界传为美谈。如果我们把海内外无数的明清史研究者比作是天空中的点点繁星，徐泓教授无疑是其中最为闪亮耀眼的恒星之一。

　　徐泓教授，祖籍福建省建阳县，1943 年 12 月 25 日生于福建省崇安县赤石街。台湾大学历史系文学士、文学硕士及文学博士。现任暨南国际大学荣誉教授，南开大学历史学院讲座教授，厦门大学终身讲座教授，吉林师范大学兼职教授，中国明代研究会常务监事及《中国经济史研究》编辑委员。曾任台湾大学历史系教授兼系主任、艺术史研究所创所所长，香港科技大学历史学讲座教授兼人文学部创设学部部长及人文社会科学学院署理院长，暨南国际大学历史学系创系主任、教务长及代理校长，东吴大学历史系教授，厦门大学历史系全职教授，闽南师范大学闽南文化研究院讲座教授，中国明代研究会理事长，"中央研究院"历史语言研究所学术委

---

　　* 本文还参考了徐泓教授提供的长篇回忆录《研究明清史的学思历程》，经压缩改名《明清史研究的学与思——访徐泓教授》，刊载于《中国史研究动态》2018 年第 3 期。

　　** 何孝荣，南开大学历史学院。

员，中国社会科学院历史研究所明史研究室客座研究员及中华奉元学会创会理事长。已发表明清盐业、明清社会风气、明代婚姻与家庭及国内大移民、明代城市、清代台湾自然灾害及明清史学相关专书与论文九十余种、学术会议论文一百二十种，学术评论三十余篇及历史普及读物三十余篇。在五十余年的研究教学中，徐泓教授培养了十位博士、四十七位硕士。

2017 年 10 月，在徐泓教授授课南开大学历史学院之际，我多次对他进行访谈，请他谈谈近五十年明清史研究与教学的历程与成就，他则谦逊地称为"明清史研究学与思"。

一 从事明清史研究的机缘

何：徐先生好！很高兴您接受访谈。五十余年来，您在明清史研究与教学领域均取得了杰出的成就，是当代明清史学的大师，令学界钦佩。如果把海内外无数的明清史研究者比作是天空中的点点繁星，您无疑是其中最为闪亮耀眼的恒星之一。为了与明清史研究后学们分享您的杰出成就，给大家提供一些有益的启示，我想请您谈谈您的研究与教学历程与成就。请问您是如何走上明清史研究道路的？

徐：大师不敢当，杰出成就也谈不上，我只是个教书匠而已。我很愉快有这个机会，与您及大家一起分享我近五十年明清史研究的学与思历程。

我于 1961 年考入台湾大学历史学系本科读书。台湾大学历史学系创立于 1928 年。1949 年国民党政府迁到台湾前后，一批由大陆来的史学家至本系任教，他们多来自北大、清华和中央大学，老一辈有沈刚伯、刘崇铉、张贵永、李宗侗、劳榦、姚从吾、方豪、夏德仪、杨云萍，青壮年老师有傅乐成、杜维运、许倬云、吴相湘、余又荪、李定一、林瑞翰、李守孔、孙同勋、张忠栋、王德毅等，可谓名师云集，是当代中国史学界一时之选。

我一年级时，上夏德仪老师的"中国通史"课。夏老师个头高，穿着一袭中式长衫，说一口江北扬州话，听起来格外有中国的感觉。他讲课条理清晰，板书字迹方整，清瘦苍劲有力，常指点我们进一步阅读课外读物，激起我们全班同学读史兴趣。因此，二年级时，夏老师讲授明清史，我们都去选课，用的教科书是他在北京大学念书时孟森先生写的《明清史讲义》，《明史讲义》是台湾书店出版的，《清史讲义》是正中书局出版的。由于《明史讲义》排版校对不善，错字甚多，于是夏老师引导我们读《明史》与《明史讲义》相对校，当我们校出错字来就很兴奋，颇有成就感，后来知道老师以此教我们学陈垣先生倡导的史源学。三年级时，我又选修了夏老师的"史部要籍解读"，熟悉中国古代史的重要典籍。讲到明清史书时，他就指导我们读史语所出版的《明清史料》，先从句读开始，读没有断句标点的明清档案。在阅读明清史原典的过程中，更亲切地感受明清当代人与事的震撼，因而决定跟随夏老师攻读明清史。

当时，国民政府以《清史稿》为基础，修订出版《清史》，定为继二十四史之后的又一部"正史"。但《清史》仓促成书，相当不理想，连标点句读的错误都到处可见。于是，夏老师指导我以《清代地理沿革考》为题，撰写学士论文，主要以《清实录》校对《清史·地理志》。在这过程中，我翻读了《清实录》《东华录》和清代地方志，除找到相关史事记载外，也常看到一些过去完全不知道的清代史事记载，同时对清代各地地名有较多的认识，收获很大。这就正式开启了我的明清史研究历程。

台大毕业后，我先后考入台大历史学研究所硕士班和博士班，继续在夏老师指导之下，以明清盐业为主要对象，研读明清历史。

二　由明清盐业史研究出发

何：您读书的台湾大学历史学系，真是当时中国史学重镇。很幸运，您能从学于诸多名师，并且在夏德仪先生引导下走上明清史研究的道路。我们知道，当时的明清史研究仍处在初期阶段，为数不多的学者也主要重视政治史、人物等方面的研究，对社会经济史关注不多。您为何迎难而上，选择很少有人关注的盐业史加以研究呢？

徐：我选择明清盐业史研究，其实是受到一些现实因素影响。那个时候，我常听诸如出租车司机等人讲到：裕隆汽车是国民党培植的产业，垄断台湾的汽车工业，车子质量不好又贵。我颇有同感，对这种垄断有些痛恨。读硕士时，在夏德仪老师带领下做了许多明史论文摘要，看到何维凝先生讲明代的盐户和何炳棣先生分析扬州盐商的论文，感觉明代盐业垄断的情况和现代如出一辙。

何维凝毕业于中央大学经济系，从事盐政工作，一生收集盐政史料。

光复后，担任台南盐厂厂长，将这批资料带到台湾，并出版《中国盐书目录》。何维凝去世后，他太太何龙澧芬女士将何先生毕生的文章集结为《中国盐政史》。我后来读到这本书，才对盐政史料的情况有初步的认识。从该书序言中，我得知何维凝的何斯美堂藏书全数捐给"中央图书馆"（今台湾"国家国书馆"），立刻前往确认数据情况。当时这批资料尚未编目，幸好图书馆馆员们同意让我先看，我得以利用其中关于两淮的一百二十种资料撰写研究论文。后来知道主持道光年间淮盐改革的陶澍的文集在傅斯年图书馆，可惜有目无书，幸好不久这部文集就由文海出版社影印出版。掌握了这些宝贵的关键史料，我的硕士论文《清代两淮盐场的研究》（台湾大学硕士论文，1969。该文于 1972 年由台湾嘉新文化基金会出版）才得以顺利进行。

当时，台湾不少学者受到韦伯学说影响，认同中国经济发展没有现代资本主义理性的说法，我也以为这可以用来解释明清盐业发展无法近代化的问题。中国盐商可能是当时全世界最有钱的人，但中国盐商资本却没有向资本主义转化，应是由于盐业资本的垄断性格，使商人不须改良产销就可以获暴利。过去有段时期，台湾学界研究氛围不容许谈资本主义萌芽，但我已注意到这个问题的存在。商人生活奢侈，送红包、模拟士人生活借以提高社会地位等非经济因素，阻碍了中国资本主义发展，造成道光以后，盐商销乏，盐业中落。第一个讨论这个问题的华人学者是何炳棣，他的论文 "The Salt Merchants of Yang – chou：A Study of Commercial Capitalism in Eighteenth – Century China"（*Harvard Journal of Asiatic Studies* 17，[1954]），已成为盐业史的经典。我也是受了这篇文章的影响展开论证，但我把重点摆在盐业生产方面，讨论盐场的生产组织、生产形态与盐场社会的阶级分化。

何：您选择明清盐业史研究，一方面是由于痛恨盐业垄断；另一方面是读到何维凝先生毕生收集到的盐政史料，而选题《清代两淮盐场的研究》作为硕士论文。后来，您对明清盐业史研究有哪些新的发现？

徐：盐业史研究的困难，在于盐务制度极为复杂。唯有将盐务程序搞清楚，才能真正厘清相关问题。我从三条线展开对盐业与盐务的研究，先从全国最重要且史料最丰富的清代两淮盐区入手，再研究明代全国的盐业与盐务。

通过进一步研究，我发现，在中国，从古至今，许多资本家与政治权势结合，巧取豪夺，生活奢华，完全不符合韦伯所谓的资本主义精神与伦理，但这些资本家不但未衰落，其事业反而越加兴盛，这使我不得不重新思考清代盐商衰落的原因。过去认为的奢靡说、捐输宗族说、为善说、窖藏说等，似乎不能解释其衰落的关键。因为这些盐商衰落的因素，在盐商兴盛时就存在，不是衰落时的现象。于是，我写了一篇论文《清代两淮盐商没落原因的探讨》（发表于《徽学》第 7 期，页 10—32，［2012］），修正自己过去的说法。我认为导致盐商衰落的关键原因是银钱比价，而不是过去所谈的奢靡说等说法。盐商卖盐得的是铜钱，支付盐价、盐税和捐输用的是白银，清初银钱比价在一两银比铜钱八百文左右，光此一项就赚得两成利润，乾隆末期以后，银钱比价大为变动，涨到一两白银比铜钱一千三百文至一千四百五十文，遂使盐商在银钱比价上要亏损三成至四成五。尤其是到了道光年间，银钱比价的趋势达一两银子比一千五、六百文钱，甚至高达两千文以上，盐商光是银钱比价上的亏损就高达五、六成以上，甚至达到百分之百，运销官盐已经毫无利润可言。正如魏源所说："本高价重盐不销，减价敌私商失算。曩时银贱尚支持，银价日高销折半。"银钱比价的亏损过大，不是其他营运利润，或政府恤商政策所能弥补。这从比较乾隆中期与末期两淮盐商营运的成本及利润，其盛衰关键就很明显了。

但历史研究的开展往往受限于现存的史料，像私盐的营运与发展就是一个重要却难以处理的问题。由于官盐的生产场地成本仅是市场价格的七十分之一，落差巨大，营运私盐只要躲过官方缉拿，便可获暴利。私盐营运除需要资金外，还要冒缉私的风险，而黑社会是最好的管道。可惜能看到的只有关于私盐被抓的法令与案例，缺乏私盐营运的具体史料，因此难以深入处理这个问题。私盐贩运有极大风险，虽然可以买通官道上的机构，但作弊有一定的限度，不可能全部夹带在官盐中，故而不可能只靠官道，大部分是另辟蹊径。我曾在日本天理大学见过一张图，其中就有私盐贩路。《天下郡国利病书》中亦提到，有一个小镇因是私盐必经之地而繁荣起来。由于材料的限制，我的研究在写完两本学位论文（徐泓教授的博士论文名《明代的盐法》，台湾大学博士论文，1973。访谈者注）之后便暂时停下来。当时虽然已经知道中国大陆收藏盐务的档案很多，但尚未开放，当时也不容许我们去大陆搜集史料，难有进一步的研究成果出来。现在数据开放了，可以找到大批研究的好数据，盐业史的研究可以继续作较深入而仔细的研究，我却年及古稀，恐难有成，还有待年轻的朋友们的努力了。

三　转入明清社会经济发展与社会风气变迁研究

何：您的明清史研究从盐业史出发，已是开辟出新的领域。虽然后来因为资料缺乏而停止，但您却又蹚出明清社会经济发展与社会风气变迁研究的一条更为宽广的新路。请谈谈您为何会转入明清社会经济发展与社会风气变迁研究？

徐：这要从博士班考试讲起。当年台大博士班入学考试只考口试，通过后必须在一年之内完成资格考的笔试，才能算正式入学。在和夏老师讨论考试范围的过程中，谈到明代后期政治黑暗，经济却很繁荣的奇特现象。那时已经可以在中研院看到部分资本主义萌芽相关论著，于是夏老师就出了这一道题目，要我讨论明代后期政治和社会经济发展的关系。

1974 年，我在台大教书后第一次申请"国科会"专题计划补助，便以这个题目提出申请。由于抗战时寄存美国国会图书馆的北平图书馆藏书，在 20 世纪 60 年代中期送还台湾"中央图书馆"，当时的馆长蒋复璁先生奉命接掌台北故宫博物院，便将这批书带至故宫。我一星期要教五班"中国通史"，只有一天空下来可以去故宫，翻阅其中的明代方志风俗志部分。当时交通极为不便，去一趟故宫，来回得要四个小时。我足足花了一年的时间，才看完他们收藏的明代方志，并在摘抄风俗志的同时，把其他部分也认真地浏览一遍，抄了足足有五本笔记本之多的其他社会经济史料，最后写成研究报告。

1986 年，韩国东洋史学会召开"明末社会变化与文化新倾向研讨会"，邀我和中文系吴宏一教授一起参加，我们两人不约而同选择明代后期时代变迁的议题，他讲的是明代后期文体变迁，渐渐朝向通俗化、世俗化，我则谈在社会经济高度发展冲击下的社会风气变迁。我本来想将整理的材料完整写出来，后来发现光是江南的部分篇幅已经很长，于是先发表了以江南为例的《明末社会风气变迁》。在"第二次中国近代经济史研讨会"时，我再把华北部分写出来，与江南作一个对照。这篇论文后来得到"国科会"的优等研究奖。虽然我觉得应该再做其他地方以相对照，无奈正忙于行政工作，没有足够时间做研究，只好暂时放下。这方面后来有林丽月、邱仲麟、巫仁恕、王鸿泰、吴奇浩等先生接着做下去，已有很好的研究成果出来。

2002 年，我从暨南国际大学退休，转到东吴大学历史系教书，得以摆脱行政事务羁绊，有比较多的时间放在研究与教学。在社会风气变迁方面，先后发表两篇关于明清福建社会风气变迁的论文，一篇题为《明代福建社会风气的变迁》（发表于《东吴历史学报》第 15 期，页 145—171，［2006］），另一篇题为《风华再现：清代福建社会风气的变迁》（发表于《历史人类学学刊》第 4 卷 2 期，页 37—70，［2006］），又完成题为"明清广东社会经济与社会风气的变迁"的"国科会"专题计划研究报告（2009.10）。通过这些研究，我发现华南的福建与广东的社会风气变迁趋势虽大体与江南和华北相似，却又各有特色。明清之际的动乱与海禁、迁海等事件，严重地打击福建社会与经济，以致风气大为改变，"由奢入俭，由华返朴"，"风华不再"。康熙二十二年之后，明郑投降，台湾纳入版图，沿海展界、复界与开海禁，农工商贸易复苏与发展，无论沿海或内地，均随商品经济、海外贸易的发展转变，从衣食住行的物质文化开始，竞相华侈僭越，"风华再现"，然后及于人伦道德关系等精神文化，重演明代自前期的俭约变为后期的奢靡的社会风气变迁历史。令人吃惊的是广东方志，修撰者对广东风俗的书写注重少数民族地区的开发及其与汉民族文化的差异，因此方志中呈现的社会风气变迁，与同属华南的福建有相当的差异，这是值得进一步研究的。

何：您对明清社会经济发展与社会风气变迁的研究，引领了近三四十年相关研究的风潮。您对明清福建、广东经济发展与社会风气变迁的比较研究，确实很有意思。

四　从事明代家庭、婚姻及人口研究

何：您对明代家庭、婚姻及人口研究也曾着力，十多年前您在南开大学有关"明代北京行部"的演讲至今我还印象深刻。请问您为何又从明清社会经济发展与社会风气变迁的研究，转向明代家庭、婚姻及人口研究？

徐：这也是很有意思的课题。读研究所时，我曾选修当时台大农业推广系杨懋春教授的"中国社会史专题"，要求写报告。我当时正在读何炳棣先生的《明清社会史论》（*The Ladder of Success in Imperial China*），对社会阶层流动很有兴趣，便选了社会阶层流动巨大的先秦时代，讨论儒道墨法的社会思想。我看了一些社会史相关研究论著，尤其佩服瞿同祖和仁井田陞的研究取径，他们以法律条例、判例来讨论其中反映的中国社会，对我很有启发。从他们的论著中知道除判例外，小说的事例也可以当作史料用，于是开始读《三言二拍》《金瓶梅》等明代小说。我本来就爱看小说，但过去只把它们当故事书躺在床上读，现在不同了，是坐在书桌前，严肃地把小说当史料读，抄写与论文相关的文字。后来写了一个关于家庭的研究计划，申请到"东亚研究计划"奖助。20 世纪 80 年代后期，我把这篇旧稿找出来，改写为《明代的婚姻制度》，发表在《大陆杂志》第 78 卷 1 期、2 期（页 26—37、页 68—82，［1989］）上。文章中运用《古今图书集成·闺范典》内大量的《列女传》女性婚姻资料，做了一个统计，分析明代女性的初婚年龄、地区与时间分类的表，后来常被讨论明代妇女与婚姻史的朋友所引用。这篇文章也得到"国科会"优等奖。后来主编《辅大历史学报》的朋友希望我给他们一篇文章，我就用法律条文和小说材料，写成《明代家庭的权力结构及其成员间的关系》（《辅大历史学报》第 5 期，页 167—202，［1993］），被大陆出版的多卷本《中国家庭史》引用。

人口研究的部分，20 世纪 80 年代受台大城乡所之邀在城市史课堂上讲南京，我找了一些南京的数据，其中谈到明太祖革命初期南京人口的构成。以往论者多认为明太祖讨厌南京人，因此打下南京后将南京人迁到云南，而从江浙迁移大量人口填补。这个说法主要见于民国时期编的《首都志》。《首都志》是地理学家王焕镳所编，过去大家都认为是一部很好的书。牟复礼教授（Frederick W. Mote，1922 - 2005）在 "The Transformation of Nanking，1350 - 1400"（*The City in Late Imperial China*，ed. G. W. Skinner［Stanford：Stanford University Press，1977］，pp. 101 - 153. 中译作《元末明初时期南京的变迁》，收入施坚雅主编，叶光庭等译，陈桥驿校：《中华帝国晚期的城市》［北京：中华书局，2000］）文中很称赞《首都志》，所以我也跟着这样讲。但后来发现此一说法有问题，最明显的是明太祖当时正在创建革命根据地，怎么可能打下南京之后把自己的老同志搬走呢？而且《首都志》说明太祖打下南京后将南京人口迁至云南，但云南迟至洪武十五年才归属大明帝国。再看文中引用的《天下郡国利病书》，回查史源后发现版本有问题，再往前追，文中提及此事发生在洪武十三年等，这也不对，更确定资料有些问题。

于是，我从《明太祖实录》着手，找到洪武二十四年时的一条资料，提到曾有人建议明太祖学汉高祖的办法，把全国各地有钱有势的人搬来繁荣京师，太祖原来并不赞成，这时想想才觉应该如此，遂下令移民一万四千三百多户，这就间接证明了此前南京并无大量的人口移入移出。后来我又比对洪武初期与洪武二十四年户口普查得到的黄册人口数字，由《明实录》中找到南京洪武初年的户数数据，进一步估算不同户别一户应有多少丁口，推估出洪武初年的南京人口总数，再与洪武二十四年的数字加以比对。一个地方若未出现大规模移动，人口应呈自然增长，而当时南京人口确有自然增长现象，显然这个问题值得再深入讨论。

《明初南京的都市规划与人口变迁》（发表于《食货月刊》复刊第 10 卷第 3 期，页 12—46，［1980］）也是受到牟复礼教授启发。他的题目很好，谈明太祖如何将南京从革命根据地蜕变成首都，当时大家都认为这是一篇城市史经典之作。但我细读之后，发现还有许多可深入研究的问题，如都市计划中土地分区利用的问题等。此外，牟先生引用的资料并不多，特别是《明太祖实录》中有很多材料都没有运用，于是我写了这篇较长的文章，比对《明太祖实录》的相关材料，辑成一个明太祖时代南京都城营建年表，将明太祖的政治大事与都城的营建作历史分期，具体说明每一个阶段的营建工作与明初几个大事件之间的关系。接着讨论南京都城规划时的基本理念及其实践。并以此为代表作通过"教育部"的教授升等。

1981 年，"中央研究院"召开"第一届历史与中国社会变迁（中国社会史）研讨会"，会中我提出一篇文章讨论明代初年的户口移徙，这个问题在《明史·食货志》中虽有一些数字，但规模多大并不清楚。后来看到谭其骧教授《中国内地移民史湖南篇》（发表于《史学年报》第 1 卷第 4 期，页 47—104，［1932］）一文，以湖南人来源为例，讨论中国的内地移民（Internal Migration），认为研究人口必须谈人口迁徙，并检讨几种人口史资料如族谱的优缺点，对我启发甚大。我遂以此着手，从大槐树故事谈起。当时大家开始注重数字，1978—1979 年，我在哈佛进修时，曾上过 Robert W. Fogel 与 David S. Landes 合开的课 "Quantitative Method for Historians"，也想利用数字进行分析，但必须能找到数据。从美国回来后，我曾申请哈佛燕京学社研究计划补助，做《明实录》分类目录。当时从明太祖做到武宗，仔细读了《明实录》，我记得《明实录》中有许多户口迁徙数字，遂将卡片找出来，作数量统计分析，依移出、移入与时间、空间分类，推算出明太祖初年迁徙人口最低数字约有一百五十至一百六十万。后来又接着做永乐年间的移徙。

明初大移徙的原因很多，有的是社会经济方面的问题，如战乱造成荒田复垦问题；有的是全国人口空间分布的调整问题，如将人口过剩的狭乡移到人口稀少的宽乡。当时就将山西过多的人口迁往人口密度低的华北大平原，移去的人都依人丁数分给田地，并给农具、牛、种子，同时优免税粮。我发现移民后农村经济恢复很快，曾有一位派去验收屯垦成果的官员回来报告，明太祖看完报告后说："如此则吾民之贫者少矣！"另一个原因和军事活动有关。明代将元末群雄投降的部队和北方掳获及投降的少数民族军兵全分散至各地居住，但其领袖则留置京师，以消弭反辙。对于西南的民族，中书省本来也建议迁到中原，但由于种族太复杂而放弃，改在险要地方设堡，每堡之间约六十里距离，修整道路，强化卫所体制，以加强少数民族控制。

还有一种移民是首都移民。我发现"靖难"之变后，由于战事惨烈，人口大量流失，方志上多说这是"燕王扫北"的结果，许多地方空了出来，于是明廷又由山西移了一大批人到华北平原，特别是北京所在的北平布政使司。很早以前，我读《禹贡半月刊》，看过郭豫才《洪洞移民传说之考实》（发表于《禹贡半月刊》第 7 卷第 10 期，页 10）的论文，谈河南汲县找到一个关帝庙的碑，记载泽州建兴乡大阳都里长郭全带领全里里民搬到河南汲县西城南双兰屯居住的故事，我以此出发，谈永乐年间的移民。永乐移民的一个特点是首都迁至北京后，将大量南京官民移居北京，但北京附近被战乱破坏的经济和社会秩序应如何恢复？后来在《明太宗实录》看到永乐初年的报告说：经过四年战乱，北京一带人口大量减少，土地荒芜，作为首都不应如此，因此首要之务便是处理北京的人口与社会经济恢复问题。明朝自洪武十一年以来，首都在南京；永乐元年，改行南北两京制度；永乐七年以后，永乐帝长年驻北京，除南京的六部外，另在北京设行在六部，且将北平布政司的层级提高到中央六部级，特设北京行部。永乐十九年首都北迁，中枢移至北京，行在六部改为正式的六部，北京直属六部管辖，北京行部遂废。仁宗力图将首都移回南京，北京行部曾一度复设。宣宗即位，京师定于北京，北行部再废。自明英宗朝以后，一般史书记载已经混淆，多误以为北京行部是中央部会之一，近代学者更多有误解，这是因为行部的编制是六部级的，甚至比中央六部还高，有二位尚书四位侍郎。而实际上，它只是直隶中央的省政府。明末，黄景昉《国史唯疑》中已注意到这个问题，我以此出发，收集更多史料，把整个问题讲清楚。这篇论文题名《明北京行部考》，1994 年在普林斯顿大学的葛斯德图书馆写成，写完后给牟复礼先生和刘子健先生看，刘先生很高兴，还帮我写了一个跋，后来发表在《汉学研究》第 2 卷第 2 期（页 569—598，[1984]）。这个题目，后来应邀在南开大学演讲过，所以您印象深刻。

官方移民与自发移民不同，自发移民是自愿的，出自地区间的吸力与推力，时间长，效果慢。明太祖和成祖想要迅速达成效果，透过规划，强力推行，但必然有人反对，只能用强迫手段。宣德以后，虽然曾有人提议仿照洪武、永乐移民例，对汉中地区进行移民，但朝廷认为时局已经稳定，不应再由官方发动移民。我没有做自发移民，因为当时成文出版社虽出版一些乡土志，刊载某地某村的始建时，户口从哪里移来，是很好的史料；但台湾现存乡土志不多，自村必须看过很多家谱才能进行研究，遂就此停下。1992 年，曹树基在加州大学洛杉矶分校（UCLA）黄宗智教授那边访问研究，回大陆时经过香港，住在我家。那时他正在写鼠疫与人口变迁的文章，对人口史的研究很在行，便建议他利用地利之便，可做田野调查，到当地去广泛搜寻家谱资料和访谈耆老。他还告诉我大陆各地新编的地名志有大量移民史料可供运用，后来他利用这些史料估算出来明初的大移民有一千多万，占全国人口六分之一。《中国移民史》（福建人民出版社，1997）第五卷《卷后记》就谈到这段往事。

五　涉足历史地理与城市史研究

何：您对明代家庭、移民，尤其是南京、北京人口移民的研究，一定意义上也是区域史、城市史研究。据我所知，您在台大读本科时，已经选择《清代地理沿革考》为学士论文题目（徐泓：《清代地理沿革考》，台湾大学历史系学士论文，1965），颇下功夫于历史地理研究了。或者说，您最早的明清史研究，其实是从历史地理研究起步的。此后，您进一步涉足历史地理与城市史研究，也做出了相当的成绩。

徐：我研究城市史是从历史地理方面入手的，后来与都市计划相结合，主要是做城市的形制和景观研究。中学时，我就对地理有兴趣。当时高中的地理课本是台湾师范大学地理系王益厓教授《中国地理》（台北：正中书局，1957）的节本，高中时我买了这本书对着地图看，将书中讲的每一个地名在地图上点出来，对中国地理区划、河流、山川的基本知识便是由此而来。我原本想考师大史地系，但老师说师大限制太多，且要服务3年，于是我改以台湾大学为第一志愿，第二志愿则是师大史地系。当年联考的数学题目很难，很多人得零分，我也只考得十分。因此，录取总分大为降低，台大历史系大概三百三十分左右就可以进去了。我以第一名三百八十二分考入，自我感觉良好，与那些念理工科的建中同学相处，没有低人一等的感觉。

大学时代跟着夏德仪老师读《中国通史》《史部要籍解题》及《明清史》，大四时在夏老师指导下写学士论文。那时台湾的中国历史地理教学研究仍停留在地理沿革及政区变迁的研究，不像大陆历史地理学界大力开展以地理学的角度研究历史上的自然地理和人文地理。我的历史地理研究也是从沿革地理入手，当时读《清史·地理志》，发现不但记载错误不少，而且标点错误很多，于是选定《清代地理沿革考》为学士论文题目，另起炉灶，从《清实录》中将省、府、州、厅、县等地方行政单位的置废沿革数据抄出，重编《清史稿·地理志》的地理沿革部分。那时两岸的清代档案还没有公开，不能使用，也不知道台北故宫博物院典藏图书中有清国史馆编写的《国史地理志》；只能参考刚影印出版的《清实录》。现在如果要做这个题目，能运用的史料就更原始，可以做得更好，相信大陆正在进行的国家纂修"清史"工程就是这样做的。

我将这本论文与《清史稿·地理志》相核对，写了一篇论文《〈清史·地理志〉初校》，1977 年在《台大文史哲学报》第二十六期发表，后来台湾"国史馆"校注《清史稿》和大陆纂修"清史"工程都参考这篇论文。清代地理沿革研究还有一些值得注意的问题，例如，清初不断新置州县，后来雍正皇帝生气了，认为有过分扩张和滥设之嫌而下令加以限制。但如永宁等新县的设置，其实有特殊目的，并非如皇帝所说的单纯扩充员额。后来我将这些发现写在《清代地理沿革考》的绪言中，本来硕士论文也打算以此为题再深入研究，后来因为被盐业史的研究所吸引而放弃。

念研究所时，我选修了一门夏德仪老师开设的历史地理相关课程。夏老师与顾颉刚先生是好朋友，受顾先生的影响也关注历史地理，在 1972

年退休前开了一门多年想开一直没开成的课："中国历代地理"。这门课结合讲授与实做，教我们研读研究地理沿革必读的《汉书·地理志》，参考清人王先谦的《汉书补注》，补以地方志地理志古迹项下汉某城遗址在某县某乡某村的记载，将汉代郡国及县的地点相当于民国地图上的地点考证出来。最后参考杨守敬画的《历代舆地沿革图》，这本历史地图以清朝地图为底，是黑色，上面套印红色的汉代至明代的地图。选课的同学，我记得有孙铁刚（后为台湾政治大学历史系教授）和黄沛荣（后为台湾大学中文系教授），我们每个人分别做几个郡，不但要写文字考证，也要画图。最后我把所有数据重新整理，并补足没人选做的郡国资料，用玻璃纸画出西汉各郡分图，然后拼起来，画成西汉郡国全图。我们未受过绘制地图的专业训练，完全是"土法炼钢"，但夏老师很高兴，还请台静农题字。这幅地图如今已经很破旧，前几年送到裱褙店裱装起来珍藏。多年后，在美国看到大陆出版谭其骧主编的《中国历史地图集》（北京：中国地图出版社，1982），两相比对之下，相差不太多，好是高兴。

我真正开始关注城市史，是因为初中同班同学茅声焘在台大土木系主任任内推动"建筑与城乡研究所"的成立，他当时找了从哥伦比亚大学回来的王鸿楷教授和哈佛大学回来的夏铸九教授筹备。夏铸九和其他建筑学界学者不同，关怀弱势，极富社会批判精神，主张建筑与规划不能脱离人与历史，要求研究生必修建筑史和城市史课程，以培养研究生的社会正义感、人文关怀和历史深度。王鸿楷也是我初中同班同学，夏铸九则是初次见面，但气味相投，一见如故，便与内人王芝芝教授一起承接城市史的课，她教西方城市史，我教中国城市史。讲中国古代城市及建筑历史的研究，离不开创始的中国营造学社，但这批学者都没有来台湾。为使学生接上传统，当年夏铸九在哈佛留学时便影印《中国营造学社汇刊》这部台湾禁书，偷偷夹带回来。此后我们两个人常常在出国时看到相关资料，如大陆的《文物》《考古》上的古代城址考古调查和发掘报告，就把它印回来，后来将一些有忌讳的文词删去，改编为讲义，1984年由明文书局以《中国建筑史论文选辑》为名出版，学生才有参考资料可读。城乡所规划的城市史课程一开始找我去讲南京，此后我也一直持续开课。此期间我曾写了两篇讨论明代南京的人口迁移和城市形制与城市规划及其象征意义的论文。

何：我们知道，您对华南研究、华南学派形成也有重要的提倡和推动之功，这真是出人意料。请您谈谈这个机缘。

徐：正如您所说，华南学派结合历史学与人类学，提倡文献与田野调查并重，在当代学术界有重要影响，而我对华南研究、华南学派的形成也有一些提倡和推动之功。

1991 年，我接受香港科技大学的邀请筹设人文学部，我注意到人文学部员额少，要有所发展必须要有特色，于是决定以香港所在的华南地区的发展历史作为教学研究重点之一，从澳门东亚大学找来蔡志祥博士负责，联络牛津大学科大卫教授（David Faure）、耶鲁大学萧凤霞教授、中山大学陈春声教授、刘志伟教授和匹兹堡大学廖迪生博士、华盛顿大学张兆和博士等人发展华南研究，筹设成立了华南研究中心。他们做得很好，主张结合历史学与人类学，并提出文献与田野调查并重的研究理念，除个人研究成果外，还创办《田野与文献：华南研究数据中心通讯》和《历史人类学学刊》，后来被称为"华南学派"。

我回到台湾以后，也一直提倡华南研究，主张把台湾史放在华南的脉络中讨论。在筹设暨南国际大学历史系所时，就如此设计，并将台湾史领域与华南为主要原乡的海外华人史领域结合起来，由于台湾这方面的师资不够，就请厦门大学陈支平教授和庄国土教授、郑振满教授，中山大学陈春声教授、刘志伟教授来做一年或一个学期的客座教席，现在台湾一些作华南历史研究的青年学者，多从此培养出来。

我自己提倡华南研究，总也应该做些贡献，于是后来投入福建筑城和经济发展及社会风气变迁等相关议题的研究。研究福建筑城运动，主要是读了陈正祥的《中国文化地理》，他在书中提到中国南方没有城，我觉得很有意思，便开始关注福建筑城问题，果然发现福建早期大部分州县并没有城，明代才陆续有几波筑城运动，将所有地方行政中心与军事中心都兴筑城墙，民国时期拆墙运动兴起之前，几乎所有福建的城墙都是明代兴建的。初步成果写成《明代福建的筑城运动》（发表于《暨大学报》第 3 卷第 1 期，页 25—76，[1999]），其中讨论地方官员及地方士绅在筑城经费筹措及营造工程统筹，启发费丝言《谈判城市空间：都市化与晚明南京》（Si‐yen Fei, Negotiating Urban Space: Urbanization and Late Ming Nanjing [Cambridge, Mass.: Harvard University Asia Center, 2009]）对南京地区县城营建的讨论。清代的城承袭明朝，在这个基础上修建，这个部分也收集了不少史料，但只完成初步研究报告，还未改成论文出版。

在研究福建筑城的基础上，我又研究广东的筑城，明代部分初稿已经写就，但清代部分的研究正在进行。华南的城市、城墙及其作为公共工程的营建，地方势力与地方政府之间如何合作，也值得研究。我发现同是华南的广东，筑城的主导力量与福建有很大的不同，福建由地方官和士绅主导，广东除地方官和士绅外，卫所官军在城池营造的作用比福建大得多，其中原因还有待进一步讨论，可与杨联陞开拓性的论文《从经济角度看帝制中国的公共工程》（发表于《国史探微》，台北：联经出版公司，页189—266，［1983］）对话。

六　着力史源学与《明史纪事本末》校证

何：长期以来，我们一直对清人谷应泰的《明史纪事本末》给予高度评价，认为无论是内容史料，还是史论评价，都非常好，是一部优秀的明史著述，完全可以作第一手史料来引用。但是，近年来，在您的带领下，台湾的明史研究学者展开了《明史纪事本末》校读工作，从史源学的角度来剖析这部书，证实其无论是内容，还是史论，都是拼凑、移植来的，甚至互相矛盾，绝不是一部优秀的史著，给我们以震撼。请您谈谈这项工作的缘起与过程。

徐：史源学的训练是历史学入门的基本功夫。从前我们上明史课时，《明史纪事本末》是一本主要读物，当时一路读下来，没有特别的想法，总觉得这本书把明代政治史事的本末交代得很清楚，是本好的参考书。90 年代中期，我自己教明史时，就想带着学生读《明史纪事本末》，模仿杜维运老师校注《廿二史札记》的方法，叫学生去找史源。这本是陈垣先生开创的方法，称为史源学。夏老师也是这样教我们的，老师曾教一位学长念《史记》和《汉书》，比对《汉书》承袭《史记》之处。后来我读《明史·食货志》，参考和田清的《明史食货志译注》，他们也是比对《明史·食货志》引用的材料后，注出《明史》记载与原始史料的差异，订正其错误。

确如您所说，过去我们一直认为，《明史纪事本末》是一部好书，尤其史论部分写得很好，见解高超，文字典雅。但是，很多人也都怀疑谷应泰这本书稿是偷来的或买来的，张心澂的《伪书通考》甚至将之列为极少数的明清伪书之一。我为让学生们做史源学练习，就先做一个示范，当时选了其中《开国规模》，这是过去普遍认为写得较好的一篇。我根据《明太祖实录》等原始史料与《开国规模》的文字一一比对后，发现差异不少，甚至明显是《明史纪事本末》转引原始史料不慎的错误，写了《〈明史纪事本末·开国规模〉校读：兼论其史源运用及其选材标准》（发表在《台大历史学报［傅故校长孟真先生百龄纪念论文集］》第 20 期，页 537—615，［1996］），除校对文字外，并讨论其作者及其史书编撰的水平问题。后来，我又陆续做了几篇校读，包括《〈明史纪事本末·严嵩用事〉校读：兼论其史源运用及其选材标准》（发表在《暨大学报》第 1 卷第 1 期，页 17—60，［1997］）、《〈明史纪事本末·南宫复辟〉校读：兼论其史源、编纂水平及其作者问题》（发表在《明史研究论丛〈中国社会科学院历史研究所暨明史研究室成立五十周年纪念专辑〉》第 6 辑，页 167—193，［2004］）。

我到东吴大学历史系后，吴怀祺教授趁来演讲的机会代《史学史研究》向我邀稿，于是把《明史纪事本末》作者这篇文章写出来（发表在《史学史研究》2004 年第 1 期，页 62—71）。再后来，我向台湾"教育部"顾问室申请了一个读《明史纪事本末》的读书会，希望集众人之力对这本书作彻底的校注工作，将各章各卷做出来。目前，这项工作还没有完成，但已经有部分成果陆续发表。如林丽月教授《读〈明史纪事本末·江陵柄政〉：兼论明末清初几种张居正传中的史论》（发表于《台湾师大历史学报》第 24 期，页 41—76，［1996］）发现，《江陵柄政》内容与后面的评论立场完全相反。邱炫煜教授《谷应泰〈明史纪事本末〉的史源新诠》（发表于《简牍学报》第 15 期，页 235—257，［1993］）考证出，《明史纪事本末》中的"谷应泰曰"和蒋棻的《明史纪事》（台湾"国家图书馆"藏抄本）一模一样，同时《明史纪事》大部分章节名称和《明史纪事本末》也完全相同，确定是谷应泰抄来或买来的。当时谷应泰找了一批人来编写《明史纪事本末》，每个人依据史料不同，属于急就章，有些内容和史论是硬凑起来的，就编辑来说不是一部好书。张岱写《石匮书》时在谷应泰那里看崇祯朝的邸钞，一方面写自己的书；另一方面也帮忙谷应泰写《明史纪事本末》。胡一民研究张岱就发现《石匮书后集》中一些篇章与《明史纪事本末》内容一模一样，如李自成、张献忠等部分，有一稿两投的可能。未来希望能有时间，多找几位朋友一起完成校注工作，出版一个新的《明史纪事本末》校注本。

何：《明史纪事本末》的校读颠覆了我们对该书的传统看法，对于明史研究来说意义很大。期待这一重大而重要的工作能够早日完成。

七　投入明清历史地位讨论

何：明清王朝是中国封建社会的末期阶段，其在中国历史上的地位一直是人们好奇的问题，也是每一位明清史研究者绕不开的课题。明清历史地位的讨论，也因此从明清史研究初始阶段就开始了，但因为立场、识见以及占有史料的差异，研究者的观点也不尽相同，甚至互相对立。尤其是围绕"新清史"论战，近几年又形成一股热潮。您作为海内外公认的明清史大师之一，自然也不会置身事外，而是也撰写了相关论文，投入了这场论争。特别是去年发表了有关"新清史"的论文，并应邀在南开大学、首都师范大学等高校作了演讲，在学界引起很大反响和广泛好评。

徐：正是这样。研究明清史的人，不论做什么具体领域的研究，都会关注明清时代的历史地位。我们说，评价一个人物或时代，虽要依据史实，但不可讳言，评价却常受时空环境影响。清末以来，因为革命反满，学界、政界与舆论大贬清朝。民国初年以来，为追求民族复兴，针砭弊病，而有新文化运动，清算传统历史文化。离现代最近的明清时代遂首当其冲，被认为是中西发展消长的关键时期，从政体专制、思想禁锢、闭关自守国策，到社会经济停滞等，被逐渐贴上标签。明清时代的历史地位，因此被贬至最低。而且国共内战，国民党为巩固政权，乃利用特务加强对学术和舆论的控制。学者文人为反抗国民党统治，遂采用指桑骂槐的方式，拿明史为例，以古非今，影射国民党政府为明朝，李自成为红军。其中，吴晗《朱元璋传》、丁易（叶鼎彝）《明代特务政治》和郭沫若《甲申三百年祭》就是最好的样板。于是，明代的地位更加贬低，被认为是中国历史上政治最黑暗的时代，君主专制，宦官滥权，特务荼毒，朝士或热衷党争，或专心贪渎；苛捐重税，地主乡官横行乡里，欺压人民；士人苦闷，或空谈心性，或骄奢淫逸。终致民变四起，国家灭亡。很多学者还认为，与秦汉隋唐宋相较，无论典章制度建设，还是文治武功，明代都缺少足以夸耀的成绩，显得黯然失色。尤其明代与紧接的清代是处于长期停滞的传统中国社会（或称封建社会）的晚期，本身并无克服停滞性的能力，是造成近世中国没落的关键时刻，得负起近代中国衰落的责任。这种评价太受政治环境左右，并不客观公平。我过去也和大多数人一样，颇受影响。但是，随着时代进步，中国国力强化，经济力量提升，尤其是改革开放后中国大陆的政治、社会、经济、军事和学术文化突飞猛进，中国以大国姿态崛起，民族自信心大为增强，中国学者遂能比较正面地看待中国历史，尤其是明清历史。而世界各国学者也受此影响，开始重估明清的历史地位。

重估明清历史地位，最重要的起点是中国学者尤其是 20 世纪三四十年代的左派学者提出"中国资本主义萌芽"问题的讨论，这个研究范式在 50 年代以后，大为兴盛，不但挖掘出前所未见的大量相关史料，而且粉碎了长期占统治地位的"中国社会停滞论"，大大地推动了明清社会经济史的研究，进一步深化我们对明清社会与文化的理解，人们心目中的明清历史面貌为之一变。于是，重估明清历史的著作不断涌现。最著名的是何炳棣的 "*The Significance of the Ching Period in Chinese History*"（《清代在中国历史上的重要性》）与 "*Salient Aspects of China's Heritage*"（《中国历史遗产的几个值得思考的显著特色》）。而中国学者李伯重，西方学者王国斌（R. Bin Wong）、彭慕兰（Kenneth Pomeranz）和贡德·弗兰克（Gunder Frank）对东西经济与历史之比较，又否定欧洲中心论的提法，提倡要公平看待明清中国。晚明中国被认为是 16、17 世纪的世界经济中心，那时候的江南经济发达，社会繁荣，文化优雅，是令今人向往的生活时空。为整理这一重估明清历史地位的史学史，我先在 2011 年发表了《明史在中国历史上的地位》，收入陈支平主编《明朝在中国历史上的地位》（天津：天津古籍出版社，页 1—7）。最近又整理中国资本主义萌芽讨论的历史，完成一篇《"中国资本主义萌芽"研究范式与明清经济史研究》，肯定中国资本主义萌芽问题研究范式为寻求适合解释前近代的明清社会经济发展的贡献。这篇文章先在林文勋校长与黄纯艳院长策划的《中国经济史讲座》上发表，修改后近期将在《中国经济史研究》刊登。

至于清代的历史地位，在何炳棣的文章发表后，已在史学界取得共识，大家不再一味地反满，贬低清朝的历史地位。尤其中华人民共和国成立后，强调民族融合，中华民族一家亲，肯定少数民族的贡献，清代历史的研究与著作大受重视，不但维护整理出版主要典藏于中国第一历史档案馆的清代档案，而且倾全国史学界之力编写三千万字的"清史"。

1996 年，新当选的美国亚洲研究学会主席罗友枝（Evelyn S. Rawski）教授发表就职演讲《再观清代：清代在中国历史上的重要性》（*Presidential Address：Reenvisioning the Qing：The Significance of the Qing Period in Chinese*

History, *The Journal of Asian Studies* Vol. 55, No. 4, [1996. 11]）。罗友枝不同意何炳棣对清廷"汉化"问题的论断，认为清王朝能维持近三百年的统治的关键，主要原因不在于"汉化"，而在于他们对不同地区采取不同文化政策。透过整合各种不同语言，信仰不同宗教，维持不同文化的民族和地区，清朝统治者将帝国打造成一个多元民族的国家，因此能有效地处理与内陆亚洲蒙、回、藏、维等非汉族的关系，从而良好有效地统治清帝国。接着，知名的《国际历史评论》（*International History Review*）于1998年6月出了一期讨论清朝帝国主义的专号（*Special Issue on Manchu Imperialism*）。不久之后，所谓的"新清史四书"，即罗友枝《清代宫廷社会史》（*The Last Emperors*：*A Social History of Qing Imperial Institutions*）、柯娇燕（Pamela Kyle Crossley）《半透明之镜：清帝国意识形态中的历史与族性认同》（*A Translucent Mirror*：*History and Identity in Qing Imperial Ideology*）、路康乐（Edward J. M. Rhoads）《满与汉：清末民初的族群关系和政治权力》（*Manchus & Han*：*Ethnic Relations and Political Power in Late Qing and Early Republican China*, 1861—1928）、欧立德（Mark C. Elliott）《满洲之道：八旗制度和中华帝国晚期的族群认同》（*The Manchu Way*：*The Eight Banners and Ethnic Identity in Late Imperial China*）陆续出版，"新清史"学派逐渐成形。2004年，卫周安（Joanna Waley - Cohen）在《激进史学评论》（*Radical History Review*）全面评述"新清史"，"新清史"学派正式成立。

接着，何炳棣也重力反驳，指出罗友枝忽视满族之所以能够有效地统治人口最多、政治传统和文化最悠久的中国，在于他们成功地运用汉族传统和制度。罗友枝提出辽、金、元、西夏政权统治汉人与汉地，都只任用汉族官员，但在意识形态上却拒绝汉化的说法，是片面而错误的。何炳棣特别分析辽、金、元、西夏这四个政权最终都采用汉文化和制度，甚至意识形态上以汉族五德终始的正统论合理化其政权。何炳棣还批评罗友枝忽视国际学术研究的共识，全然不顾各种前人研究中关于征服王朝要巩固其统治，汉化是不可避免的结论。他质疑罗友枝讨论中国历史文化，只强调占少数的3%的民族，放弃对占97%的汉族及其文化之关注，这样的论述怎么站得住脚？何先生强调，抛弃汉化因素，就无法理解清帝国统治成功原因。随后，西方学者和华裔学者分别就研究立场、运用史料及论争议题核心——"汉化"问题开展论争。2000年以后，随着相关论著的陆续译介，两岸史学界也加入讨论，论争剧烈而白热化，甚至出现某种程度的意气相争。

我因此整理"新清史"论争的历史，撰写《"新清史"论争：从何炳棣、罗友枝论战说起》一文，说明其缘由和发展，厘清西方学界一些争辩以及其后引发两岸学者加入论战的关键原因，既点明论争蕴含的某些政治性质，也呼吁学者谨守学术规范，以使日后讨论更能回归学术本质。该论文在《首都师范大学学报》（社会科学版）2016 年第 1 期（页 1—13）刊出后，受到各界关注，先后被收录于《新华文摘》2016 年第 10 期（页 57—62）和《历史学文摘》季刊 2016 年第 2 期（页 32—34），并在网上转载，产生了一定影响。

八　译注何炳棣《明清社会史论》及重估明清向上社会流动率

何：说起明清历史地位，不能不提及何炳棣先生《明清社会史论》。这本经典著作首次大量运用明清进士登科录及会试、乡试同年齿录等史料，来论证明清时期社会阶层向上及向下流动的变化与原因，凸显了明清时代在当时世界的地位。强烈的学术责任感，使您翻译该书，并加以校注，补充、订正书中的一些不完善之处，使其学术质量得到进一步提升，也获得何先生本人称许，已在台湾出版印行（台湾联经出版事业股份有限公司，2013）。您也对相关史料加以进一步访查和研究，重估明清向上社会流动率，可谓是学术史上的一段佳话。请您谈谈这方面的情况。

徐：重估明清时代的历史地位，就不能不提何炳棣教授的《明清社会史论》（The Ladder of Success in Imperial China：Aspects of Social Mobility，1368 – 1911. New York and London：Columbia University Press，1962）。他在这本书中大量运用附有三代履历的明清进士登科录及会试、乡试同年齿录等鲜为人注意的科举史料，作量化统计，分析社会流动。在资料的数量与涵盖面，均远远超越前人，统计分析的样本，进士达一万四五千名，举人贡生达两万多名。分析结果，以平均数而言，明代平民出身进士约占总数的 50%，清代则减至 37.2%；而父祖三代有生员以上功名者，则由明代的 50%，升至清代的 62.8%。可见，平民向上流动机会渐减。而在清朝，尤其清代后期，大行捐纳制度，导致富与贵紧密结合，影响力量趋强，遂使平民向上流动机会大减。何炳棣教授在书中也讨论了向下流动及其导因，阐明促进社会流动的各种制度化与非制度化管道的存在。他认为，明清社会几乎没有制度化的机制，阻止高地位家庭长期的向下流动，均分遗产的习俗可能是最有力的因素。除纵向垂直的上下流动外，何炳棣教授又专章讨论士农工商、军民匠灶的横向水平流动，并论及社会流动的地域差异和影响社会流动的各种因素。社会流动比较研究的结果，何炳棣教授认为明初精英的社会流动率，"即使近代西方社会精英社会流动的样本，也可能很难超越"。

《明清社会史论》作为中国史研究、社会史研究与东亚史研究及社会科学界誉为划时代之经典巨著，我捧读已久，近年决定把它译成中文，以广流传。以 1967 年的修订本为底本，我不只是单纯翻译正文，还做详细注释，除一一查对何教授引用之原始文献，还原于译文之中，若有出入则以"译者注"形式说明，其特色是力求详尽，征引许多何先生未引用的史料和近人研究的成果。何先生认为这"足以教导入门者如何收集与运用史料"。由于这本书出版已五十年，在此期间有不少相关文献与研究论著出版，与何教授对话。对于不同的意见及补强或修正的文献资料，我也以"译者注"形式说明。长达万言的"译者注"，何先生读后高兴地说："对我这个原作者以及广大读者都极有参考价值。"编排上也大大改善了英文原著中的排印次序与方式，将全书每一脚注都与同页正文密切联系，何先生说："读来令人重生亲切之感。"这个《明清社会史论》译注本，得到何先生的赞许，应该是比英文原版更为理想的版本。

但这本书究竟是五十年前的著作，何先生做此研究时，只能使用北美的图书馆馆藏。现今中国大陆图书已经开放，能运用的图书比之从前不知多了多少倍。以研究明代向上社会流动为例，明代的进士登科资料，何教授运用来作统计分析的只有二十二科，大陆各大图书馆和藏书楼现存的进士登科资料（包含登科录、会试录、进士同年录、进士履历便览）未为何炳棣教授使用的达五十九科，共一百四十种，不但未被使用的科数是何炳棣教授使用过的将近三倍，而且分布均匀，明代每一皇帝统治时期都有，大有利于进一步研究明代举人的社会流动。于是，我就带着研究生到大陆来广搜明代进士登科资料，取得明代向上流动分析样本五十七科 15528 件，比何先生的二十二科 6332 件，多了两倍半。统计分析结果，以平均数而言，明代平民出身的进士约占总数的 56%，而父祖三代有生员以上功名者也约略为 44%。这与何先生的明代平民出身进士与父祖三代有生员以

上功名进士比的 50% 对 50%，平民出身的还要高出 6%。何炳棣教授平民
向上流动机会占了整体官员的一半以上的论点得到支持，也证实了所谓明
朝"官场对有才能人士开放"的传统说法。因此，我们的研究再度证明，
何炳棣教授在科举与传统中国社会阶层与社会流动研究史上，无论在运用
的史料与统计分析的方法上，其开创的地位，及获致结论的坚实，均历久
弥新，屹立不动。

九　致力研究回顾与史料编纂

何：在五十余年的研究历程中，您也曾致力于明史研究回顾与相关史
料等的编纂工作，嘉惠学林。请再谈谈这方面的工作。

徐：是的。20 世纪 60 年代中期，哈佛燕京社资助台湾大学历史系编
写《中国史论文提要》。在此之前，由于政治局势的缘故，1949 年以前在
大陆出版的文史论著，多因作者未来台而被深锁于图书馆特藏室，学生能
阅读的书刊不多，历史系学生的学习只能依赖课堂讲义及教科书。随着台
湾政治的逐渐松绑，1949 年以前出版的书刊逐渐开放，但多藏于南港"中
央研究院"，阅读很不方便。当时的系主任许倬云老师就向哈佛燕京学社
申请资助编写《中国史论文提要》计划，动员历史系师生，选择重要的学
术期刊论文，编写提要。当时负责明史部分的是夏德仪老师，蒋孝瑀学长
和我担任研究生助理。后来孝瑀学长赴牛津深造，改由尹章义接替。《明
史论文提要》的编写，对我全面掌握台湾明史研究的方向与内容大有帮
助，但不知何故书稿编成后并未按计划出版。我到东吴大学以后，深感这
本《明史论文提要》是研读明史的入门好书，就在系主任李圣光教授的大
力支持下，把定稿整理出版。

20 世纪 60 年代末期，台湾正中书局打算编辑出版一套《六十年来之
国学》（1974），让我负责明史和台湾史。他们原本要做的是关于《明史》
的研究回顾，而我误会了，做了民国以来六十年间学界研究《明史》的成
果总结，主编程发轫教授宽容大度，就依我缴交的文稿排版印行。近年
来，由于数据开放，相关著述信息完整，发现旧文遗漏和错误不少，于是
将原只有四万多字的文章增补为九万多字的《民国六十年间的明史研究：
以政治、社会、经济史研究为主》，刊登在《明代研究》第 12、13、14 期
（页 129—170、187—232、141—162，［2009—2010］）。2011 年底，承时

任台大出版中心主任的暨大老同事项洁教授邀约，将这篇文章连同其他评介明史研究学者及其作品的文章集结起来，以《二十世纪中国的明史研究》（台北：台湾大学出版中心，［2011］）为题出版。

我编灾害史料也和茅声焘教授有关。当时他们主持"国科会"台湾"大型防灾研究计划"（1982 年起，五年为一期，共三期），研究台湾地震、风灾、水灾、旱灾，有仪器的数据从日据时期开始，但没有仪器的年代只能靠史料补充，遂计划做地震、风灾、水灾、旱灾和冰雹雨雪等灾害史料的编纂。由于计划人员都是理工背景，对史料的搜集考证不熟悉，于是茅声焘找我来编一本日据时代以前的台湾天灾史料集，我就找了吴密察教授、赖惠敏教授、李今芸教授、牛道慧教授等几位朋友，在方豪老师《二十世纪以前台湾地震记录汇考》（发表于《现代学苑》第 1 卷第 1、2、3 期，［1964］）和曹永和院士《台湾早期历史研究》（台北：联经出版事业公司，1979）等研究成果的基础上进行增补。我们从故宫博物院藏的清朝档案和台湾公藏方志中抄出相关档案数据，最后由我来逐一整理、考证和注释，并请赖惠敏画了一系列的清代台湾地理沿革图，这本书稿《清代台湾天然灾害史料汇编》1983 年由"国科会"出版，成为许多研究台湾震灾、风灾学者的主要资料。

1999 年台湾九二一大地震后，灾害问题愈来愈受到重视，在厦门大学陈支平教授的建议下，我在既有的基础上进行增补工作，把过去未发现的史料，特别是大陆档案开放后陆续发现的大量新史料纳入，在暨大博士生张继莹君的协助下，编成《清代台湾自然灾害史料新编》（福州：福建人民出版社，2007）。新编的史料集篇幅，比原来增加了约三分之一，不但丰富了灾害实况的记载内容，而且改正了一些旧编的错误。

十　培育大批杰出的明清史研究人才

何：论及您对明清史研究的巨大贡献，还有一个重要方面也常为学界所乐道和钦仰，那就是您培育了一大批杰出的明清史人才，他们如今分布在中国大陆、中国台湾、中国香港以及美国、韩国等科研院所、高等学校，形成坚实的徐门师弟子群。尤其在台湾，有人笑称一半的明史研究学者都出自您的门下。

徐：呵呵。那只是一个玩笑。我从 1982 年开始，先后在台湾大学、暨南国际大学、东吴大学等指导硕士研究生近五十名；从 1989 年起，先后在台湾大学、中国文化大学、暨南国际大学等指导博士研究生十名。他们毕业以后，很多人留在中国台湾、中国香港、中国大陆以及美国、韩国等科研院所、高等学校，继续从事明清史研究和教学工作。经过他们自己的刻苦努力，许多人已经成为知名的明清史专家。例如，赖惠敏是我 1982 年指导的硕士、1989 年指导的博士，毕业后在台湾"中研院"近代史所工作，担任研究员，学术专长为清代家族史、社会经济史，著有《明代南直隶赋役制度的研究》《天潢贵胄：清皇族的阶层结构与经济生活》《续修澎湖县志·财政篇》《但问旗民：清代的法律与社会》《清代的皇权与世家》等专著，并发表论文数十篇。2014 年，她因专著《乾隆皇帝的荷包》而获得台湾"科技部"颁发的年度杰出研究奖，这是台湾地区奖励杰出科研人才的最重要奖项。现任"中研院"史语所研究员于志嘉，在我鼓励下写作学士论文《明代的军户》，而终身研究明代军户与卫所，著有《卫所、军户与军役：以明清江西地区为中心的研究》《明代军户世袭制度》等。邱澎生是我 1989 年指导的硕士、1995 年指导的博士，先在"中研院"史语所工作，担任研究员，后为香港中文大学历史系教授，如今是上海交通大学人文学院教授。他关注明清商业法律与市场演化，出版《十八、十九世纪苏州城的新兴工商业团体》《当法律遇上经济：明清中国的商业法律》、*The Discourse on Insolvency and Negligence in Eighteenth - Century China* 等专著，发表论文数十篇。邱仲麟是我 1991 年指导的硕士、1997 年指导的博士，先任淡江大学副教授，现为"中研院"史语所研究员，著有《独裁良相张居正》《人口增长、森林砍伐与明代北京生活燃料的转变》《保暖、炫耀与权势——明代珍贵毛皮的文化史》《明代的煤矿开采——生态变迁、官方举措与社会势力的交互作用》等，发表论文百余篇，在明清都市社会、生态环境、明清社会慈善、中国近世医疗文化等领域均有建树，获得过中研院 2006 年度"年轻学者研究著作奖"。巫仁恕是我 1991 年指导的硕士、1996 年指导的博士，为"中研院"近代史所研究员兼副所长，专长领域是明清城市史与明清社会文化史，主要研究成果集中在明清城市群众集体抗议、明清物质文化与消费文化，出版《奢侈的女人：明清时期江南妇女的消费文化》《品味奢华：晚明的消费社会与士大夫》《激变良民：传统中国城市群众集体行动之分析》等，发表论文数十篇。费丝言（Si - yen Fei）是我 1997 年指导的硕士，现为美国宾夕法尼亚大学

（University of Pennsylvania）历史系教授，其《由典范到规范：从明代贞节烈女的辨识与流传看贞节观念的严格化》和 *Negotiating Urban Space：Urbanization and Late Ming Nanjing* 对史学界影响甚大。唐立宗是我 2001 年指导的硕士，现为暨南国际大学副教授，出版有《在"盗区"与"政区"之间》《从〈定氛外史〉看明代惠州矿徒事件、划疆分邑与士民议论》，发表论文十数篇。吴大昕是我 2002 年指导的硕士，研究倭寇，著有《猝闻倭至——明朝对江南倭寇的知识（1552—1554）》等，现为东北师范大学历史系教授、博导。

另外，我还指导一些国际学生。如韩国尹贞粉是我 1982 年指导的硕士，现为韩国德成女子大学教授，曾任韩国东洋史学会会长、明清史学会会长。

除了在台湾教书授课、指导研究生，近些年我还被聘为厦门大学人文学院终身讲座教授、闽南师范大学闽南文化研究院特聘教授、吉林师范大学讲座教授、中国社会科学院历史研究所明史研究室客座研究员、南开大学历史学院讲座教授等。尤其在厦门大学、南开大学，我都开设了明清史课程。教书授课、指导学生，也是我的乐趣。

何：您为明清史研究培育出诸多龙象之才，桃李满天下。如果把他们比作是明清史研究星空中点点繁星的话，您无疑是那颗为他们围绕而闪亮耀眼的恒星。

十一　回顾与展望

何：您的明清史研究成就令人景仰，无愧于明清史研究的大师。最后想请您谈谈未来还有什么研究计划，对明清史后学有何建议。

徐：虽然在这四十多年中，我作了一些研究，探讨了一些问题，也有一些发现。但越来越觉得自己所知甚少，至今还有太多的明清史事我不知道和不了解，有太多的问题要进一步探讨。如今已经到了古稀之年，应该退休了。今后想做的事，除了将手边未完成的研究计划执行完毕，就是要把已结案的研究计划写成论文，并且整理旧作，集结成书，给自己的研究生涯作个总结。另外，就是手上的几位指导的研究生赶快送他们毕业。

经常有一些年轻的朋友问我该如何进入明清史研究之门，我除以上述回顾来现身说法外，对于正在学习明清史及未来可能投入明清史研究的年轻朋友，我期许他们能够从"通""博""专"三个方面努力。"通"与"博"是对历史基本知识的掌握，"专"是对自己关注的研究领域下的功夫。但这还不够，应该注意到史学的经世致用，及其对个人为人处世的作用。

"通""博"是做研究的基本功，要研究明清史，中国通史尤其是明清通史知识要丰富，基础要稳固，选择几部重要的明清通史书籍认真地读，基本史实要记忆，人、地、时、事应有基本概念，不能到时候再查。"专"的部分是指自己的研究领域重要的问题及其相关论著要熟读。在"通""博"的基础上，了解自己的研究与整体大历史之间的关系，虽然为了研究需要，下笔之时不免要有所取舍，但有大历史的基础，小历史才不会被切开，孤立起来。做研究要从前人研究成果出发，以前人研究为基础，并能与其他相关论著对话，因此必须确实掌握前人和近人研究的成果。为熟悉研究行情，应读一些研究回顾和研究入门的书，并应摆在手边，随时查找，如山根幸夫的《中国史研究入门》、岸本美绪等编的《中国历史研究入门》、日本史学会编的《史学杂志》每年的 5 月号《回顾和展望》、中国社科院历史所编的《中国史研究动态》和《中国历史学年鉴》等，都是合适的参考。要注意新书、新文章，经常逛图书馆或上 Google 搜寻，以跟上研究行情。特别是几个重要学报如我们的《明代研究》《新史学》，大陆的《明史研究》《中国史研究》《历史研究》《史学理论研究》《中国社会经济史研究》《中国经济史研究》，日本的《东洋史研究》，美国的 *Ming Studies*，*Journal of Asian Studies*，要常常去看，对自己的研究领域各方面行情才能跟得上。

年轻朋友们对于研究领域一定要有所抉择，应选择自己真正关注且有能力去做的领域。选择的方法是在"通""博"的基础上，了解前人尚未解决的问题，并能兼顾自己的兴趣。选领域尽量不要只顾追风、追流行，做研究最忌讳是不问自己的兴趣，不管自己的能力，随着流行走，大家在做什么就去做什么。其实每个人条件不同，如果不顾自己的兴趣，一味追求流行，做自己没有兴趣的题目，就很勉强了。掌握做研究需要的工具也很重要，所谓的工具包括做研究需要的语文与辅助学科的能力，要考虑自己有没有这些能力，如果没有就要去补课，例如，做清史可能就要花时间去学点满文。要不然，就要避免做自己能力不逮的题目。

研究历史最重要的是资料。以前学者要花很多时间上图书馆，花费大量时间和精力去抄资料。现在资料搜集越来越方便，许多大部头的书都有电子版，甚至是可以检索下载的电子数据库，省却许多来往图书馆和抄写资料的时间。尤其大容量的外接硬盘，越做越小，价格越来越便宜，整个图书馆藏的明清资料往往可以放入一个 2TB 的随身硬盘，带在身边。许多研究期刊的数据库如"中国期刊网"等都可以在家里与图书馆联机，随时下载阅读。但切记不要过分依赖数据库，特别是可检索的数据库。应注意以关键词检索数据库所搜获的资料往往零碎而不完整，而且不看全书往往难以真正了解该书作者的写作用意与目的，实际上这是一种断章取义的搜集资料方法，从研究的角度而言是十分危险的，何况许多数据库本身并不完整，甚至是错字连篇的。因此，一些重要资料如《明实录》《清实录》这一类基本典籍应尽量自己读过，在此基础上进一步进行研究就容易得多。像黄仁宇就说过他是在通读《明实录》的基础上，写就他许多著名作品。另外，建议年轻学子应利用省下跑图书馆抄资料的时间，加强一般研究者较缺乏的问题意识、切入点、分析方法、解释理论等能力，好好精读相关领域的经典之作，研究前人经典论著是如何建构问题意识，因问求法，选择切入分析的方法与解释的理论，学习如何组织论文的结构，如何建立论述的逻辑。唯有如此，才能从温故出发，启发知新，自然而然培养出自己研究的本领。

最后，就是关于"继承传统"的问题。今日历史研究与中国传统史学最大不同在于注重事而不注重人，往往忽略历史中人物、人群的作用。须知唯有知道人在历史事件中扮演的角色，从中总结经验及教训，才对"个人"有利。今日历史研究朝向注重衣食住行等日常生活的社会文化史研究，对个人在职场上、在社会上待人接物相关的史事，对国家民族及世人命运相关的重大事件，漠不关心，尤其不论褒贬，不论是非善恶，造成历史研究零碎化，与现实脱节，写出来的学报论文没什么人要看，"闻见虽多，辨证虽详"，也不过是王夫之批判的"玩物丧志"之学。那么，历史研究就会变成只是个人在职场上混饭吃的职业，而不是志业。我们读历史，为职场所需而研究撰著，自是无可厚非，但还是应该尽量与应世相关。如果历史研究能回归中国传统史学精神，强调历史教训及学习为人处事方法之初衷，以之为"为己之学"而非"为人之学"，作为志业而非职业，读书才不会白读，历史学才不会被社会所遗弃。

我们从事史学工作的人都应该好好地读王夫之《读通鉴论·叙论》，

学习传统史学增长人类智慧及应世能力的方法。把历史人物当作自己，讨论他们的抉择，抉择的依据，评论其成败得失。例如，读完明朝开国史之后，我们来讨论如果我是朱元璋，面对元末动乱之后的烂摊子，这个大局有哪些当务之急，找出明初国家社会面对难题的关键词，一件一件地讨论朱元璋对问题的了解及其解决之道，评论其成败得失，假设我们来做会不会也采取和朱元璋一样的政策，如果不是，可能会带来什么不同的结果。把历史情境当作我们训练自己能力和增长智慧的场所，历史研究就能活起来了。虽然这不合现代学院内的规矩，可能会被讥为野狐禅，写成的文章难以被 SSCI 或 THCI 以及 CSSCI 期刊接纳，但对自己的处事能力与心胸拓展大有帮助，不是只会写学报论文的小儒，而是能应世的大儒。现代的中国学者应该有两套本领，一方面要能写学报论文，了解国际学术界的行情，与他们接轨，并驾齐驱；另一方面要继承传统，学习古人从历史中学习历史人物的经世致用经验、出处抉择之道、成败得失的教训，并能将心得用于实务上，用于日常生活的为人处世上。如此历史学才是有用之学，才不致沦于王夫之说的"玩物丧志"。愿与我们有志于史学的朋友共勉之！

何："听君一席话，胜读十年书"。谢谢您的经验之谈与忠告，愿我们年轻学者都能从中获得启发与帮助。祝您未来的科研、教学取得更大成就，身体健康，在南开大学愉快！

从一个新视角呈现晚清史学的"多重变奏"

——评刘开军著《晚清史学批评研究》

江　湄*

晚清七十年是中国在西方帝国主义的冲击下开始进行文明的现代转型的时代，这个时代变化之大之剧，使当时人产生了身经"数千年未有之大变局"的震撼。与中国文化、学术的其他方面一样，中国史学也在这个时代发生了从传统向现代的重大转变，以梁启超"新史学"为标志，中国现代史学轰轰烈烈展开了它的历程。如今，我们应该怎样认识和叙述这一巨变和历程？对此，前辈学者已经做出了多方面探索，可谓成果斐然。刘开军著《晚清史学批评研究》（上海古籍出版社，2017 年）则另辟蹊径，从史学批评这一新的视角，深入探究晚清七十年中国史学的"古今之变"。中国古典史学有着深厚而悠久的史学批评传统，有着一整套批评的术语、范畴和体系，在中国史学的现代转型中，诚如作者所见，"史学批评"成了断裂和嬗变中一条延续不断的血脉，并在转型过程中发挥了应有的引导、推进、规范和反思的作用（第 5 页）。

作为中国现代史学的发轫期，晚清七十年的史学批评在中国史学史上具有特殊的重要意义。史学批评来自史学的自我反省和批判，是史学发展经验的理论总结和提升，刘开军在该书的《结语》中进一步指出，史学批评之影响于史学思潮的变化发展，是经由"史学话语体系的嬗变"而实现的（290 页）。我认为，这是从理论的高度点出了史学批评在中国史学现代转型过程中起到的扳道夫的作用，也说明了史学批评研究的意义和路

---

* 江湄，首都师范大学历史学院教授。

径，从而为史学批评研究的重要价值给出了一个很有说服力的范例。的确，作为中国现代史学开端之标志的梁启超《新史学》《中国史叙论》，其实是两篇史学批评的宏论，它们强烈而鲜明地批判"旧史学"，又强烈而鲜明地提出"新史学"的旨趣、目标和内容，没有如此强烈而鲜明的批评，没有其中那些令人耳目一新、振聋发聩的新概念、新名词，新的史学思想不可能以迅猛之势普及于人们的头脑。正是伴随着"新史学"而开展的新的史学批评，使得中国史学的"话语体系"从基本框架到理论内核，都发生了根本变化，新的史学批评提供了另外一整套新的"史学话语体系"，它是与旧的"史学话语体系"相对立甚至相对抗的，并以彻底取代之为大趋势。如"科学""进化""文明""民族""社会""国民""事实""原因结果""公理公例""系统""文明史""政治史""君史""民史"，等等，越来越成为史学家研究、撰写、衡评史学的标准，与此同时，现代科学史学也成为中国史学的主流和大势。至今为止，科学治史、书写民众和社会历史、探求历史发展变化之规律的理念仍然是大多数史学家共同遵奉的圭臬。

　　然而，我认为，特别值得称道的是，刘开军的这部著作并没有把晚清七十年史学批评的发展历程及其思想世界，写成一种从"旧史学"到"新史学"的单线进化过程，并划分出清晰的、截然可分的发展阶段，将之呈现为一幅"新史学"与"旧史学"相对抗相斗争并终于取而代之的二元对立的画面。相反，作者采取了另外一种写法，他以晚清七十年间出现的史学批评形式如正史考论、来华传教士的著述、近代报刊上的专论和书讯、新学书目提要以及新史学的著述实践为类别来整理和论述这一时期的史学批评思想，这一写法反而恰如其分地呈现出中西史学在撞击中对流，新旧史学在嬗变中交错的丰富而复杂的景象。他让我们看到，晚清七十年间中国史学的发展变化，虽然以"新史学"为主旋律，以"新史学"对"旧史学"的批判和取代为大趋势，但事实上，新旧中西之间也在冲突之中互相渗透、覆盖，"新史学"与"旧史学"在嬗变和断裂之中可能平行，可能交错，可能互补，可能对立，形成了新旧冲突又新旧并存、交融从而丰富多彩的总体面貌。多年前，我曾读到彭明辉《晚清的经世史学》一书，他曾以"复音音乐形式""多旋律的主题和变奏"来形容和概括晚清史学从"考据"到"经世"的嬗变（《晚清的经世史学·自序》，台湾麦田出版社，2002 年）。我认为，"多重变奏"这个词也正好可以用来描述整个晚清时代新旧史学话语体系的转换，很恰当地形容了新旧史学话语体系转换之中那种新旧杂陈、新旧冲突、新旧交错从而多元纷呈、多歧互异的整体面貌。

从 1840 年到 1870 年，史学从总体上延续着乾嘉学风，随着经世思潮的兴起，边疆史地和世界史著述预示着史学的嬗变，而史学理论的新气象和新观念尚处于酝酿之中。在秉承乾嘉学术传统的学人中，李慈铭《越缦堂读史札记》《越缦堂读书记》等批评著作，从话语、议题和风格上都延续着乾嘉传统。而同为乾嘉传人，谭献则出现了"变奏"现象，他尊崇章学诚之学，大力阐发章学诚从义理上总结整个中国学术思想传统以救乾嘉末学之弊的理论主张，这一"变奏"应和着新时代的风云激荡，于清末民初对章学诚的发现和重视起到了推动作用。"道、咸之际其学新"，以魏源、何秋涛、夏燮等为代表的学者写出了新的世界史、边疆史、中外关系史，但其史学批评却一面继承乾嘉传统，一面重现宋学的春秋大义，强调褒贬裁断，这又是一种"变奏"。从 1870 年到 1894 年，随着"洋务运动"的进行，西学东渐已成大潮，史学批评的视野空前开阔，引介和评述西方史学和史家成为史学批评的新内容。王韬（1828—1897）是一位具有世界眼光和现代意识的史家，著《法国志略》《普法战纪》，又著《西学原始考》《西学源流考》《泰西著述考》，积极将西方学术引入中国，但同时，他又以传统史学的标准衡量并批评西方史学，这是在一人身上出现的"变奏"；与此同时，作为西学东渐之重要推手的来华传教士，又以西方近代史学的标准衡量中国史书，比王韬小一岁的丁韪良（1827—1916）曾对中国史学进行过深刻的批评，他批评中国的历史文献缺乏"历史哲学"，缺乏"广博的综合能力"，按照西方的标准，只能被叫做"编年史"或"日记"，而很难成为真正意义的"历史学"。无论他的批评是多么偏颇，但是，从此，一个新的参照物——西方史学传统及其思想标准被引入了中国史学和史学批评之中（108—111 页）。将王韬和丁韪良的史学批评两相对照，我们可以看到，在西学东渐的大潮中，中西史学就是在这样的对撞和误解中发生对流的。从 1895 年到 1911 年，新史家从文明转型的高度、以政治改革为目标批判"旧史学"，倡导"新史学"，启动了中国史学乃至文化的现代转型。然而，在"新史学"的高歌猛进中，又始终回旋激荡着传统史学的旋律，最能说明这一现象的当属 20 世纪初"中国有史无史"之论战。梁启超在《中国史叙论》中首倡中国"无史"论，在《新史学》

中以"二十四姓之家谱""相斫书"诟传统史学，尽管革命派知识分子在政治上是梁启超的对立面，但他们对梁启超扫除旧轨道式的猛烈批判却是群起响应的，如邹容、黄小配、曾鲲化、邓实、罗大维等都以梁启超的思想为基础，继续大力阐发中国"无史"论。而同为革命派知识分子的陈黻宸却写《独史》，力求发掘和重释中国史学优良传统，并将之注入中国"新史学"的机体之中。持这一主张的，还有盛俊、马叙伦、黄节等人（153—174 页）。20 世纪初这场中国"有史"还是"无史"的争论是意义重大的，它说明，中国文化在其现代转型之起点处，就触及这样一个根本的问题：如何坚持文化的主体性，坚持传统与现代的有机联系，从而使中国现代史学成为传统史学自身的突破和变革？扩而言之，整个中国文明如何实现自主的现代转型，从而使中国文明的现代化成为中国文明自身的突破和变革？同样是"新史学"倡导者和拥护者，同样是革命派知识分子甚至同样是"国粹派"，在这个根本问题上，他们之间出现了意味深长的思想张力关系，在"新史学"的第一乐章，我们就听到了复杂的多重"变奏"。就史学批评的形式来说，新学书目提要显然是一种新旧交错互用的现象，很具有"变奏"的特点。书目提要是中国传统史学批评的一种重要形式，如宋代的《郡斋读书志》《直斋书录解题》，清代的《四库全书总目提要》《书目答问》，等等，而"新史学"的史学批评也采用了这一形式，极有效地扩大和普及了"新史学"的思想观念，这是以旧瓶装新酒而成功的一个典型例子。

更可贵的是，作者并不满足于描绘出晚清史学批评所呈现的新旧中西史学在冲突、嬗变中交汇杂陈的思想图景——尽管这一点是本书很有价值之处，他还进一步力求进行理论上的提升，力求从中发掘出对当今史学发展具有启示性的思想议题。在该书"结语"中作者指出，在中国史学话语体系的新旧嬗变中，存在着一个话语转换的自主意识和自主权的问题，在晚清时代，在中国"新史学"的开端之处，这个问题就已经被鲜明地提出来了，而时至今日，这个问题仍然存在，甚至变得更重要、更迫切了。晚清"新史学"的有关认识和探讨，对我们今天重新认识这一问题来说，是具有重要的启发性意义的。梁启超作为"新史学"的倡导者，他一方面积极译介日本人写的世界史著作，也接受了以"文明/半文明/野蛮"的三分标准划分世界上的民族和文化，他还经常强调说，用"文明"标准来衡量，中国只能说是一种处于半文明半野蛮的民族和文化；另一方面，他却立场鲜明地批判日本人所著世界史中的西方中心论思想，一针见血地指出："日本人所谓世界史、万国史者，实皆西洋史耳。"他还说，有的日本学者宣称东方民族没有列入世界史中之价值，"此在日本或犹可言，若吾中国则安能忍此也？"今天，可能会有人把梁启超的这一质问看作是民族主义的情绪表达，但实际上，比之这样的批评者，梁启超对世界史书写的主体意识和话语权问题，早有强烈的自觉。在梁启超之外，作者还发掘和表彰了沈兆祎、顾燮光等对西方中心论更具有理论水平的批评（238—239页）。作者还特别注意发掘和阐述晚清新史家对外国尤其是日本所著中国史的批评，如丁宝书强烈批判以日本人所著《支那通史》《东洋史要》等作为本国历史教科书的做法，他深刻地指出这是"以彼人之口吻，述吾国之历史，于彼我之间，抑扬不免失当。吾率取其书用之，勿论程级之不审，而客观认作主位，令吾国民遂不兴其历史之观念，忘其祖国所自来，可惧孰甚！"（280—283页）正是在对历史的叙述中，产生出中国文明的自我意识，而中国文明的自我叙述和自我意识对于文化主体性的自觉和维护有着莫大的意义。晚清史家对外国人所著中国史的警惕和批评，是从民族自尊心的感受出发，从坚持文化主体性的文化政治高度出发，对历史书写的话语权问题持一种高度自觉的自主意识，如果我们今天把这种警惕和批评简单地当作民族主义情绪的非理性发泄，还没有意识到在历史研究和叙述领域存在着文化政治问题，那只能说明，比之晚清学者，我们更加缺乏某种重要的敏感、关怀和自觉意识。

我认为，该书还有一个鲜明的思想倾向是值得称道的：对于晚清时代的史学批评和史学话语体系的嬗变，作者并没有完全站在"新史学"的立场和视角上认识之、评价之，相反，作者以反思的态度对待晚清"新史学"话语体系的建立和"新史学"的实践，力图在一个新的高度上检讨晚清"新史学"话语体系的得失功过。该书"结语"一章，着重总结了晚清"新史学"话语体系的问题，指出其"缺乏沉淀的过程，系统的学理讨论相对薄弱"，"忽略了对旧史学体系必要的延续"，这使得"清季新史家在重建话语体系时，面临难以消弭的中西对话的困境，导致了学术上的不自信"。这一反思的立场、检讨的态度是贯穿全书的。在论述新史编纂中的史学批评思想时，与梁启超相比较，作者对于章太炎的"新史学"主张和史学批评思想给予了更高度的评价，指出章太炎对"旧史学"的批评是适度的，他更加重视发掘优秀的传统史学遗产，并进行批判地继承（245—

252 页）。作者还特别注重发掘和表彰那些力求以传统史学为本位进行创新和变革的史学批评思想，如在第四章，与"无史与有史之争""君史与民史之辨"相并列，作者特别论述了"陆绍明对旧史学的守护"，其人以刘知几、章学诚的继承者自居，曾系统论述传统史学的流变，重绘传统史学的学派和格局，但在"新史学"主旋律的覆盖下，他的声音终因不合潮流而边缘化，几乎成了学术史上的失踪者（189—204 页）。这一贯穿全书的对"新史学"的反思立场和检讨态度，我认为，是有着相当重要的思想意义的，它使得我们今天能够重新审视并评价旧的史学传统在"新史学"刺激下发生的变化和变革，能够认识到并重视在中国史学现代转型的开端处，其实存在着多元发展的面向和多途演进的可能性。

从一个时代的史学批评中最能看出史学与时代之间那种血肉相连的关系，就拿该书所聚焦的晚清时代来说，以梁启超、章太炎等为代表的"新史学"的史学批评，不仅仅是批判中国之"旧史"，更是批判中国"旧史"所维护所论证的君主专制制度和社会秩序。这样的史学批评其实是中国文明在现代变革之初进行的猛烈的自我批判，也是对中国文明新前途的指示和探索，其中包含着强烈的政治、社会诉求。我以为，这一现象在告诉我们，进行史学批评乃是史学史学者应负的责任，因为，正是史学批评促进了史学与时代之间的对话，使史学能够面对时代之中的那些大问题和真问题，而正是在面对共同的时代问题的时候，史学家之间才有了真正的思想上的交流、交锋和争鸣。

考镜源流　　阐精抉微

——黄兆强《章学诚研究述评（1920—1985）》评介

姜胜利　　张笑龙*

乾嘉时代，乃中国学术进入近代之前的重要时期。在此期间，经史考据与宋学义理相互交织，传统理学与趋新思潮共同作用。章学诚身处乾嘉时代，其对当时经学考据之风气多有批评，在史学、文学及校雠等方面皆有论述，虽有实绩却声名未彰。然而在其身后，其学术与思想却被不断"挖掘"，章太炎、梁启超、胡适、何炳松、钱穆以及侯外庐等学者，他们基于自己的学术立场，推崇或批评章学诚学术思想，且相互之间产生论争，研究章学诚及其学术思想，遂成为近现代学术史上的"显学"。在当代，研究者们又对上述学者的相关论述进行了再评价。这样的几个层面，共同构成了学术思想研究的"热点"。章学诚学术思想与近代以来的章学诚研究史，是中国学术思想发展史上的一个重要缩影，值得不断将其深化。

黄兆强先生是章学诚研究的著名学者，台湾学生书局于 2015 年出版的《章学诚研究述评（1920—1985）》一书，乃由其博士论文（法国巴黎大学，1986 年）修订而成，此书规模宏大，全书分为六章，附录三篇，六章是按章学诚生平研究、章学诚学术思想研究、章学诚史学思想研究、章学诚文学思想研究、章学诚遗著研究以及"近现代'实斋研究'评议、发展概览及 20 世纪 20 年代之后成为显学的原因"这样几个部分逻辑地展开；在每一章（第六章除外）中，按历史的顺序，纵向梳理不同时期学者

---

* 姜胜利，南开大学历史学院；张笑龙，中国社会科学院历史研究所。

的研究成果；在每一时代中，又按照不同的史家、学者，来进行进一步探讨。这样，历史与逻辑的论述有机结合，向读者历史地、全面地呈现了从 20 世纪 20 年代到 80 年代这 65 年间章学诚研究的具体状况。

通读此书，其视野之广阔，征引之丰富，论述之严谨，皆可称是不可多得的章学诚研究学术史专著。

一　视野广阔，沟通海内外研究信息

章学诚研究，虽然从近代开始便渐成显学，海内外学者有着颇多精深的研究，然而在 20 世纪 50 年代以后，海内外学者并没有实现很好地交流。闭门造车，绝非学术研究之正途。《章学诚研究述评（1920—1985）》一书对中国内地、中国香港、中国台湾及海外的章学诚研究均有论述，这对于不同地域的学者来说，有着学术文化交际的意义。以下就该书对海外、中国香港、中国台湾的研究综述略作介绍。

内藤湖南为日本史学大家，作者一方面肯定其章学诚研究的贡献与开创之功；另一方面对其研究提出不同看法。如对于《文史通义》中独缺《春秋教》，内藤认为："章在《书教篇》中曾论《春秋》之事，故既已撰《书教》，就不必再有《春秋教》了。"作者对此并不很认可。（145 页）内藤认为章学诚"主张研究史学不用考据的方法，而完全从理论的方法来着手研究"。作者则指出，章学诚所排斥的是"饾饤琐碎的考据学"，而接受作为治学方法之一的考据学。（146—147 页）《春秋教》、章学诚与考据学之间的关系，涉及章学诚研究的关键问题，作者在此等方面进行讨论，可谓慧眼独具。作者还介绍了百濑弘所作的章学诚传记，对于章学诚科考失败的原因，是否参与纂修《国子监志》以及《史籍考》的卷数等问题，提出商榷意见。（8—10 页）作者还介绍了河田悌一对章学诚与同时代学者的交游、论学情况。（103—105 页）

法国汉学家戴密微对章学诚的研究较为深入，并将其与意大利哲学家维柯作比较。作者以其良好的语言与文化学养，纠正了戴密微书评中，有关史实及文献的翻译错误。（6—7 页，注 17）戴密微认为章学诚"六经皆史"说是"要把史学经学化"，作者对此较为赞同，并将此说与余英时的观点相比较。（99—100 页）倪文逊《章学诚的生平及其思想》一书是西方学界对于章学诚研究较为全面的成果。作者指出，倪文逊的研究是"哲学式""诠释式"的处理方式。(74 页)这种研究方式与中国传统的"训诂式"的路径不同,很能体现出其中的问题意识。作者还介绍了白安理的相关驳论,即《西方汉学家研究〈文史通义〉的商兑》一文。(117—118页)让读者对于海外章学诚研究的相关论争,一目了然。

吴天任《章实斋的史学》是研究章学诚史学及方志学的专书,作者认为吴氏的研究是"通盘且相当深入"的。(168—171 页)方志学是章学诚学术中的重要方面,且与其文史理论有颇多联系。作者还介绍了杜维运的研究,并指出其中的不妥之处。(171—174 页)

余英时《论戴震与章学诚》一书在海内外皆有重要影响,作者指出余英时研究思想史的两个取径——历史取径与心理分析取径。(85 页)而对心理分析取径的"有效性"提出质疑。(98 页)并提及何佑森不认可余英时的心理学解释方法。(98 页,注 193)笔者则以为,余英时之说过于强调戴震的作用,若非要说章学诚是回应"挑战",那这种挑战,恐怕应该是整个乾嘉考据学风,而非戴震一人。

作者介绍许冠三对章学诚的研究,尤其是《刘章史学之异同》一文,许氏指出:"以史意或史义而言,其所论即大相径庭。"而关于"史德",许氏以为:"刘氏所重之史德,在忠于客观真实,假善恶必书之实录以收好善嫉恶之效;而实斋所倡之史德,在忠于时王之制,君父之道及人伦之教。善善恶恶,一概以此为定准。"(204 页)作者则认为:"实斋之史德论,固不脱'君父之义''时王之教'的旨趣;然而亦不宜径谓其'史德论'于史学全无贡献。"作者认为章学诚对史家凭借道德修养来成就客观的史学方面,提供了可行的方向。(211 页,注 234)然而,章学诚"知性"立场上的追求,落在了"第二义"上。(222 页)对于经史关系方面,许氏认为:"终其一生,实斋之经史合一论约有四变,史之地位恒因其个人于史学义例上之成就而逐渐上升。综观其说,大致是初期牵史附经;中期以史敌经;晚期曲经就史;最后则言经以史贵。"作者以许氏之说有创意(205 页),并指出许氏能以时间先后,梳理章学诚的史学观念,得出其"演变之迹"。(212 页)

海外诸多研究中,涉及章学诚与西方学者的比较,这一方面是因为,章学诚学术中确实有着较强的理论色彩,且与西方近现代学术有相合的地方;但另一方面,我们须客观地进行区别,明确章学诚学术思想与西方理论之差异所在。进一步而言,我们只能说,中国明清时期的某些思想家、学者，在他们的思想中，或许会有与西方学者相似的地方（有的仅在论述范围、论说对象方面），或言他们的思想中有一些"现代"因素，但不能以近现代西方的概念、理论来看待明清学者的学术思想。

二　精研极思，提出自己的学术见解

一般学术综述，容易流于对观点的介绍，对问题的梳理，看似不偏不倚、客观真实，实则不够深入，缺乏作者自己的见解。本书则采取夹叙夹议的方式，在评价他人著述时随即发论。然而亦有独立成篇的，如"综论：近现代'实斋研究'评议、发展概览及 1920 年代之后成为显学的原因"一章。对于章学诚研究状况的评价，这样的研究和论述方法是合理而可取的。细读此书，会发现作者眼光独到，其许多精辟的观点给读者颇多启发。

如作者在评价费海玑的著述时指出："衡量一个人的成就贡献，不应该从今天的眼光来看他；而应该看看他比他的前人多作出了些甚么表现。"（19—20 页，注 73）这是一种历史的眼光，且有利于学者在研究过程中，尽量做到知人论世、客观评价。

对于章学诚的史学与哲学思想之间的关系，作者指出："实斋的史学其实跟他的整套哲学思想是紧密地结合在一起的，也可以说他的史学是他的哲学的组成部分。职是之故，绕过他的哲学，其实是无法很相应地，或很深入地，了解其史学的。"（169 页）这不仅对章学诚研究有借鉴作用，而且对于现今史学史与学术思想史、哲学史研究的关系来说，很有启发意义。

通过介绍、分析前人的观点，作者不能同意近代以来某些学者将章学诚"六经皆史"中之"史"，理解为"史料"，认为这不是实事求是的看法，是一种错误的解读，作者认为："我们不排斥近现代学人研究古代史时，本于所谓实证立场、科学立场，把《六经》、政典定位为史料而加以利用。然而，这是一种时代之言、时代之见。作为古人（清末以前的学人）的实斋来说，其识见怎么可能陡降至这种地步呢？"（217 页）并举出《书教下》的例子，反驳"史料"之说。并且，作者认为近代学者作出相关论断，乃由其时代学风所致。作者对此问题的认识，正是在"史学史"观念下进行的分析——即将近代学者的论述，置于其所处的时代来进行理解，如此评价方能尽量客观；然而作者亦有自己于当下的新的理解，如此，学术思想方能不断推进。

对于"尊德性"与"道问学"之关系，历代学者意见纷纭，作者在讨论章学诚"史德"说时亦提出自己的看法："'有真性情始有真学问'。此'性情'，笔者取其广义用法，人之德行固蕴含其中。本此，则'学问资于德行'，即德行成为了成就学问（具真知灼见的真学问）的必要条件。"（226页）中国传统学术思想中，总体说来，不是很注重"知识问题"。近代以来，受西学影响，学者对于"知识问题"的论述逐渐丰富起来，并反思中国传统的"德性"与"知识"间的关系。作者认为"德性"有助于"知识"，此论颇值得读者进一步思考。

关于章学诚"史德"之论，作者在清代学术思想史的大背景下进行探讨，并得出结论："《史德篇》所谈的'史德''心术'，应兼含道德心、认知心两义。实斋对史德的论述，在清代知识主义这个传统影响下，也许可以视为遵德性渐次过渡至道问学的过程中的一个案例吧。"（232页）从学术发展的角度来看待章学诚"史德"之说，亦有参考价值。

该书第六章"综论：近现代'实斋研究'评议、发展概览及1920年代之后成为显学的原因"体现出作者的问题意识，尤其是在宏观认识方面，视野颇为开阔，如其指出："'实斋研究'成为一时显学，当与近现代学术研究的范式转移（paradigm shift）——从清中叶及其前之偏重考据、训诂至晚清民初之渐次转为侧重义理、理论（简单来说，就是 From Philology to Philosophy），存在着一定的关系。"（351页）该篇分析缜密、思路清晰，因篇幅有限，不多作引述。

三　一点思考

该书是对既往章学诚研究的总结，也为此后的研究提供了丰富的资料、大量的信息，并启发学者把章学诚研究进一步引向深化。该书无论从方法的运用、框架的设计、分析的角度以及评述的深度等方面来说，对于推动清代学术史以及近现代学术史研究，都有重要意义，因此这是一部极具价值的学术著作。同时，拜读该书之后，笔者也有一些思考。

近代以来，某些学者对章学诚有持续而深入、系统的研究，或许以该学者、以某一议题为中心展开探讨，更能把握其论述的发展过程。兹以钱穆对章学诚自述学术渊源的认识，略作说明。钱穆在《国学概论》

（1928）中，论及黄宗羲时即以章学诚《浙东学术》之观点立论，可见其此时赞同章学诚有关"浙东学派"的论断；在《中国近三百年学术史》（1937）中，其亦同意章学诚的观点，并认为《浙东学术》篇乃章学诚的"晚年定论"；钱氏在《中国儒学与文化传统》（1961）一文中指出："梨洲、谢山以后有章实斋，亦承黄、全学风，那时已是清代乾、嘉盛时，他分析并时学派，谓梨洲以下为浙东之学，属史学；亭林以下为浙西学派，属经学。又谓浙东渊源阳明，浙西渊源朱子。此一分别，在彼亦谓是根据史实……而最可注意者，则正是由梨洲至实斋这一派所谓的浙东史学。"①此处言"在彼亦谓是根据史实"，即说明在章学诚看来是历史事实，而在钱氏看来则未必是客观史实，可见此时其已不很同意章学诚《浙东学术》中的观点了。不过，钱氏此时仍认为章学诚上承黄宗羲，承认"浙东史学"在清代的传承。然而，钱氏于 1970—1971 年间讲授《中国史学名著》时明确指出，章学诚所言"浙东学派"并不可靠，且不同意章学诚学术源自阳明学与浙东史学。在《顾泾阳高景逸学述》（1975）一文中，钱氏进一步提出："章实斋谓亭林经学出朱子，梨洲史学出阳明，其实梨洲《学案》中以王学治史学者惟唐荆川，而荆川固不得目之为王学。实斋故意为浙东史学标榜，争立门户，其语不可信据。"②其不但认为章学诚自述学术渊源所言不实，而且指出章氏的"门户"意识，这与章氏所谓"学者不可无宗主，而必不可有门户"的精神差异甚大。

从上述钱穆的论述，确实能看出其思想的变化，即钱穆逐渐不同意章学诚自述其学术渊源的观点。钱氏的这种思想变化，一方面与其立论的"侧重点"不同有关；③另一方面，钱氏重视的是中国学术思想从"性理"转向"经史"的发展趋势，是"浙东学术"所体现出的治学精神之大传统，而对某一学派的具体传承却并不很着意。

该书可谓章学诚研究之"学术史研究"，然而断限在 1985 年不能不说是一遗憾。在 1985 年之后，随着文物出版社《章学诚遗书》等资料的刊

---

① 钱穆：《中国儒学与文化传统》，《中国学术通义》，《钱宾四先生全集》第 25 册，台北联经出版事业公司 1998 年版，第 93 页。

② 钱穆：《顾泾阳高景逸学述》，《中国学术思想史论丛（七）》，台北东大图书有限公司 1979 年版，第 246 页。

③ 见钱穆《中国史学名著》，《钱宾四先生全集》第 33 册，台北联经出版事业公司 1998 年版，第 387 页。

行与发现，新材料的出现给研究者提供新的思考。例如，余英时正是由此修订出版《论戴震与章学诚》一书，增加《章学诚文史校雠考论》一文。① 陈祖武更进一步，其考证出："章实斋乾隆三十七年所致钱竹汀书，应为《大公报》一九四六年十一月六日刊布之《上晓征学士书》，而非今本《章氏遗书》所录《上辛楣宫詹书》。"② 因此，从研究史的角度看，1985 年之后的章学诚研究仍在继续，并未出现明显转向，"1985 年"不具有历史分期的特殊意义。所以我们期待着作者的后续研究尽快面世。

---

① 见余英时《论戴震与章学诚：清代中期学术思想史研究》，生活·读书·新知三联书店2005 年版，《增订本自序》第 1 页。按：该书增订本由东大图书公司于 1996 年出版。

② 陈祖武：《章实斋集外佚札二通考证》，收入《中国社会科学院历史研究所学刊》第三集，商务印书馆 2004 年版。此问题可参考刘巍《章学诚"六经皆史"说的本源与意蕴》，《历史研究》2007 年第 4 期。

新时代一流的中国通史著作
——评卜宪群主编《中国通史》

方新圆[*]

在"全球化"进程中，不同国家、民族之间的交流成为不可逆转的趋势，而文化越来越成为辨识民族的"身份证"。中国文明需要在世界上发出更大的声音，而中国通史在推广中国文明方面有着不可替代的作用，因为中国文明可以在中国通史中得到通盘地阐释和了解。中国通史是展示中国文化、民族精神的最好的平台之一，它不仅总结一个时代的学术成就，而且表彰一个时代的民族精神。因此，历来史学家都很重视编纂中国通史。古代，司马迁的《史记》、杜佑的《通典》、司马光的《资治通鉴》，等等，均是中国通史类著作的传世典范。自 20 世纪以来，也涌现了许多经典的中国通史著作，如梁启超的《中国史叙论》（1901）、夏曾佑的《最新中学中国历史教科书》（1904）、吕思勉的《自修适用白话本国史》（1923）、柳诒徵的《中国文化史》（1932）、周谷城的《中国通史》（1939）、张荫麟的《中国史纲》（1940）、钱穆的《国史大纲》（1940）、范文澜的《中国通史简编》（1946）、吕振羽的《简明中国通史》（1948）、郭沫若的《中国史稿》（1978）、翦伯赞的《中国史纲要》（1979），等等①。海外中国学也极其关注中国通史，如《剑桥中国史》（1999）和近两三年来国内译介的《讲谈社·中国的历史》（2014）、《哈佛中国史》（2016）。反观当代中国通史编纂情况，自白寿彝的《中国通史》（1999）

---

* 方新圆，郑州大学历史学院。

① 属于集体编纂的著作，仅列举第一负责人或总主编。

之后，中国史学界的中国通史编纂进入低潮，很少再遇见一部高水准、高水平、有声望的中国通史扛鼎之作了。无论如何，由华夏出版社、安徽教育出版社在 2016 年联合出版的卜宪群领衔主编的《中国通史》①（以下简称"卜编《中国通史》"）弥补了遗憾。卜编《中国通史》共分为五册，全书开始于中国境内的人类起源，止于清朝灭亡，为读者讲述了整个中国古代文明灿烂辉煌的历程。

一　提升中国话语权以坚定文化自信

文化自信就是一个民族、一个国家对自身文化具有认同感、自豪感，它深深植根于这个民族、国家的历史文化之中。坚定文化自信，需要站在全局的高度从中华优秀传统文化中汲取营养，从中华历史经验中获取智慧。而中国通史就是全局性、整体性概观中国历史的一种史学成果。那么，这种集中国文明和中国经验之大成的中国通史，可以提升中国文化在国际学术界话语权，并在坚定文化自信中间扮演举足轻重的角色。卜编《中国通史》完整地讲述了中国文明的性质、内容和历程，构建了从远古到清朝的中国文明话语体系。

卜编《中国通史》吸收了前沿学术成果，注重运用考古资料，科学地肯定了中国远古时代的存在和文化价值。受"疑古"思潮的影响，对有文字历史之前存在文明时代的怀疑倾向，弥漫了整个中国学术界。无独有偶，海外中国通史著作，如《哈佛中国史》，也有意无意地忽略中国远古时代到三代的历史的存在。远古时代缺失了，殷商时代也凭空出现了，进而留下一种错觉——中国文明没有经过发育，就一下子完全成熟了。"小屯殷墟文化是一个高度发达的文明。如果这是中国文明的诞生，这未免有点像传说中老子，生下来就有了白胡子。"②卜编《中国通史》力图澄清这个历史误会，它肯定了中国是人类的起源地之一。从 2000 万年前的云

---

① 《中国通史》（卜宪群总撰稿、中国社会科学院历史研究所撰稿，华夏出版社、安徽教育出版社 2016 年版）分为五册出版，第一册《从中华先祖到春秋战国》（赵春青、邵蓓撰稿），第二册《秦汉魏晋南北朝》（杨振红、孙晓、赵凯、梁满仓撰稿），第三册《隋唐五代两宋》（雷闻、江小涛撰稿），第四册《辽西夏金元》（张国旺、刘晓撰稿），第五册《明清》（陈时龙、鱼宏亮、林存阳、卜宪群撰稿）。后文叙述，只写册名。

② 夏鼐：《中国文明的起源》，文物出版社 1985 年版，第 82 页。

南开远古猿到 10 万年前的河南许昌人，卜编《中国通史》排列了中国境内出土的古人类化石材料证据①，它们在时间上连续不断，环环相扣地勾勒出古人类在中华大地起源、栖息、繁衍和进化的全过程。此外，卜编《中国通史》详细地介绍"单一地区起源说"的主要观点和最新进展②，显示了强烈的学术自信。卜编《中国通史》确定了"三皇五帝"古史传说时代的历史坐标。在公元前 3000 年到公元前 2000 年前后，中华先祖创造了陶寺文化③、山东龙山文化④、良渚文化⑤、石家河文化⑥、中原龙山文化⑦，等等。这一时期，中国文明进入了"'五帝时代'的后半程"⑧。卜编《中国通史》肯定了夏王朝的真实性。虽然王国维利用甲骨文印证了《史记》的可靠性，但对于夏王朝存在的问题，仍然有争论。二里头文化、新砦文化、王城岗文化等多处遗址的出现，⑨ 在很大程度上"揭开夏文化和夏王朝的神秘面纱"⑩。和同时期的地中海世界相比，相对封闭的东亚，不仅为人类起源提供了理想的地理环境，也为中国文明的生成提供了得天独厚的条件。换而言之，中国人是土生土长的，中国文明也是土生土长的，"中国文明是世界上少有的原生性文明"⑪。"原生性"一词，极其精准地表彰了中华先祖的文化创造力，这是中华文明的一大特质。

　　卜编《中国通史》突出了中国文明演变的主线，回顾了世界上唯一绵延不断的中国文明的历史进程。在远古时代，中国境内的人类从起源到壮大，后来创造了"以大米小米为农业特色的东方文明"⑫，这个文明分布着五大文化区⑬，每个文化区在交融和碰撞中升华⑭，最终出现中原文化区在

---

　　① 赵春青、邵蓓撰稿：《从中华先祖到春秋战国》，卜宪群总撰稿、中国社会科学院历史研究所撰稿：《中国通史》，华夏出版社、安徽教育出版社 2016 年版，第 2—10、14—15、20 页。

　　② 《从中华先祖到春秋战国》，第 12—13 页。

　　③ 同上书，第 60 页。

　　④ 同上书，第 64 页。

　　⑤ 同上书，第 65—69 页。

　　⑥ 同上书，第 69—72 页。

　　⑦ 同上书，第 72 页。

　　⑧ 同上书，第 57 页。

　　⑨ 同上书，第 104—117 页。

　　⑩ 同上书，第 118 页。

　　⑪ 同上书，第 42 页。

　　⑫ 同上书，第 45 页。

　　⑬ 同上书，第 45—50 页。

　　⑭ 同上书，第 55 页。

龙山时代"重新彰显天下中心的优势"。随后，中国历史进入夏代。夏启继位，标志着"由'公天下'变为'家天下'的历史性转变"①，此后中国的历史，"就以中原地区为核心展开了"②。商汤革命，有册有典，青铜文明蔚为大观，青铜礼器承接遗绪，"礼"文化贯穿中国文明的方方面面。周武克商，殷鉴不远，周公发出"敬天保民"的呼声，他还"创造性地发明了周礼"③，"使整个社会从巫术走向礼治"④，中国文明由宗教转向了人文。跨过春秋战国时代，中国文明就更加成熟了。汉武帝接受董仲舒的建议，实行"罢黜百家、独尊儒术"的文教政策，西汉经学取得独尊地位。⑤嵇康在刑场"顾视日影，索琴弹指"⑥，彰显中国士人对"独立之精神、自由之思想"的追求。武则天不仅借助佛教的资源，还借重道教的影响力，"有一批道士在积极地为武周政权作舆论宣传"，道士马元贞更是担负起"奉敕往五岳四渎投龙作功德，继续进行舆论宣传的重任"⑦。可见，隋唐儒学、佛教和道教，共同扩展了中国文明的广度。"华夏民族之文化，历数千载之演进，造极于赵宋之世"⑧，司马光、王安石、苏轼、朱熹等人一道开拓了中国文明的深度，中国文明走向内敛精巧。王阳明的思想，"既是对前人思想的继承或反响，同时也是社会现实的反映"⑨，例如，他对治理腐败开出良方："强调政学无二，把个人身心修养与政治作为画等号，强调要以'诚'来对治官场'虚'的陋习，强调要加强对官吏的监管和预防，并通过奖励廉洁官员来提倡廉洁之风。"⑩ 清王朝践行"以经学为治法"的理念，⑪"礼乐百年而后兴"，康、雍、乾三世两开"博学鸿儒

---

① 《从中华先祖到春秋战国》，第 102 页。

② 同上书，第 73 页。

③ 同上书，第 190 页。

④ 同上书，第 191 页。

⑤ 杨振红、孙晓、赵凯、梁满仓撰稿：《秦汉魏晋南北朝》，卜宪群总撰稿、中国社会科学院历史研究所撰稿：《中国通史》，华夏出版社、安徽教育出版社 2016 年版，第 166 页。

⑥ 房玄龄等：《晋书》，中华书局 1974 年版。

⑦ 雷闻：《道教徒马元贞与武周革命》，《中国史研究》2004 年第 1 期，第 80 页。

⑧ 陈寅恪：《邓广铭宋史职官志考证序》，《陈寅恪集·金明馆丛稿二编》，生活·读书·新知三联书店 2015 年第 3 版，第 277 页。

⑨ 陈时龙：《王阳明的廉政思想》，《第十五届明史国际学术研讨会暨第五届戚继光国际学术研讨会论文集》，第 62 页。

⑩ 同上书，第 67 页。

⑪ 陈时龙、鱼宏亮、林存阳、卜宪群撰稿：《明清》，卜宪群总撰稿、中国社会科学院历史研究所撰稿：《中国通史》，华夏出版社、安徽教育出版社 2016 年版，第 315 页。

科",一开"经学特科"。① 在政府感召下,清代学者坚持"通经明道"的学术宗旨、"道在六经"的理论预设和"究明大道"的学术实践,终成一代学术。②

卜编《中国通史》吸取了马克思主义史学家的研究成果,突破了古代正统观的束缚,展示了中华文明的多元性。中华先祖共同创造了"多元一体有核心的中国文明"③,此观点借鉴了费孝通"中华民族多元一体格局"④ 的提法。卜编《中国通史》继承了以文化分界群体的传统,创造性地进行了话语转换。"西辽建国"⑤ 这一偶然性历史事件就很好地诠释了中华各族人民共同缔造中国文明的过程。耶律大石在东征失败后,仰天而叹:"黄天弗顺,数也"。⑥ 即使远在异乡,创下了偌大的基业,耶律大石也未敢忘忧国。可以说,在耶律大石身上集中体现了中华民族的伟大精神。但卜编《中国通史》把耶律大石和西辽纳入中国文明视域,把他和阿保机、完颜阿骨打、成吉思汗、忽必烈放在一起,详细记叙了耶律大石建国前后的经历和心态。这样的处理方式,实事求是地表述中华民族在形成过程中所出现的交流、碰撞、融合的情形。联想到《讲谈社·中国的历史》的作者之一杉山正明的记载:"耶律大石即位。第二次契丹帝国出现"⑦,此条在氏著的《历史年表》"日本、欧亚大陆世界"栏目的下面。杉山正明试图表明类似耶律大石一样的历史人物,不属于中国。显然,如此做法是不可取的。虽然有许多中华先祖的活动区域超越了当今中国版图,但他们有着没有更改的中国文明的血脉和基因,就应当被视为中华民族大家庭的一员,应当名留中国青史。

---

① 《明清》,第 322 页。

② 孔定芳、林存阳:《清代学人的价值取向与乾嘉考据学的形成》,《哲学研究》2017 年第 6 期,第 65 页。

③ 《从中华先祖到春秋战国》,第 17 页。

④ 费孝通主编:《中华民族的多元一体格局》(修订本),中央民族大学出版社 1999 年版,第 3 页。

⑤ 张国旺、刘晓撰稿:《辽西夏金元》,卜宪群总撰稿、中国社会科学院历史研究所撰稿:《中国通史》,华夏出版社、安徽教育出版社 2016 年版,第 21—42 页。

⑥ 《辽西夏金元》,第 34 页。

⑦ [日]杉山正明:《疾驰的草原征服者:辽西夏金元》,乌兰、乌日娜译,广西师范大学出版社 2014 年版。

二　转换视角以彰显新时代气象

在新时代，我们要讲好中国故事，也要讲中国好故事。现代史学摒弃记录王侯将相的单一套路，提倡"眼光向下""自下而上"地记叙历史。具体到中国通史编纂领域，就要有当代包容四海的心胸，客观地对待历史人物或事件，多挖掘一些普通百姓的日常生活图景。换而言之，新时代就需要用一种新的眼光审视中国历史。卜编《中国通史》在一些人物和事件上采取了不同以往经典通史著作的视角。下面以孔子、"王莽改制"和唐宋的都市生活为例，作一说明。

卜编《中国通史》笔下的孔子是鲜活的。自汉高祖刘邦以"太牢"祭祀孔子之后，[①] 孔子就香火不断，名声也日益抬高，成为"至圣先师""万世师表"。但自"五四"以来，孔子名声扫地，"打倒孔家店"长期成为主流声音。但孔子是古代中国最具影响力的标志性人物之一，"孔子者，中国文化之中心也。无孔子则无中国文化"[②]。离开孔子，就无法理解中国文化。因此，我们需要重新审视孔子，既不是简单地否定孔子，也不能盲目崇拜孔子。卜编《中国通史》突破过去加诸于孔子的政治色彩，凸显当下孔子的文化意义，原原本本地讲述了孔子的少年成长经历、政治和教育活动。除了展示孔子"直道而行，不畏其身，知其不可为而为之的勇气"[③]，还展现春秋礼崩乐坏的历史大势和文化思潮、变革时期士人的政治生态和处世心态。卜编《中国通史》的叙事写法，既继承传统史学的优良传统，又吻合了当下"叙事史学"的复兴趋势，正如书中写道："我们面前的这尊泥像，很亲近，很熟悉，如同家人，我们如同在与他进行一场文化的对话……"[④]

卜编《中国通史》笔下的"王莽改制"事件是有深度的。卜编《中国通史》一改旧来寙臼，既没有把王莽当作一位"社会改革家"而给予同情，也没有把王莽当成"西汉腐朽统治的替罪羊"而全盘否定，而是着眼于中国古代历代治乱兴衰的经验和教训，分析王莽为了实现"超现实利益

---

① 《秦汉魏晋南北朝》，第 146 页。
② 柳诒徵：《中国文化史》，上海古籍出版社 2001 年版，第 263 页。
③ 《从中华先祖到春秋战国》，第 253 页。
④ 《秦汉魏晋南北朝》，第 167 页。

的更大的政治抱负"① 却招致失败的原因。在平静的王朝更替中，除了讲述王莽能够执政的个人因素外，卜编《中国通史》还注意到以往诸多通史著作忽略的两个因素——人口自然增长和自然环境变化②——在西汉灭亡中所起的作用。从上述两个因素来理解王莽改制，对这次"理想主义改制的失败"③ 有了更加冷静理智的分析。卜编《中国通史》不仅叙述了王莽改制的内容，还从王莽性格所具有的三个方面的缺陷——"习惯把理想当做现实"，"做事优柔寡断，犹豫不决"，"过于相信自己、而疑心过重"④ 和改革本身所存在的三个问题——"改革的目的和手段相互抵牾，难以统一"，"改革过急过速""朝令夕改"，"多次发动与周边民族的战争""激化了国内矛盾"⑤ 剖析了王莽改制失败的原因。

　　卜编《中国通史》笔下的唐宋都市生活是丰富多彩的。唐朝时期，一个系统规划的由宫城、皇城、京城三部分组成的全新的都城——长安城，⑥是当时世界上最繁华的国际化大都市。官员、军人、士人、商贾、僧人、道士，等等，来自五湖四海的形形色色的人们聚集在长安城，长安城成为世界上第一个人口超过百万的城市。⑦ 在每年"春闱"后，得意的士子往往会参加"曲江大会"，会后就在"雁塔题名"⑧，这是长安城一道独有的文化风景线。平日里，人们可以感受到无处不在的异域情调，"那些满载货物的骆驼的胡商、在广场上表演幻术杂技的艺人"，"那些托钵独行的虬髯胡僧、宴席上技惊四座的琵琶高手"⑨。唐代长安城开始了从"象天法地"政治之都向世俗生活之都的转变⑩，到宋代东京时，"城市格局和内部管理已完成由坊市制到厢坊制的转变，具备了近代开放性城市的基本特征"⑪。这些特征主要体现在以下五个方面：主要街道成为繁华商业街；住

---

① 《秦汉魏晋南北朝》，第 197 页。
② 同上书，第 198 页。
③ 同上书，第 209 页。
④ 同上书，第 210—211 页。
⑤ 雷闻、江小涛撰稿：《隋唐五代两宋》，卜宪群总撰稿、中国社会科学院历史研究所撰稿：《中国通史》，华夏出版社、安徽教育出版社 2016 年版。
⑥ 同上书，第 162、164 页。
⑦ 同上书，第 171 页。
⑧ 同上书，第 173 页。
⑨ 同上书，第 177 页。
⑩ 同上书，第 178 页。
⑪ 同上书，第 486 页。

宅与商店分段布置；街道、住宅与商店混杂；集中的市与商业街并存；一些街区夜市活跃。① 可以说，如此的都市场景，已经事无巨细地都囊括在《清明上河图》画卷之中了。宋代人可以到"既是娱乐中心，又是商业中心"的瓦舍、勾栏等娱乐场所听说书、小唱、杂剧，看皮影、舞蹈、杂技，等等，② 可以使用纸币"交子"购物消费，③ 可以烧煤炭、"石炭""矿炭"来取暖烹饪。④ 旅华的外国人在吃、穿、住、学等方面更是享有和宋代人同样的待遇，他们可以在"蕃市"进行贸易，可以居住在"蕃坊"，子女可以在专门的"蕃学"里就读。⑤

三　利用现代媒体以推进史学大众化

当今，知识的传播已经从纸质时代发展到了纸媒、电子媒体相结合的多媒体时代，因此，人们获取知识变得越来越便利，也导致人们接受知识的方式也发生了转变，由以前被动的师徒教学模式转向更加主动的自主学习模式。这些变化，也意味着任何一门学科知识走向大众的方式发生了改变。就中国通史而言，因为其学科的综合性、整体性的特征，在面向专业人士、普通读者时，需要借助现代媒体对整个中国历史进行认真严谨又通俗易懂的解说和概述。卜编《中国通史》就极其重视使用、引导和回应现代媒体。

卜编《中国通史》借助现代媒体的方式来提高影响力。百集纪录片《中国通史》是"由电影频道节目中心出品、中国社会科学院监制、中国社会科学院历史研究所组织撰稿"⑥ 共同参与创作，"堪称一部影像版的中国历史全书"⑦。纪录片在 2013 年时曾挑选出魏晋南北朝到隋唐时期的 7 集先行播出，2016 年，才和卜编《中国通史》同期正式面世。而卜编

---

① 《隋唐五代两宋》，第 486 页。

② 同上书，第 487、488 页。

③ 同上书，第 502—508 页。

④ 同上书，第 496 页。

⑤ 同上书，第 491 页。

⑥ 童刚：《历史为鉴　光影为媒》，卜宪群总撰稿、中国社会科学院历史研究所撰稿：《中国通史》，华夏出版社、安徽教育出版社 2016 年版，第 11 页。

⑦ 贾琪：《影像版的中国历史全书》，卜宪群总撰稿、中国社会科学院历史研究所撰稿：《中国通史》，华夏出版社、安徽教育出版社 2016 年版，第 21 页。

《中国通史》就是以这部纪录片《中国通史》解说词为基础再创作的全新成果，全书所讲述的一百个专题和纪录片是一模一样的，可以说，两者从语言风格到插画图片到主题内容都是相近的。卜编《中国通史》也充分吸收了纪录片的一些元素，例如，仿照纪录片开场白的形式，在每章开头处增加一段概括全章内容或回顾上文引出下文的文字；又如，卜编《中国通史》将纪录片中专家所说的观点，原文录入到相应章节。因此，纪录片提高了卜编《中国通史》的知名度和普及程度，它不仅在电视台播映，还被各大视频网站争相转播。同时，纪录片还有效地弥补纸书自身存在的其他一些短板。纪录片具有纸书不可复制的动态效果，可以全方位地展示某件器物，也可以模拟推演某事件发生、发展的进程。此外，纪录片中有百余名历史学家参与其中，原声出镜，或点评或解说或议论，拉近了专家学者和普通观众之间的距离，减少了历史学的神秘色彩，也易于普及历史知识。

　　卜编《中国通史》发挥学术著作的社会舆论引导力。我们需要中国通史对时下的热点话题有所回应，甚至引领；我们需要的是一部人人都会翻阅的中国通史，而不是一部供人翻检资料的"大部头"。卜编《中国通史》在一些国家政策、民生大事上发声。例如，有关"丝绸之路"的话题。卜编《中国通史》分别在第二册《丝绸之路》和第四册《海上丝绸之路》集中地讲述了"丝绸之路"缘起、发展、变化的过程。《丝绸之路》主要叙述汉代"丝绸之路"的情形，其中又以沙漠丝绸之路为主。"西王母"的传说和殷墟出土的"昆山玉"，① 说明中国对西域的想象和往来。汉代"丝绸之路"必须提到"汉代经营西域的双子星"，"张骞成功凿通西域，班超奋力维护丝路"②。同时，"汉代是中西方文明交流的第一个高峰期"③，除了中国的张骞、班超，外国人也纷纷来到中国，其中以"大秦使团访华"最为瞩目，与以往来华的路线也不一样，他们"走的路线是海上丝绸之路"④。《海上丝绸之路》的内容更为丰富，主要描绘宋代以后"海上丝绸之路"的繁荣景象。"海上丝绸之路"之所以兴盛，是因为科学技术的进步和地缘政治的改变。中国人"掌握了季风规律与利用日

---

① 《秦汉魏晋南北朝》，第 238 页。
② 同上书，第 252 页。
③ 同上书，第 254 页。
④ 同上。

月星宿定位的导航技术"① 和指南针在航海中的广泛使用,"使远洋航行成为可能"②,另外,"元朝与西北察合台、窝阔台系后王交恶"③,导致了陆上丝绸之路的中断。"海上丝绸之路"呈现一派繁荣之景象:以宋元时代"中国乃至东亚海外贸易的第一大港口城市"泉州为代表的港口城市,④ 以出口瓷器与进口香料为代表的海外贸易商品种类,⑤ 以蒲氏家族为代表的侨居中国的外国人,⑥ 以亦黑迷失和澉浦杨氏为代表的航海家群体,⑦ 以《真腊风土记》《岛夷志略》为代表的纪实游记著作⑧和以《混一疆理历代国都之图》为代表的文化交流成果。⑨

　　卜编《中国通史》对现代媒体上所出现的一些错误观点予以驳斥或纠正。我们需要有客观、公正、符合科学性原则的知识,但是,一些学者或媒体为了吸引观众眼球,故作惊人之语。例如,对诸葛亮的评价,竟认为"诸葛亮是伪君子"⑩。卜编《中国通史》专辟一个章节,讲述诸葛亮公忠体国、呕心沥血的治国之路。在"危急存亡之秋",诸葛亮接手蜀国,东盟孙武,南抚夷越,经营巴蜀,北伐中原,⑪每件事都大不易,但诸葛亮一肩挑起重担,依法治国,执法做到严、明、平、信,⑫为实现统一大业而奔波一生,做到鞠躬尽瘁,死而后已,楼劲说"诸葛亮是为理想而死、为信念而死、为承诺而死"⑬。不承想,千年后竟会招致后人辱骂。卜编《中国通史》为诸葛亮正名:"三国时代著名的政治家、军事家,中国历史上最杰出的知识分子和贤臣诸葛亮,"⑭成为了一位可以超越时空的存在,"已经变成一个文化符号,成为中华民族优秀传统文化的组成部分和全民

---

① 《辽西夏金元》,第 194 页。
② 同上。
③ 同上书,第 195 页。
④ 同上书,第 195—197 页。
⑤ 同上书,第 198、199 页。
⑥ 同上书,第 199、200 页。
⑦ 同上书,第 200—203 页。
⑧ 同上书,第 204 页。
⑨ 同上书,第 206、207 页。
⑩ 梅朝荣:《中国最虚伪的男人:梅朝荣品诸葛亮》,武汉大学出版社 2007 年版。
⑪ 《秦汉魏晋南北朝》,第 315—331 页。
⑫ 梁满仓:《诸葛亮执法的四个特点》,《临沂大学学报》2016 年第 1 期。
⑬ 《秦汉魏晋南北朝》,第 333 页。
⑭ 同上书,第 332 页。

族共同的精神财富，深深地影响着今天乃至明天的中国社会"①。例如，对秦桧的重新评价，认为"秦桧背了千年黑锅"②。对此，卜编《中国通史》专门回答了"谁是害死岳飞的真凶？""这本来不成为一个问题"③ 的问题，答案很简单："杀岳飞者，秦桧和宋高宗是也。"④ 宋高宗利用秦桧来巩固皇权，秦桧也在利用宋高宗来巩固自己权势，二人之间"互相利用、狼狈为奸的关系"昭然若揭，认为秦桧在替宋高宗背黑锅的说法是站不住脚的。卜编《中国通史》引用朱熹论定秦桧罪行的评语："上通于天，万死而不足以赎买，"⑤ 诚为不刊之论。

同时，我们也发现卜编《中国通史》存在一些值得思考的问题，例如，该书存在集体编纂著作所具有的一些通病。众所周知，术业有专攻，集体编纂可以发挥专人专长的优势。卜编《中国通史》也集合了一批中、青年学者进行共同创作，实现了著作既有广度又有深度。但是也带上了集体编纂的一些弊端，例如，在集体创作中难免会有个性张扬，致使全书在某些地方文风不一致，甚至出现知识性失误。例如，《三国鼎立》说："大约在汉献帝兴平二年（195），随叔叔从山东老家出来避难的诸葛亮，历经辗转周折后，在距荆州襄阳城西二十多里的一个叫隆中的山村定居下来。"⑥ 写此段文字的作者，无视诸葛亮的自白："臣本布衣，躬耕于南阳"，用后世晚出之材料曲解诸葛亮原意。因此，在集体著书过程中，个人不可不慎重，应当摒弃外界的纷扰，依据第一手材料实事求是地书写历史，绝不能颠倒黑白，混淆是非。此外，集体著述往往会在体例上出现一些疏漏，例如，和同类书籍相比，缺少一份历史（大事）年表。如何从纷繁的历史堆积中抉择出影响历史走向的人物或事件，这就需要编著者心中有一个标准。因此，编写历史年表极能考验编著者的史识。

郭沫若曾说："中国的历史实在太长，史料也实在太浩瀚，以一个人的有限的生命，要想把全部都弄精通，恐怕是不太可能的事吧。"⑦ 基于中

---

① 《秦汉魏晋南北朝》，第 334 页。
② 袁腾飞：《袁腾飞讲两宋风云》，民主与建设出版社 2015 年版。
③ 《隋唐五代两宋》，第 455 页。
④ 同上书，第 456 页。
⑤ 同上。
⑥ 《秦汉魏晋南北朝》，第 302 页。
⑦ 郭沫若：《历史人物·序》，《郭沫若全集·历史编》（第四卷），人民出版社 1982 年版，第 3 页。

国历史的这个基本特点，决定了编纂中国通史还要面临其他的困难，如编纂原则、指导思想、学术观点、问题意识、文风笔法，等等。因此，张荫麟也不禁感叹："写中国通史永远是一种极大的冒险。"① 总之，卜编《中国通史》虽然不是尽善尽美，留有一些遗憾，但仍不失为一部新时代一流的中国通史著作！

---

① 张荫麟：《中国史纲·自序》，上海古籍出版社 2004 年版，第 7 页。

中国马克思主义史学理论与史学史前沿报告

（2016年7月—2017年6月）

高希中*

对中国马克思主义史学而言，本年度可谓带有"总结性"的一年，不论是中国通史的撰写，还是对马克思主义史学理论、史学史、史学家的研究，都非常明显地体现出"总结"的特征。就中国通史而言，中国社会科学院历史所主编的五卷本《中国通史》自2016年5月出版以来，广受社会赞誉，继而在2017年8月推出"大字本"。就马克思主义史学理论而言，集中体现于《史学理论研究》杂志创刊30年纪念上；对中国史学史研究而言，主要体现于瞿林东先生十卷本《瞿林东文集》、谢保成先生四册三卷本《增订中国史学史》、周一平两卷本《20世纪后半期中国史学史》的出版。对马克思主义史学家研究，主要体现于对《史学理论》杂志对郭沫若先生、《中国史研究动态》对侯外庐先生和尹达先生的专题笔谈。

一 马克思主义史学的整体考量及推进

本年度，不论是对马克思主义史学通史，还是马克思主义史学理论与史学史的研究，都有所推进和总结。"总结性"可谓本年度马克思主义史学的突出特点。

（一）马克思主义历史学何以冷清沉寂。这个问题集中体现在林甘泉

---

* 高希中，中国社会科学院历史研究所。

先生在接受访谈时的谈话，他对中国马克思主义史学近几十年何以冷清沉寂、社会经济形态、资本主义萌芽、孔子评价、"新儒家""碎片化"、历史主义与阶级分析的关系等问题谈了自己的高见。对马克思主义历史学比较沉寂的深层原因，林先生认为这实际上是学界对马克思主义史学的疏远所致。①

（二）史学大众化的成功探索——《中国通史》（大字本）出版。中国社科院历史所编撰的五卷本《中国通史》自 2016 年 5 月由华夏出版社出版以来，广受社会各界赞誉；继而在 2017 年 9 月推出"大字本"。② 陈其泰先生撰文认为："这部新通史适时地为近年来不断升温的'读史热'贡献了一部佳作，堪称史学大众化的成功探索。"同时，陈先生进一步从全景展现历史画卷、轻松的叙事风格、新的历史知识三个方面对这部《中国通史》做了详细评述。③

（三）马克思主义史学理论近三十余年的总结。2017 年是《史学理论研究》杂志创刊 30 周年，该刊于本年第 2 期组织专题文章予以纪念。这些文章既是对该刊的纪念与展望，在某种程度上也是对马克思主义史学理论的整体考量与冀望。

陈启能先生在《不忘初心、不忘读者——纪念〈史学理论研究〉杂志创刊三十周年》一文中，从"不忘初心，不忘读者"两个方面回顾了《史学理论研究》适应国内外史学研究的新形势而创刊的过程及办刊旨趣；同时阐述了创刊初期学界对历史唯物主义和史学理论的区分和史学理论和历史理论区分。④ 张广智先生《我与〈史学理论研究〉的三十年》一文，则以第二人称"你"的口吻情感洋溢地从激发号召力、增强凝聚力、发挥影响力三个方面赞誉《史学理论研究》杂志创刊 30 年的历程。

庞卓恒先生在《坚持科学标准深化史学评论振兴历史科学——30 年的回顾、祝福和期盼》中指出，《史学理论研究》的 30 年历程有两点印象很深：其一，在理论思潮中凡是涉及重大根本性是非问题上，总能旗帜鲜明

---

① 邹兆辰：《让史学研究热络起来——访林甘泉研究员》《中国史研究动态》2016 年第 5 期。
② 卜宪群总编撰：《中国通史》（全 5 册），华夏出版社 2016 年版；《中国通史》（大字本全 5 册），华夏出版社 2017 年版。
③ 陈其泰：《史学还需大众读——评五卷本〈中国通史〉》，《光明日报》2016 年 10 月 11 日，第 10 版。
④ 陈启能：《不忘初心、不忘读者——纪念〈史学理论研究〉杂志创刊三十周年》，《史学理论研究》2017 年第 2 期。

维护唯物史观的主导地位。其二，越来越重视对多样的史学理论和方法的探讨，日益呈现繁花似锦的喜人态势。①

于沛先生在《〈史学理论研究〉三十年：构建马克思主义史学理论新形态的三十年》一文中指出，《史学理论研究》30 年发展轨迹的一条主线，是从理论与实践的结合上构建马克思主义史学理论新形态。中国马克思主义史学理论新形态的主要内容，是马克思主义唯物史观、中国传统史学和马克思主义史学的理论成就、外国史学理论方法论中的有益内容等。②

另外，其他学者在其他刊物发表大作对马克思主义史学理论多有总结性阐发。李红岩在《从社会性质出发：历史研究的根本方法》一文中指出，真正科学地"在中国发现历史"的，是中国的马克思主义史学家。他们之所以能够"在中国发现历史"，恰恰在于他们运用了从社会性质出发的方法。这样的研究方法，不是历史决定论，而是历史根据论。③ 邹兆辰在《关于建构中国特色马克思主义史学的思考》一文中认为，建构中国特色马克思主义史学，首先，必须坚持马克思主义理论的指导，建立马克思主义的史学话语体系，深刻总结中国史学的优秀遗产，形成中国史学特有的风格、特点。其次，必须把世界历史作为自己的研究范围，建立自己的世界史研究体系。再次，必须贯彻"百家争鸣"方针，鼓励不同学派争鸣，同时要应对来自各方面的挑战，在应对挑战中发展、完善马克思主义史学。④

（四）关于马克思主义史学理论的重要会议。2016 年 9 月 9 日与 2017 年 9 月 13—14 日，中国社科院第二届与第三届唯物史观与马克思主义史学理论论坛在北京举行。⑤ 参会学者围绕唯物史观与 20 世纪中国史学理论与方法、马克思主义社会形态理论、历史虚无主义批判等问题展开深入研讨。

---

①　庞卓恒：《坚持科学标准深化史学评论振兴历史科学——30 年的回顾、祝福和期盼》，《史学理论研究》2017 年第 2 期。

②　于沛：《〈史学理论研究〉三十年：构建马克思主义史学理论新形态的三十年》，《史学理论研究》2017 年第 2 期。

③　李红岩：《从社会性质出发：历史研究的根本方法》，《中国史研究》2017 年第 3 期。

④　邹兆辰：《关于建构中国特色马克思主义史学的思考》，《当代中国史研究》2016 年第 6 期。

⑤　宗敏、张君荣：《建设无愧于时代的中国特色历史学——中国社科院第二届唯物史观与马克思主义史学理论论坛举行》，《中国社会科学报》2016 年 9 月 14 日，第 001 版。

二　马克思主义史学史的推进

本年度，不论对中国史学史的整体性研究，还是阶段性或专门问题研究，都有所推进，特别是有三部系统性、整体性大作问世。

（一）中国史学史三部贯通、整体性大作。

1. 《瞿林东文集》2017 年 9 月由北京师范大学出版社出版。本文集是瞿林东先生关于中国史学理论及史学史研究领域代表性论著的集结，内容既涵盖史学理论、史学批评、史学功用、史学史纲、史学史志等基础性理论著作，也包括魏晋南北朝隋唐史学、20 世纪中国史学、中国史学重要人物与 20 世纪中国史学关系等专题性著述，全面反映了瞿先生四十余年的治学历程、研究路径，对于了解瞿先生学术观点、治学路径及中国史学的发展脉络、理论内容具有重要的学术价值。

2. 谢保成先生《增订中国史学史》（全四册）2016 年 10 月由商务印书馆出版。全书以中国史学自身的发展为基本线索，自"史"的产生起，采取按时间跨度和史书系列相结合的框架，叙史家、史书、史法、史法演进、修史制度等基本内容，分析发展演变趋势，贯通前后，直至 20 世纪中期。全书体大思精，包含了作者数十年研究中国史学史的成果结晶，为中国史学史教学、研究领域的一部重要大作。① 张越结合其他中国史学史通史类著作对谢先生的这部大作做了精到评述。②

3. 周一平《20 世纪后半期中国史学史》（上下册）2017 年 7 月由上海书店出版社出版。本书对 20 世纪后半期中国的史著、史家、史学流派、史学思潮、史学机构、史学团体、史学界的论争以及史学理论、历史理论、史学方法论等进行了全面而系统的梳理和总结。③

以上三部大作既是三位先生学术研究的大作，也是对中国史学史的总结性大作，在某种程度上整体反映本年度的学术成就。

（二）中国史学史专题研究。本年度，在马克思主义史学史研究方面，既有贯通性研究，也有时段性研究。

---

① 谢保成：《增订中国史学史》（全三册），商务印书馆 2016 年版。
② 张越：《评谢保成著〈增订中国史学史〉》，《中国史研究动态》2017 年第 3 期。
③ 周一平：《20 世纪后半期中国史学史》（上下册），上海书店出版社 2017 年版。

　　陈其泰先生在《关于 20 世纪中国史学发展道路的对话》一文中指出，今天对 20 世纪中国史学发展道路认真地反思、总结，具有重要的学术价值和现实意义。首先，应当树立动态发展的眼光，从宏观上做出"新史学流派"的新概括，研究它如何由"思潮"发展到"流派"，研究这一群体所取得的重大成就，这一群体学者的共性和各自的学术个性；并进而形成 20 世纪史学"三大干流"（新史学流派、新历史考证学派、马克思主义史学流派）平行发展和相互影响的总体研究思路，取代以往"两大干流"的认识。其次，应进一步探究新历史考证学如何继承了乾嘉考证学的优良传统，同时又因获得进化史观等新的理论指导而成为一门近代学术；至 1949 年以后，又因为接受唯物史观的指导，而推进到新的境界。再次，对于马克思主义史学，应如实地总结它取得的巨大成就，同时深刻反思其经历过的曲折；要开掘出"传统思想的精华如何通向唯物史观"一类的新课题；对于中华人民共和国成立后"十七年"史学，应抓住"两种对立的学风"这一关键做观察、分析，既认真总结教条主义一度盛行的深刻教训，又恰如其分地总结正直学者发扬优良学风而取得的巨大成绩。①

　　赵国华在《中国马克思主义史学论析》一文中，从中国马克思主义史学学科、发展阶段、主要特征等方面梳理并分析了中国马克思主义史学发展史。该文认为，马克思主义史学从孕育、形成到发展、转型，深刻地影响着中国史学的进程。研究中国马克思主义史学发展史，对于深入地探讨 20 世纪的中国史学，深切地认识和理解中国马克思主义或马克思主义中国化，都具有重要的学术意义。②

　　谢辉元在《抗战时期桂林地区马克思主义史学家群体》一文中，对抗战时期聚集于广西桂林的如杨荣国、邓初民等马克思主义史学家群体进行了全面的梳理，认为他们兼通文史和社会科学，并以历史唯物主义理论为指导写出了许多富有特色的马克思主义史学作品。同时，他们还以相应的组织机构为依托，以庞大的出版网络为手段，大力传播和发展马克思主义史学，从而为桂林以至全国文化抗战事业做出了贡献。③

　　储著武在《"厚今薄古"：1958 年历史学大跃进》一文中对 1958 年全

---

　　①　陈其泰、屈宁：《关于 20 世纪中国史学发展道路的对话》，《北京行政学院学报》2016 年第 4 期。

　　②　赵国华：《中国马克思主义史学论析》，《史学理论研究》2017 年第 3 期。

　　③　谢辉元：《抗战时期桂林地区马克思主义史学家群体》，《广西社会科学》2016 年第 9 期。

国的"历史学大跃进"主要情况做了系统梳理。该文指出，不同身份的群体参与历史学大跃进，发挥着各自不同的作用。历史学大跃进的表现主要有："厚今薄古"成为历史学研究与教学的方针，历史学研究与教学重点转向近代现代史，制定跃进规划大搞历史科学研究，开展社会历史调查并倡导工农群众的历史书写，史学研究机构和学会掀起建设高潮。历史学大跃进过于强调史学为政治服务，过于夸大资产阶级史学的影响，看似高举马克思主义旗帜实则没有带来马克思主义史学的发展。①

尤学工《重塑科学性："文化大革命"后中国马克思主义史学的转向》一文则对"文革"之后马克思主义史学的科学性问题做了梳理和阐述。②

在历史人物评价方面，金冲及先生在访谈中提出撰写领袖人物传记应把握的三个原则：第一，力求真实。真实是历史著作的生命。第二，对人物的评价力求具有高度的科学性。只有坚持高度的科学性，人物传记才能有生命力。第三，对传主存在的一些弱点和失误，要有分析，特别是要从当时的历史条件加以说明，解释产生这种错误的原因，使人理解，而不能简单地回避问题或苛求于前人。③

三　史学研究回归"中国本土"呼声日高

随着党的十八大之后学术研究向"中国本土"回归速度的加快，史学研究注重"中国本土"和构建"中国话语"越来越受到史学界的重视。

瞿林东先生在《理论研究与学科体系》中提出中国史学史的学科体系建设如何体现继承性、民族性的问题。他指出，中国史学发展中有着较大影响的史学理论问题及著作，这表明当代中国史学实现创造性转化、创新性发展，是有着丰富的历史资源的；同时，这也表明在学科体系的构建中，继承性与民族性是密切联系的，脱离了继承性，也就失去了民族性，更谈不上具有中国底蕴、中国特色、中国风格的历史学话语体系。因而，理论研究的着力点是要把理论和实际结合起来，这就是在唯物史观基本原

---

① 储著武：《"厚今薄古"：1958 年历史学大跃进》，《安徽史学》2017 年第 1 期。

② 尤学工：《重塑科学性："文化大革命"后中国马克思主义史学的转向》，《史学理论研究》2017 年第 3 期。

③ 霄今：《金冲及：历史人物的研究与评价必须实事求是》，《近代史研究》2016 年第 5 期。

理的指导下，发掘、梳理中国史学的理论遗产，取其精华、去其糟粕，赋予新的内涵和现代表述，使其获得新的生命力，成为构建当今中国历史学学科体系的重要内容。这种构建的过程，从宏观上看，要逐步形成符合历史特点和历史进程之清晰的脉络和整体性框架；从微观上看，要对一些史学术语、概念、范畴作细致的分析和谨慎的抉择。瞿先生认为，在宏观与微观结合的基础上，或许可以摸索出体现继承性、民族性的学科体系建设之路。①

瞿林东先生在《"事无纤巨，善恶足为鉴诫"——宋人史料笔记的惩劝作用》一文中，指出："经世致用，惩恶劝善，是中国古代史学的优良传统。宋人史料笔记的作者在这方面多有强烈的意识和鲜明的态度，使之成为史料笔记一个重要的撰述旨趣。"② 之后，瞿先生进一步全面论述了宋人史料笔记撰述的旨趣，认为宋人史料笔记一方面继承了唐人史料笔记的传统，同时受时代的影响而显示出自身的特色，这反映在撰述旨趣方面主要表现为：其一，以古训的名义而记述新的"前言往行"；其二，学术史思想的萌生和发展；其三，重视笔记撰述的"事无纤巨，善恶足为鉴诫"的惩劝作用；其四，补史官所阙的历史意识。③

于沛先生撰文指出，文化的传承性与历史的传承性一样，不可割裂，史学从来就被称为"文化中的文化"，其学术发展史，自然也无法割裂。中国传统史学，是中华光辉灿烂文化宝库中的一颗璀璨的明珠，其中完备的修史制度，求真求实、经世致用等进步的史学思想，展示了中国传统史学的优良传统。这些对构建中国的马克思主义史学理论新形态具有重要的借鉴意义。④

就 20 世纪初年梁启超提倡"史界革命"开始，在中国史学界占主流地位的可以说是西方的概念或话语系统。但中国历史有着和西方完全不同的历史、传统、文化、社会生活和语言符号，但近百年来，我们都是竭力在追逐西方，用西方话语来表述和表达中国。但是西方话语系统"无法准

---

① 瞿林东：《理论研究与学科体系》，《史学理论研究》2017 年第 2 期。
② 瞿林东：《"事无纤巨，善恶足为鉴诫"——宋人史料笔记的惩劝作用》，《北京日报》2017 年 2 月 6 日，第 015 版。
③ 瞿林东：《宋人史料笔记撰述的旨趣》，《天津社会科学》2016 年第 4 期。
④ 于沛：《〈史学理论研究〉三十年：构建马克思主义史学理论新形态的三十年》，《史学理论研究》2017 年第 2 期。

确表述或完整呈现中国经验"①。就具体的史学理论建设而言，在 2017 年度，乔治忠先生提出："当前的史学理论研究，应当打破现代西方史学概念工具的套路，建设具有中国话语指征的史学理论体系，这是历史学界当前的要务。"②

彭卫先生在《我们今天需要怎样的历史学》大作中指出，20 世纪以来，中国社会经历了巨大的变迁，我们的历史研究理念尤其在近 40 年也发生了革命性变化。今天历史研究的基本任务和最高目标集中在三个方面：第一，它要揭示历史上人们的生存状态，这种生存状态不仅是在特定时代的社会形态、制度、伦理和技术的控制下形成的，也受到这个时代人们日常观念和生活准则的深刻影响。历史上人们生存状态的"合理性"亦即其必然的表现，提供了我们对历史的最为广阔的认识。第二，它要显示出历史性的思考。这种历史性思考虽立身在今天，但它的目光却贯穿和连接起不可重复的往昔以及无法想象的未来。第三，在前二者的基础上，历史研究提交历史智慧。历史智慧最重要的方面乃是在于启蒙人的心灵，提高人的判断力和道德感。这种启蒙力、判断力和道德感是我们能够进步的根基，它的存在，不仅使过去的错误、痛苦和灾难不再重现成为可能，也能够帮助我们造福最广大的人群。③ 彭先生在此虽然没有明确提及历史研究回归"中国本土"的问题，但是若要切切实实做到彭先生所提三点，不回归"中国本土"，是决然办不到的。因为，这些都蕴含在众多因素因缘和合的具体的中国历史之中，脱离了具体、实在的中国本土历史实际，犹如缘木求鱼终不可得。

四　马克思主义史家研究

对马克思主义史家的研究，在本年度对郭沫若和侯外庐两位先生的研究引人注目。

---

① 王学典：《把中国"中国化"——人文社会科学的转型之路》，《中华读书报》2016 年 9 月 21 日，第 5 版。
② 乔治忠：《试论史学理论学术体系的建设》，《中国史研究》2017 年第 2 期。
③ 彭卫：《我们今天需要怎样的历史学》，《中国史研究动态》2017 年第 2 期；《走进历史的原野——史学纵论·我们今天需要怎样的历史学（代序言）》，中国社会科学出版社 2017 年版，第 1—3 页。

（一）关于郭沫若先生的研究。《史学理论研究》杂志于 2017 年第 3 期专门组织郭沫若研究专栏，并在"编者按"中指出，郭沫若的《中国古代社会研究》则是运用马克思主义理论具体指导历史研究的开山之作；在中华人民共和国成立后，郭沫若的学术成果和他所承担的学术领导工作，都为马克思主义史学的发展做出了重要贡献。但近年来学术界就郭沫若在 20 世纪中国史学史上的地位与影响出现了一些争议。因此《史学理论研究》特组织了"郭沫若与中国马克思主义史学"专题。①

其中，邹兆辰先生的《郭沫若与中国马克思主义史学的诞生与发展》一文指出，郭沫若不仅对中国马克思主义史学有开创之功，也有促进发展之功。② 何晓明在《郭沫若和中国马克思主义史学的成就与不足》一文结合中国马克思主义史学发展史，认为对郭沫若的研究成果可继承，可超越，可质疑，可批判，但不可被漠视，被遗忘，被歪曲，被糟践。③

李勇在《郭沫若唯物史观接受史》一文中，就郭沫若早年接受唯物史观相关的四个问题提出讨论，即郭沫若是在什么时间节点转变为马克思主义者，如何看待 1924 年 5 月之前他多次发表的激进言论，哪些学理促成郭沫若转向接受唯物史观，何种语言本子是他拟译《资本论》的底本。④

周书灿在《改革开放初期学术界对郭沫若古史分期理论的论辩》一文中指出，改革开放初期，在传统古史分期理论框架下"西周封建论""秦统一封建说""魏晋封建论"等学派对郭沫若"战国封建论"陆续提出新的质疑、商榷与批判；而"战国封建论"学者则在对来自以上各派种种辩难予以回击反驳的同时，也对郭沫若"战国封建论"进行了补充、订正。以上论辩对新时期中国古代社会形态与古史分期的研究起到了一定的拓展与深化作用。⑤

另外，在 2016 年 10 月 15—16 日，由华中师范大学历史文化学院与中国郭沫若研究会联合举办的郭沫若与中国马克思主义史学学术研讨会在武汉华中师范大学召开。诸多专家学者围绕郭沫若史学、郭沫若与中国马克

① 《史学理论研究》2017 年第 3 期。
② 邹兆辰：《郭沫若与中国马克思主义史学的诞生与发展》，《史学理论研究》2017 年第 3 期。
③ 何晓明：《郭沫若和中国马克思主义史学的成就与不足》，《史学理论研究》2017 年第 3 期。
④ 李勇：《郭沫若唯物史观接受史》，《史学理论研究》2017 年第 3 期。
⑤ 周书灿：《改革开放初期学术界对郭沫若古史分期理论的论辩》，《史学理论研究》2017 年第 1 期。

思主义史学、中国马克思主义史学等议题进行了深入的讨论。①

（二）关于侯外庐先生的研究。继 2016 年 1 月长春出版社整理出版了 33 卷本《侯外庐著作与思想研究》，2016 年 6 月 18 日，由西北大学中国思想文化研究所主办的侯外庐学术思想研讨会在西安召开。与会学者围绕侯外庐史学理论建设的特色和价值、中国古代社会史研究、中国逻辑学思想史研究、治学方法等问题展开了热烈而深入的研讨。之后，《中国史研究动态》2016 年第 6 期推出"马克思主义史学家侯外庐的学术与思想"笔谈专栏，并在"编者按"中指出，侯外庐先生以其独特的治学道路，深厚的理论素养和"韧"的学术品格，在中国古代文明起源、古代社会发展路径、古代思想特点、近代社会性质与启蒙思想特色等诸多重大史学理论问题上贡献卓著。在此笔谈中，主要文章及内容如下。

张中良、叶亮在《〈侯外庐著作与思想研究〉编后》一文就《侯外庐著作与思想研究》缘起、立项、编辑、出版等情况作了详细说明，并认为该大作的出版是中国史学界的开拓性工作，填补了一项史学研究的空白，具有较高的学术价值、文献价值、理论价值和现实意义。②

刘文瑞在《略论侯外庐在史学理论方面的两个贡献》一文对侯先生在史学理论方面的贡献加以总结提炼，认为这"来自于他对马克思主义的深入钻研，更来自于他对马列传播中教条主义的挑战"③。

瞿林东《怎样看待历史研究的主体——侯外庐谈史学工作者的自我修养》中，从科学上的诚实态度、自省的精神品质等方面论述了侯外庐先生关于史学工作者的自身修养问题。④ 另外，瞿林东先生《侯外庐在史学理论与学科建设上的贡献》一文论述了侯先生在史学理论和历史学学科建设上的贡献和观点。第一，侯先生强调史学工作者在理论上和品质上的修养极其重要，这些修养包括马克思主义理论指导，科学上的诚实态度和执行自我批判的精神。第二，关于历史研究的原则和方法，应搜集大量的材料，加以具体的分析和整理，经过概括和抽象，去粗取精、去伪存真、由此及彼、由表及里，发现事物内部的规律性，得出科学的结论。第三，侯

---

① 《中国史研究动态》2017 年第 3 期。

② 张中良、叶亮：《〈侯外庐著作与思想研究〉编后》，《中国史研究动态》2016 年第 6 期。

③ 刘文瑞：《略论侯外庐在史学理论方面的两个贡献》，《中国史研究动态》2016 年第 6 期。

④ 瞿林东：《怎样看待历史研究的主体——侯外庐谈史学工作者的自我修养》，《中国史研究动态》2016 年第 6 期。

先生提出了历史科学"生长点"的问题。历史科学的发展，离不开批评，没有批评就不能发展。第四，关于人才培养和教学改革，侯先生提出了四条原则：一是热处理，就是要趁热打铁；二是要注意文章、考核、义理；三是注意培养尖子，不能搞平均主义；四是发扬民主精神。第五，侯先生深入研究了马克思主义史学民族化的问题。所谓"民族化"就是要把中国丰富的历史资料，和马克思主义历史科学关于人类社会发展的规律，做统一的研究，从中总结出中国社会发展的规律和历史特点。[①] 对侯先生提出的历史科学"生长点"的问题，瞿先生再次单独撰文强调，认为侯先生在20 世纪 60 年代初提出这个问题，充分反映了一位马克思主义史学家的社会责任感和在科学上的战略眼光。重温侯外庐关于"生长点"的论述，对史学史的发展仍有启发意义。[②]

　　另外，在其他刊物中也多有关于侯外庐先生研究的大作。王启发《侯外庐早期思想史研究的特色及学术史意义》以侯外庐先生《中国古代社会史论》和《中国古代思想学说史》两部大作为中心，论述了侯先生思想史研究和社会史研究相结合研究方法的早期实践及其学术史意义。[③]

　　于佳彬在《〈资本论〉逻辑方法的中国运用——侯外庐的中国逻辑思想史研究》一文中指出，中国逻辑思想史研究是侯外庐先生中国思想史研究的有机组成部分。侯先生坚持马克思主义的逻辑观，运用文献学、社会史与中西比较的研究方法，在对中国逻辑思想史的发展脉络进行梳理的基础上，从逻辑思想的载体、主题与发展动力方面发掘了中国逻辑思想史的特点，对于 20 世纪的中国逻辑思想史研究产生了深刻影响。[④]

　　杜运辉《融会中西马：侯外庐的治学特色》一文认为，侯先生学术研究的最大特色就是以马克思主义为指导的中、西、马融合会通精神。并认为，以侯先生为核心的"侯外庐学派"具有鲜明特色：第一，形成了中、西、马相会通、唯物史观与中国史料相统一、社会史与思想史相结合等理论特色；第二，形成了以相互选择、彼此切磋、信任友谊等为保障的优良

　　① 瞿林东：《侯外庐在史学理论与学科建设上的贡献》，《北京师范大学学报》（社会科学版）2016 年第 5 期。
　　② 瞿林东：《"历史科学的生长点的问题"是个永恒问题》，《北京日报》2017 年 6 月 26 日，第 019 版。
　　③ 王启发：《侯外庐早期思想史研究的特色及学术史意义》，《晋阳学刊》2016 年第 5 期。
　　④ 于佳彬：《〈资本论〉逻辑方法的中国运用——侯外庐的中国逻辑思想史研究》，《中国哲学史》2017 年第 2 期。

传统；第三，倡导自由研究、善于决疑、勇于创新、"不苟异亦不苟同""求实而不尚空谈"的治学风格；第四，肯定"古为今用"而反对实用性和功利性的"影射史学"，主张创造"有个性的马克思主义史学著作"。这些因素使侯先生能够以坚强的理论自信，走出一条中、西、马融合会通的学术道路。①

同时，有些学者对侯外庐先生的教育思想、经济思想史、资本主义萌芽研究进行了研究。例如，曹振明、方光华《侯外庐的教育思想与实践——以其担任西北大学校长为中心》一文论述了侯先生具有鲜明新民主主义特征的教育思想、大学发展理念、大学人才培养的思想观念与方式方法及其颇富创造性的探索实践。② 郭广迪《侯外庐的经济思想史研究》一文对侯先生的经济思想史做了简述，认为这将有助于学界全面把握侯外庐先生的思想学术成就、治学精神及方法。③

袁志伟、刘怡的《侯外庐的中国资本主义萌芽研究》一文认为，侯先生从思想史和社会史结合的角度探讨了中国资本主义萌芽的主要内涵、特征及其与启蒙思潮的关系。他将土地所有制的变化、手工业和雇佣劳动的发展、市民阶级的崛起等作为中国早期资本主义萌芽的标志及动因，并提出了资本主义萌芽与启蒙思潮研究结合、中西对比等重要的理论视野。④

（三）对尹达先生的研究与纪念。本年度对尹达先生的纪念，主要体现在 2016 年 11 月 12 日由中国社科院历史研究所马克思主义史学理论和史学史研究室与商务印书馆共同举办的"尹达先生诞辰 110 周年暨中国史学史学科建设与发展座谈会"，及《中国史研究动态》组织的"马克思主义史学家尹达与中国史学史学科发展"专门笔谈。⑤ 瞿林东先生在《史学的发展还是要重视理论研究——纪念尹达先生诞辰 110 周年》中指出，尹达先生关于历史理论和史学理论的论说，都强调在马克思主义指导下，结合中国历史和中国史学进行深入研究；纪念尹达先生最好的方法，就是通过

　　① 杜运辉：《融会中西马：侯外庐的治学特色》，《中国社会科学报》2017 年 2 月 6 日，第 004 版。

　　② 曹振明、方光华：《侯外庐的教育思想与实践——以其担任西北大学校长为中心》，《高等教育研究》2016 年第 9 期。

　　③ 郭广迪：《侯外庐的经济思想史研究》，《中国社会科学报》2017 年 4 月 26 日，第 004 版。

　　④ 袁志伟、刘怡：《侯外庐的中国资本主义萌芽研究》，《人文杂志》2017 年第 5 期。

　　⑤ 《中国史研究动态》2017 年第 2 期。

大家的共同努力把历史理论研究和史学理论研究不断推向前进。①

吴怀棋先生在《史学文化民族精神的求索》一文中论述了尹达先生于史学史研究所取得的成就及其为史学史的学科建设所作出的贡献。同时，吴先生指出，中华民族有着自己独有而丰富的文化遗产，并以史学的发达和文献的浩瀚著称于世。史学是中华文明的重要组成部分，文献是反映中华文明的物质宝库。二者互为表里，反映出中华民族不断前进的艰难步履和为人类作出贡献的辉煌足迹。史学史研究涉及对一个民族、民族文化、民族史特点的认识。史学文化研究，体现民族精神求索。史学史研究，应当从这样高度上认识。②

陈其泰先生在尹达先生诞辰 100 周年之际，撰文表达对尹达先生景仰和缅怀之情，即大作《革命者和学者的心声——重读尹达先生〈中华民族及其文化之起源〉感言》。③

（四）关于其他先生的研究。其一，关于白寿彝先生史学研究。陈其泰先生《高悬目标　执着追求——白寿彝先生的学术创新精神》对白寿彝先生的撰写中国通史的"新综合体"及其硕果《中国通史》做了热情洋溢的学史回顾。陈先生指出，白寿彝先生学术事业的高峰是其大型《中国通史》撰著完成。这部巨著获得社会各界高度评价的缘由就是"内容贯通上下囊括全面，体裁形式令人一新耳目"，即在编纂形式上一改以往史著的旧观，创立了"新综合体"。"新综合体"的灵魂是多种体裁互相配合，实现"立体式著史"。全书由序说、综述、典志、传记四种体裁构成，各种体裁之间互相配合，从而使丰富、翔实、科学的内容与优长的编纂形式相得益彰。④

其二，刘大年先生研究。黄广友在《刘大年与新时期抗日战争史研究》一文中认为，刘大年是新时期抗日战争史研究的领军人物，其抗战史研究突出强调研究的科学性和抗战对中华民族独立与复兴的重大意义，主张在民族复兴和社会历史发展的大视野下"照唯物论思考"，研究抗战期

① 瞿林东：《史学的发展还是要重视理论研究——纪念尹达先生诞辰 110 周年》，《中国史研究动态》2017 年第 2 期。

② 吴怀棋：《史学文化民族精神的求索》，《中国史研究动态》2017 年第 2 期。

③ 陈其泰：《革命者和学者的心声——重读尹达先生〈中华民族及其文化之起源〉感言》，《淮阴师范学院学报》（哲学社会科学版）2017 年第 2 期。

④ 陈其泰：《高悬目标　执着追求——白寿彝先生的学术创新精神》，《西北大学学报》（哲学社会科学版）2017 年 7 月第 4 期。

间中国国内和中日之间各种矛盾与问题。其学术建树和学术取向，为新时期抗日战争研究民族性的张扬和科学性的提高，起到了举足轻重的作用，成为新时期抗日战争史研究新路向的重要引领者。[1]

其三，关于宁可先生的研究。邓京力在《宁可先生的治史风格》一文认为，宁可先生作为当代著名马克思主义史家之一，通过长期的实证和理论研究积淀而形成了某些特定的治史风格。这一风格在史学理论和历史理论领域，突出体现为治史经验与理论自觉意识的高度结合、实事求是地辨析唯物史观与史学理论的关系、在继承与创新中建构史学理论的基本范畴、探索中国封建社会的发展规律。他在整体上较好地把握和处理了理论与历史、现实与历史、继承与创新的关系问题，对当代中国史学的发展作出了较大贡献，具有较强的学术代表性。[2]

另外，刘永祥在《关注重大理论问题探索史学演进脉络——陈其泰先生与20世纪中国史学史研究》一文中认为，首先陈其泰先生立足中国史学场域，首次明确提出"三大干流"的观点。其次，陈先生提出"十七年史学虽然经历过严重曲折，但从全局看，仍然取得了巨大的成就"的理论主张。再次，陈先生注重挖掘史学转型中的传统文化因素，揭示唯物史观在中国迅速传播的思想基础和内在动力。[3]

五 批判历史虚无主义思潮

在本年度，反对和批判历史虚无主义思潮仍是焦点之一。具体情况如下。

2017年是俄国1917年十月革命100周年，于沛先生指出，十月革命是一场划时代的伟大革命，极大地改变了世界历史进程，形成了社会主义制度与资本主义制度并存与矛盾斗争的新的历史格局，社会主义从根本上已经改变了，并正在改变着世界。由此，中国革命开始成为无产阶级世界革命的一部分。马列主义与中国实际相结合，是中国人民历史的自觉选

① 黄广友：《刘大年与新时期抗日战争史研究》，《南京大学学报》（哲学人文科学社会科学版）2017年第4期。
② 邓京力：《宁可先生的治史风格》，《淮阴师范学院学报》（哲学社会科学版）2017年第5期。
③ 刘永祥：《关注重大理论问题探索史学演进脉络——陈其泰先生与20世纪中国史学史研究》，《淮阴师范学院学报》（哲学社会科学版）2016年第5期。

择。这不仅是指引中国革命胜利征程的基石，而且具体展现了十月革命深远的世界历史意义及其现代价值。① 另外，针对国内外否定 1917 年俄国十月革命及由此所引发的扬言社会主义已经失败，断言社会主义制度必将消亡的言论，于沛先生继而撰写《十月革命的历史意义不容否定》一文，再次充分肯定"十月革命"的历史意义，认为"中国道路是对科学社会主义理论的发展"，"中国特色社会主义道路是中国人民在改革开放的实践中走出来的"②。

朱佳木于《在同历史虚无主义的斗争中推进中国特色马克思主义史学理论话语体系的建设》一文中指出，近些年来，史学领域中出现马克思主义被边缘化、空泛化、标签化的问题，历史虚无主义等各种非马克思主义、反马克思主义的思潮甚嚣尘上。这种局面一方面使马克思主义史学话语权受到严峻挑战，应当推进中国特色马克思主义史学理论话语体系的建设，不断增强马克思主义在史学领域的话语权。③

另外，多有大作从整体上就历史虚无主义的渊源、表现、危害、克服措施等做了论述。这方面有两部论文集出版，即该书编写组编《历史虚无主义辨析》、中共中央党史研究室编《反对历史虚无主义》。④ 再有，这方面本年度的主要文章有吴英《筑牢抵御历史虚无主义的长城》、蒋红《历史虚无主义的错误及危害性分析》、杨军《历史虚无主义思潮的兴起、实质、危害与抵制》。⑤ 这些文章的主要内容如下：第一，历史虚无主义并非单纯的学术或社会思潮。第二，分析历史虚无主义思潮的西方背景及其政治诉求。第三，指出历史虚无主义思潮的唯心主义错误。第四，历史虚无主义产生具有否定中国共产党领导和社会主义制度的巨大危害。第五，必须采取各方面的措施坚决反对历史虚无主义。就学术而言，要加强马克思主义的方法论指导；就社会而言，要开展党史国史宣传教育活动；就政府

① 于沛：《十月革命和世界历史进程——纪念十月革命 100 周年》，《史学理论研究》2017年第 3 期。

② 于沛：《十月革命的历史意义不容否定》，《人民日报》2016 年 6 月 13 日，第 020 版。

③ 朱佳木：《在同历史虚无主义的斗争中推进中国特色马克思主义史学理论话语体系的建设》，《马克思主义研究》2016 年第 11 期。

④ 该书编写组编《历史虚无主义辨析》，学习出版社 2017 年版；中共中央党史研究室编《反对历史虚无主义》，中共党史出版社 2017 年版。

⑤ 吴英：《筑牢抵御历史虚无主义的长城》，《中国社会科学报》2017 年 4 月 14 日，第 6 版；蒋红：《历史虚无主义的错误及危害性分析》，《当代世界与社会主义》2017 年第 3 期；杨军：《历史虚无主义思潮的兴起、实质、危害与抵制》，《湖北社会科学》2017 年第 8 期。

部门而言，要加强对历史题材文艺作品的引领和监管，加强对新媒体的引导和管理。

六　国外马克思主义史学研究

本年度，国外马克思主义史学研究简况如下：其一，保罗·布莱克里奇《关于"新社会运动"的思考：英国马克思主义历史学家的观点》一文，通过分析英国马克思主义历史学家的一些著作，探讨马克思主义如何在社会运动的研究中发挥作用。他认为，英国马克思主义历史学家阐发了一些历史唯物主义的新见解，不仅抨击了将马克思主义还原为旧唯物主义的做法，而且展示了所谓"新""旧"社会运动之间的连续性；他们的成功之处在于提出了一种语言和文化模式，这种模式在将社会运动与各种全局性关系联系起来的同时，又充分意识到了不同社会运动的特殊性。①

其二，陈怀宇在《国际中国社会史大论战——以 1956 年中国历史分期问题讨论为中心》一文中介绍了 1955—1956 年中国学者两次应邀参加西欧学者组织的中国学学术会议的情况。在这两次年会中先后有翦伯赞、周一良、夏鼐、张芝联四位学者参加。他们不仅在会上发表论文，介绍中国近代史研究，还组织了新中国考古成就展，吸引了广大中国学家们的注意。而其中最有意义的中外史学交流是 1956 年巴黎会议上发生的国际中国社会史大论战。本次会议的主题是中国历史分期问题。中国学者介绍了基于马克思主义史学的历史分期理论，适逢欧洲学者受到马克思主义影响也热衷于经济社会史研究思路，遂引发了国际大论战。国际学界对中国历史分期问题的讨论，涉及苏联、中国、日本、美国等国及欧洲学者。这既体现了欧美学界思想左倾，学术上重视经济、社会史的趋势，也反映了中国史学界的选题、思路与方法，曾经对国际中国学界产生很大的影响，并引起了持续的讨论。可以说，这次大论战是受到全球化时代政治、思想、学术因素之合力推动而出现的产物。也正是因为这样的论战，使得中国史学研究出现了一个全球学术共同体的曙光。②

---

① 保罗·布莱克里奇：《关于"新社会运动"的思考：英国马克思主义历史学家的观点》，张传泉译，《国外理论动态》2017 年第 5 期。

② 陈怀宇：《国际中国社会史大论战——以 1956 年中国历史分期问题讨论为中心》，《文史哲》2017 年第 1 期。

其三，吴原元《略论美籍华裔史家对建国初马克思主义史学的评价及其思考——以"中国近代史资料丛刊"的评述为考察中心》一文认为，在中华人民共和国成立初期，旅居美国的中国史家高度关注新中国史学会组织编辑的"中国近代史资料丛刊"。在他们看来，这套资料丛刊虽存在过于强调马克思主义意识形态、外文史料收录存在严重欠缺等局限性，但总体上具有不可替代的重要学术价值。这一时期虽是一个学术为政治服务的时代，但同时亦可理解为史家以积极姿态介入现实需要的时代。这种基于现实需要出发的研究，既是史家时代精神的一种体现，同时他们的研究也蕴含着一定的学术价值。①

七　未来之待望

由上述可见，中国马克思主义史学理论与史学史的研究确实取得了较大的成绩，但同时不容否认，在当今中国马克思主义史学理论与史学史的学科建设及研究中，还存在诸多进一步发展之处。

第一，学科之间的对话有待进一步增强。不论是中国历史还是其中的重大问题，都具有综合性，非单一学科的探究所能全面的，所以有必要在马克思主义指导下，加强学科之间的沟通、互动与整合，尤其是需要注意加强与相近的文史哲、儒释道等之间的交流和对话。这对建设新时代背景下的马克思主义史学具有重要的启示和借鉴意义。

第二，关注现实的向度有待进一步增强。突出现实"致用"功能，注重历史与现实社会问题的关联，是中国马克思主义史学的重要特征。在当今中国社会正处于重要转型期，当今社会中诸多重大问题，迫切需要历史学者从理论与实际的结合角度能做出符合时代要求的满意回答。可以说，关注社会重大问题，以扎实的学术研究和历史智慧参与社会现实的创造，仍是今后马克思主义史学的重要生长点。

第三，注重史的考察而薄于理论探讨，史学史的研究远比史学理论的研究发达。既有研究多着眼于史学著作、史学思潮、史家生平，而对其中的批判性、反思性关注较少。这凸显了在马克思主义史学理论与史学史的

---

① 吴原元：《略论美籍华裔史家对建国初马克思主义史学的评价及其思考——以"中国近代史资料丛刊"的评述为考察中心》，《东方论坛》2017 年第 4 期。

研究中，马克思主义的理论根基、问题意识和理论深度还有待提升。所以，有必要进一步将马克思主义与中国历史自身的内在理路、精神、气韵等进一步结合，完善马克思主义史学在理论与问题层面上的建构，以揭示中国历史的精义和特性。从而，将马克思主义和唯物史观贯彻于具体的历史研究，增强马克思主义和唯物史观的解释力，并产生具有创新性的学术成果。

第四，在回归"中国本土"和"中国话语"建构中彰显新时代的学术魅力。

目前，尽管中国马克思主义史学理论与史学史研究的国际化有了一定的进步，但对话与交流能力仍需加强。深化国内外专家学者之间的对话，纠正海外的一些误解与错谬，让国外民众了解中国的历史、文化和智慧等，都有很大的空间。可以说，如何在全球学术话语中构建具有民族特色的中国马克思主义史学话语系统，拥有自己的话语权，成为一个摆在广大史学工作者面前的现实问题。

在马克思主义指导下，重回中国历史本体的研究，让中国的历史摆脱西方话语的束缚，推动在史实基础上重新认识中国历史整体发展的时序与内在理路，建设具有民族特色的马克思主义史学理论学科体系、学术体系和话语体系，是中国马克思主义史学面临的一项重要任务。

稿　　约

　　《理论与史学》由中国社会科学院历史研究所马克思主义史学理论与史学史研究室创办，一年一辑，现特向海内外史学界同仁约稿，恳请惠赐佳作。

　　稿件要求：

　　1. 系作者原创作品，字数 5 万字以内。

　　2. 本刊采用专家匿名审稿。

　　3. 请于每年 6 月 30 日前寄送稿件，请同时提供纸质文本和电子文本。

　　来稿一经采用，将及时通知作者，出版后赠送样书并略致薄酬。来稿一律不退，请作者自留底稿。如 8 月 30 日前仍未接到采用通知，请自行处理。

　　投稿信箱：lilunyushixue@ sina. com

　　　　　　　xuxinyi@ yeah. net